Stuttgarter Kleiner Kommentar
– Neues Testament 18 –

Stuttgarter Kleiner Kommentar
– Neues Testament 18 –

Herausgegeben von
Paul-Gerhard Müller

Heinz Giesen

Johannes-Apokalypse

Verlag Katholisches Bibelwerk GmbH, Stuttgart

CIP-Kurztitelaufnahme der Deutschen Bibliothek

Stuttgarter Kleiner Kommentar. –
Stuttgart: Verlag Katholisches Bibelwerk
  Teilw. hrsg. von Gabriele Miller u. Alfons Musterle
NE: Miller, Gabriele [Hrsg.]
Neues Testament / hrsg. von Paul-Gerhard Müller. –
[N.F.], 18. Giesen, Heinz: Johannes-Apokalypse. – 1986
NE: Müller, Paul-Gerhard [Hrsg.]

Giesen, Heinz:
Johannes-Apokalypse / Heinz Giesen. –
Stuttgart: Verlag Katholisches Bibelwerk, 1986.
  (Stuttgarter Kleiner Kommentar:
  Neues Testament; [N.F.], 18)
  ISBN 3-460-15481-0

ISBN 3-460-15481-0
Mit kirchlicher Druckerlaubnis
Alle Rechte vorbehalten
© 1986 Verlag Katholisches Bibelwerk GmbH, Stuttgart
Druck: Wilhelm Röck, Weinsberg

Inhaltsverzeichnis

ERSTER TEIL: EINLEITUNG 9

   1. Die Verfasserfrage 9
   2. Abfassungsort und -zeit 10
   3. Die Adressaten der Offb 11
   4. Die literarische und theologische Eigenart der Offb . . 11
      Die frühjüdischen Apokalypsen, 12 – Die Offenbarung des
      Johannes – eine apokalyptische Schrift?, 16
   5. Aufbau und Gliederung der Offb 20
   6. Zur folgenden Auslegung 23

ZWEITER TEIL: KOMMENTAR 25

I. *Einleitung des Buches (1,1–20)* 25

   1. Vorwort (1,1–3) 25
   2. Briefeinleitung (1,4–8) 31
   3. Beauftragungsvision (1,9–20) 35

II. *Die Sendschreiben an die sieben Gemeinden*
    (2,1–3,21) 39

   1. An die Gemeinde in Ephesus (2,1–7) 40
   2. An die Gemeinde in Smyrna (2,8–11) 41
   3. An die Gemeinde in Pergamon (2,12–17) 42
   4. An die Gemeinde in Thyatira (2,18–29) 45
   5. An die Gemeinde in Sardes (3,1–6) 47
   6. An die Gemeinde in Philadelphia (3,7–13) 48
   7. An die Gemeinde in Laodizea (3,14–21) 50

III. Der „apokalyptische" Hauptteil (4,1–22,5) 52

1. Beauftragungsvision und die sieben Siegelvisionen (4,1–8,1) 52

Manifestation der Macht Gottes und des Lammes (4,1–5,14), 52 – Gott und sein himmlischer Hofstaat (4,1–11), 53 – Das Buch mit den sieben Siegeln und das geschlachtete Lamm (5,1–14), 56 – *Die sieben Siegelvisionen (6,1–8,5)*, 62 – Die vier „apokalyptischen" Reiter (6,1–8), 63 – Die Verfolgung der Christen (6,9–11), 65 – Das Gericht Gottes und des Lammes (6,12–17), 66 – Die Versiegelung der „Einhundertvierundvierzigtausend" (7,1–8), 68 – Das künftige Glück der jetzt Bedrängten (7,9–17), 70

2. Das Öffnen des siebten Siegels und die sieben Posaunenvisionen (8,1–11,19) 72

Die Stille im Himmel und die Gebete der Heiligen (8,1–6), 72 – *Die ersten vier Posaunen: Naturkatastrophen (8,7–13)*, 73 – *Peinigung der gottfeindlichen Menschen (9,1–12)*, 76 – *Tod für gottfeindliche Menschen (9,13–21)*, 77 – *Der Auftrag des Engels an Johannes (10,1–11)*, 80 – *Die Bewahrung der Getreuen (11,1–2)*, 83 – *Auftrag und Bewährung der beiden Zeugen (11,3–13[14])*, 85 – Die irdische Wirksamkeit der zwei Zeugen (11,3–6), 86 – Das Ende der beiden Zeugen und seine Folgen (11,7–10), 87 – Der Sieg der Zeugen (11,11–12), 88 – Das Geschick der gottfeindlichen Welt (11,13f.), 89 – *Die Vollendung des Heilsplanes Gottes (11,15–19)*, 91

3. Das wahre Volk Gottes und seine Widersacher (12,1–14,20) 93

Die Frau, der Sohn und die Söhne und ihr Widerpart: der Drache (12,1–17), 94 – Vom alten zum wahren Volk Gottes (12,1–6), 97 – Das Zwischenspiel im Himmel (12,7–12), 101 – Das Geschick des wahren Gottesvolkes und seiner Glieder (12,13–17), 103 – *Der Kaiserkult und seine Propagierung als tödliche Bedrohung für die Christen (13,1–18)*, 105 – Das Tier aus dem Meer oder das römische Reich im Dienst des Satans (13,1–10), 106 – Das Tier aus der Erde oder die Propagandamaschinerie für den Kaiserkult (13,11–18), 110 – *Der Sieg der Christen angesichts der massiven Bedrohung durch den Kaiserkult (14,1–5)*, 112 – *Das Gericht über die gottwidrigen Mächte (14,6–20)*, 115 – Ankündigung des Gerichts (14,6–11), 116 – Heilszusage an die standhaften Christen (14,12f.), 117 – Zwei Gerichtsbilder (14,14–20), 118

4. Beauftragungsvision und die sieben Schalenvisionen (15,1–16,21) 120

   Vorbereitung im Himmel (15,1–8), 121 – Ein anderes großes Zeichen (15,1), 121 – Der Lobpreis auf Gottes Macht durch die Überwinder (15,2–4), 122 – Ausrüstung der sieben Engel mit den Zornesschalen (15,5–8), 123 – *Die Vollstreckung des Gerichtes (16,1–21),* 124 – Das endzeitliche Geschick der Anhänger des Kaiserkultes (16,1–9), 125 – Strafaktion gegen den Sitz des Kaisers (16,10f.), 126 – Vorbereitung der endzeitlichen Schlacht (16,12–16), 126 – Das Gericht über Babylon/Rom (16,17–21), 128

5. Das Geschick der großen Hure
   Babylon/Rom (17,1–19,10) 129

   Die Vision von der Hure Babylon und dem Tier (17,1–6a), 130 – *Die Deutung der Vision (17,6b–18),* 132 – Wer ist der achte König? (17,6b–11), 132 – Wer sind die zehn Könige? (17,12–18), 135 – *Das Gericht über die große Stadt Babylon/Rom (18,1–24),* 137 – Die Proklamation des Untergangs der Stadt (18,1–3), 137 – Aufforderung an die Heilsgemeinde, Babylon/Rom zu verlassen (18,4f.), 138 – Aufforderung zur Vergeltung (18,6–8), 138 – Das Klagelied der Könige der Erde (18,9f.), 139 – Das Klagelied der Kaufleute (18,11–17a), 140 – Das Klagelied der Seeleute (18,17b–19), 141 – Aufforderung zum Jubel (18,20), 141 – Eine Zeichenhandlung und deren Folgen (18,21–24), 142 – *Überschwenglicher Lobpreis im Himmel und auf Erden (19,1–10),* 143 – Himmlischer Lobgesang der Vollendeten (19,1–3), 144 – Der Lobgesang der himmlischen Wesen (19,4), 145 – Der Lobgesang der Christen auf Erden (19,5–8), 145 – Die Seligpreisung der zum Hochzeitsmahl Geladenen (19,9), 146 – Ein Mißverständnis (19,10), 148

6. Endgültiges Gericht über die gottwidrigen
   Mächte und Heilsvollendung der getreuen
   Christen (19,11–22,5) 149

   Das Gericht über das Tier und über den falschen Propheten (19,11–21), 150 – Christus als Richter über die gottfeindlichen Mächte (19,11–16), 151 – Einladung zum Leichenschmaus (19,17f.), 155 – Endgültiger Sieg Christi über die gottfeindlichen Mächte (19,19–21), 155 – *Tausendjährige Herrschaft der Christen und Gericht über den Satan (20,1–10),* 156 – Die Fesselung Satans für tausend Jahre (20,1–3), 157 – Die tausendjährige Herrschaft der Christen mit Christus (20,4–6), 159 – Die endgültige Überwindung Satans (20,7–10), 163 – *Das Gericht über die Toten, den Tod und die Unterwelt (20,11–15),* 164 – *Die vollendete Heilsgemeinde in Gottes neuer Welt (21,1–22,5),* 166 – Gottes neue Schöpfung (21,1–8), 167 – Das neue Jerusalem (21,9–22,5), 170

IV. Der Schluß des Buches (22,6–21) 176

    1. Das Nachwort (22,6–20) 176
    2. Der Briefschluß (22,21) 183

DRITTER TEIL: ANHANG

    1. Abkürzungen 185
    2. Literatur 189
    3. Bibelarbeit – Fragen 190

VERZEICHNIS DER EXKURSE

Die Seligpreisungen in der Offb, 26 – Die Zahlensymbolik in der Offb, 55 – Das Lamm – der wichtigste christologische Titel in der Offb, 60 – Die vier Haupttypen der Deutung von Offb 12, 94 – Die Zeit der Kirche, 100 – Der Sinn der Gerichtsschilderungen, 128 – Zur Vorstellung des tausendjährigen Reiches, 158 – Teilhabe an der „ersten Auferstehung" nur für Märtyrer?, 161 – Die Gegenwart des Herrn, 179

ERSTER TEIL

Einleitung

1. Die Verfasserfrage

Der Verfasser nennt sich selbst viermal Johannes (1,1.4.9; 22,8). Daß er tatsächlich so heißt, wird von niemandem bestritten. In der altkirchlichen Tradition hat man sich jedoch Gedanken darüber gemacht, wer dieser Johannes näherhin gewesen sei. Seit Justinus dem Märtyrer (gest. 165) wird er mit dem Apostel Johannes identifiziert, der auch Verfasser des Johannesevangeliums und der Johannesbriefe gewesen sei. Hinsichtlich der Offb war die Auffassung jedoch nicht einmütig. Grund dafür waren keine unterschiedlichen Traditionen, sondern dogmatische Motive in der Auseinandersetzung mit Häretikern. Schon Dionysius von Alexandrien (gest. 264/265) spricht dem Apostel die Abfassung der Johannesapokalypse ab, da Stil, Sprache und Theologie in der Offb sich von Stil, Sprache und Theologie im Johannesevangelium und in den drei Johannesbriefen grundlegend unterscheiden. Diesem Urteil schließt sich die kritische Forschung seit dem 19. Jh. an.

Das stark semitisierende Griechisch der Offb zeigt, daß der Verfasser hebräisch denkt, wenn er griechisch schreibt. Er ist also ein Judenchrist, der wie viele Judenchristen Jerusalems (70 n. Chr.) nach Kleinasien gekommen war. Als Judenchrist kennt er sich auch in der Vorstellungswelt der Apokalyptik aus. In den kleinasiatischen Gemeinden ist er eine geschätzte Persönlichkeit. Wahrscheinlich gehört er zu den urchristlichen Wanderpropheten, die anders als die ortsansässigen Ältesten und Bischöfe mit übergemeindlichen Aufgaben betraut sind.

Der uns sonst unbekannte Johannes kann auch nicht mit dem

von Papias genannten Presbyter identisch sein, wie Eusebius von Cäsarea (gest. 339) fälschlicherweise erschloß. Denn nach Papias kommt dieser Presbyter Johannes allenfalls gelegentlich nach Kleinasien, so daß der Bischof von Hierapolis sich bei Gewährsleuten erkundigen muß, »was Aristion und der alte Johannes sagen«. Daraus ist zu schließen, daß der Presbyter Johannes allenfalls vorübergehend in Kleinasien gewirkt hat. So kann er kaum die hinreichenden Kenntnisse gehabt haben, um die apokalyptische Schrift an die sieben Gemeinden von Kleinasien schreiben zu können.

Johannes muß nach allem als ein Wanderprophet gelten, der in den christlichen Gemeinden von Kleinasien in hohem Ansehen steht und den dortigen Christen in schwieriger Zeit die Situation deutet. Da er nicht selbst kommen kann, schreibt er eine Schrift, die im Unterschied zu den jüdischen Apokalypsen einen brieflichen Rahmen hat. Die Offb soll in der Gemeindeversammlung vorgelesen werden (vgl. 1,3; 22,7), damit sie die Christen in ihrer Bedrängnis tröste und zur Standfestigkeit ermuntere.

2. Abfassungsort und -zeit

Johannes schreibt sein Buch auf der Insel Patmos, die zu den südlichen Sporaden gehört und in der Nähe von Milet liegt. Dorthin ist er um seines Glaubenszeugnisses willen verbannt worden. Nach einer alten Tradition, die bereits der aus Kleinasien stammende Kirchenlehrer Irenäus von Lyon (2. Jh.) bezeugt, schreibt Johannes sein Buch in den letzten Regierungsjahren des römischen Kaisers Domitian (81–96), also etwa 94–95. Victorinus von Pettau (gest. 304) bestätigt in seinem Apokalypsekommentar diese Tradition, insofern nach ihm Johannes durch Domitian verbannt worden ist. Dem schließen sich fast alle Schriftsteller der Väterzeit an. Inhaltliche Kriterien erhärten diese Auffassung. Denn die in den sieben Sendschreiben (Offb 2–3) vorausgesetzte Situation weist auf eine spätere Zeit, in der die erste Liebe zu Christus bereits erkaltet ist. Entscheidender noch ist es, daß es nach 2,13; 6,9–11; 17,6 bereits Märtyrer gibt. Eine schwerere Christenverfolgung steht noch bevor; sie wird sich auf das ganze römische Reich erstrecken (3,10).

Die Verfolgung geht vom römischen Staat aus. Das ist nicht die Situation unter Nero, da damals nur die Christen Roms verfolgt wurden. Auch war der Kaiserkult noch nicht so stark verbreitet wie unter Domitian. Denn die Christenverfolgung ist die Konsequenz daraus, daß die Christen dem römischen Kaiser göttliche Ehre verweigern. Nach allem sind die Jahre 94–95 als Abfassungszeit anzunehmen.

3. Die Adressaten der Offb

Johannes schickt seine Schrift an sieben Gemeinden in Kleinasien, die in 1,4 zum erstenmal erwähnt, in 1,11 namentlich genannt und in Kapitel 2–3 eingehender in ihrem religiös-sittlichen Zustand charakterisiert werden. Die Siebenzahl der Gemeinden dürfte auf den bewußten Gestaltungswillen des Johannes zurückgehen. Die Zahl sieben sagt nämlich symbolisch das Vollkommene und Ganzheitliche aus. Deshalb können die sieben konkreten Gemeinden in Kleinasien die gesamte Christenheit in dieser römischen Provinz repräsentieren. Ja, sie können sogar symbolhaft für die gesamte Kirche stehen.

Das Gebiet, in dem die Gemeinden sich befinden, wurde schon früh von Paulus missioniert. Schon immer fiel auf, daß Kolossä unter den aufgeführten Gemeinden fehlt. Letztlich läßt sich nicht entscheiden, warum das der Fall ist. Wahrscheinlich hängt die Auswahl der Gemeinden damit zusammen, daß der Verfasser die Verhältnisse in ihnen besonders gut kennt.

4. Die literarische und theologische Eigenart der Offb

Die Vorstellungswelt des letzten Buches der Bibel ist dem modernen Leser fremd. Nur wer sich die Mühe macht, die Sprache und die Denkformen, deren sich der Verfasser bedient, kennenzulernen, kann die Botschaft der Apokalypse verstehen. Eine nur oberflächliche Beschäftigung mit ihr führt zu Mißverständnissen. Es ist deshalb kein Zufall, daß gerade Sektierer sich auf dieses Buch berufen, wobei sie in der Regel die Symbolsprache des Sehers Johannes völlig außer acht lassen. Nur auf diese Weise kann es dann zu unhaltbaren Thesen kommen, wie z. B., daß nur 144 000

Menschen gerettet werden. Die Johannesapokalypse hat allerdings ihre Vorstellungen nicht erfunden, sondern vorgefunden. Im Vergleich mit der verwandten Literatur können wir einen Zugang zum Anliegen des Buches finden.

Die frühjüdischen Apokalypsen

Der Name Apokalypse für eine bestimmte literarische Darstellungsweise stammt von der Johannesapokalypse, obwohl diese sich selbst nicht als Apokalypse bezeichnet. Das erste Wort des Buches ist auf Griechisch *apokalypsis;* das heißt auf Deutsch Offenbarung. Das Buch nennt sich auch nicht Offenbarung des Johannes, sondern beginnt mit den Worten: Offenbarung Jesu Christi (1,1).

Als Bezeichnung für eine literarische Gattung findet sich Apokalypse zum erstenmal in einem Verzeichnis der Bücher, die für den Gebrauch im Gottesdienst zugelassen sind (Canon Muratori um 200 n. Chr.). Den Begriff »Apokalyptik« hat erst die historisch-kritische Beschäftigung mit der Bibel vor etwa 150 Jahren geprägt. Apokalyptik wird jedoch umfassender verstanden: Sie meint eine bestimmte Art von Literatur und zugleich die in ihr sich spiegelnde Weltsicht.

Diese neue Weltanschauung schlägt sich literarisch zuerst im Buch Daniel (Dan) nieder. Es ist die einzige apokalyptische Schrift des Alten Testaments. Das Buch Daniel ist für die Offb von großer Bedeutung: Eine Vielzahl der benutzten Bilder stammen aus diesem alttestamentlichen Buch. Allerdings stehen sie nun in einer anderen Funktion. Sie dienen ganz der Botschaft über Christus und der Stärkung des christlichen Glaubens.

Außer dem Buch Daniel gibt es eine Reihe von apokalyptischen Schriften, die nicht zum alttestamentlichen Kanon gehören. Unter ihnen ist vor allem das äthiopische Henochbuch (äthHen) wichtig, das im folgenden Kommentar wiederholt zitiert werden wird. Dieses Buch besteht aus Einzelstücken, die zwischen 170 v. Chr. bis zu Beginn des 1. Jh. v. Chr. zusammengestellt wurden. Vollständig existiert es nur in einer äthiopischen Übersetzung (um 500 n. Chr.), die in einer Handschrift aus dem 16. Jh. erhalten ist. Dieser Übersetzung liegt eine griechische Übersetzung zugrunde, die wahrscheinlich auf einen aramäischen Urtext zurückgeht, wie Qumrantexte zeigen.

Neben dem äthiopischen Henochbuch gibt es noch eine Anzahl apokalyptischer Schriften. Darunter sind zu nennen das 4. Buch Esra (4 Esr), das etwa zur selben Zeit wie die Offb entstanden ist. Neben diesem Buch werden wir vor allem noch die syrische Baruchapokalypse (syrBar), die ursprünglich in hebräischer Sprache geschrieben war und etwa um 90 n. Chr. entstanden ist, und das slavische Henochbuch (slavHen), das wohl in der ersten Hälfte des 1. Jh. n. Chr. in Ägypten verfaßt wurde, berücksichtigen.

Die Grundlinien apokalyptischen Denkens

In der frühjüdisch-apokalyptischen Literatur ist eine grundlegende Wende der bislang in Israel gültigen Vorstellung von der Verwirklichung des Heiles zu beobachten. Anders als das bisherige Israel, das seine Hoffnung auf die Zukunft in Gottes Heilshandeln an seinem Volk in der Vergangenheit begründet sah, vertraut der Apokalyptiker allein darauf, daß Gott beim bald eintretenden Ende seinem Volk das Heil schenken wird. Der Apokalyptiker lebt nach seinem Selbstverständnis am Ende der ersten Weltzeit, das von Gott festgesetzt ist, und wartet auf die neue Weltzeit, die bestimmt ist durch die universale Herrschaft Gottes, die bisher verborgen ist.

Aus dieser Sicht kann der Apokalyptiker sich die Einheit der Geschichte vorstellen. Denn wenn die Geschichte als Ganzes ihrem Ende entgegengeht, kommt das Geschick der ganzen Welt in den Blick. Weil Gott selbst das Ende herbeiführt, ist eine innergeschichtliche Entwicklung hinsichtlich des künftigen Heiles ausgeschlossen. Deshalb kann die künftige Weltzeit durch menschliche Aktivität weder herbeigeführt noch beschleunigt werden. Die Grundhaltung der Anhänger der apokalyptischen Weltanschauung ist entsprechend eine Frömmigkeit, die alles von Gott erwartet und menschlicher Leistung mißtraut.

Historische Voraussetzung für diese radikale Wende in der Begründung der Heilserwartung ist die politische wie religiöse Lage Israels in der nachexilischen Zeit (ab 539 v. Chr.). Israel hat seine Eigenständigkeit verloren. Palästina steht seit der Wende des

3. zum 2. Jh. v. Chr. unter syrischer Oberherrschaft. Als Antiochus IV. Epiphanes (175–164 v. Chr.) die hellenistische Kultur durchzusetzen versucht und den Juden ihre Religionsausübung unter Strafe verbietet (vgl. z. B. 1 Makk 1,44–50), bleibt nur noch die Hoffnung auf das Handeln Gottes in der Zukunft. Höhepunkt der religiösen Unterdrückung ist die Errichtung eines Zeusaltars an der Stelle des Brandopferaltars im Jerusalemer Tempel am 6.12. 167 v. Chr. Daß darüber hinaus Schweine, die den Juden als unrein gelten, geopfert werden, kann für die Frommen, zusammen mit der Aufstellung des Zeusaltars, des »Greuels der Verwüstung« (Dan 11,31; 12,11; vgl. Mk 13,14), nur Zeichen des nahenden Endes sein. Diese Situation bildet den Mutterboden der frühjüdischen Apokalyptik.

In der Verfolgungszeit sehen sich die Apokalyptiker auch veranlaßt, eine Sprache zu benutzen, die nur Eingeweihte verstehen und nur Kundige entschlüsseln können. Die Forderung kultischer Verehrung des Herrschers, die schon unter dem Vorgänger Antiochus' IV., Antiochus III., verstärkt wird, fordert den erbitterten Widerstand der jüdischen Frommen heraus. In dem Bewußtsein, selbst nichts ausrichten zu können, richtet sich ihr Blick auf das künftige Handeln Gottes am Ende.

Kennzeichen der frühjüdischen Apokalyptik

Kennzeichnend für die apokalyptische Literatur und ihre Weltsicht sind eine Reihe Merkmale, deren wichtigste kurz vorgestellt werden sollen, damit dann die Sicht der Johannesapokalypse mit ihnen verglichen werden kann.

Pseudonymität und Symbolsprache

Die Autoren frühjüdischer Apokalypsen schreiben nicht unter ihrem eigenen Namen, sondern in der Autorität einer großen Gestalt der Vergangenheit (z. B. Henoch, Baruch). Entscheidend dafür ist die Ansicht, der heilige Geist, der die Schriftpropheten geführt habe, habe diese Führung aufgegeben. Die tatsächliche Abfassungszeit einer Apokalypse ist aus ihrer zeitgeschichtlichen Verschränkung zu erschließen. Für die Interpretation bedeutet das, daß auch hier die zeitgeschichtliche Verknüpfung zu berücksichtigen ist. Die eigentlichen Verfasser der Apokalypsen sind genötigt zu erklären, warum ihre Inhalte Jahrhunderte lang unbekannt blieben. Die Erklärung ist einfach: Die Offenbarungen seien vom Seher nur wenigen Vertrauten kundgetan worden; das Buch sei zu versiegeln gewesen, um dann in der Gegenwart des wirklichen Verfassers geöffnet zu werden.

Allen Apokalypsen gemeinsam ist eine reiche Symbolsprache. Sie kann als eine Art Gruppensprache gelten, die nur Eingeweihten zugänglich ist. Daß die Offenbarungsvermittlung in den Apokalypsen meistens in Träumen und Visionen geschieht, könnte in der bildhaften Symbolsprache begründet sein: denn Bilder und Symbole sind leichter in der Schau als durch das Wort darstellbar.

Die Zwei-Äonen-Lehre

Die gegenwärtige Weltzeit ist nach der Überzeugung des Apokalyptikers durch und durch böse. Vor Beginn der neuen Weltzeit führt Gott das Ende des gegenwärtigen, bösen Äons durch eine kosmische Katastrophe herbei. Der äußere Druck in der Verfolgungszeit führt zu einer unvorstellbar großen Zahl jüdischer Abtrünniger. So erhebt sich wie von selbst die Frage nach einer Scheidung im Volk Israel. Diese Scheidung wird endgültig im Endgericht, das Gott einmal durchführen wird.

Die negative Beurteilung der gegenwärtigen Weltzeit durch den Apokalyptiker darf nicht zu dem Fehlurteil führen, diese Weltzeit sei wertlos für das Heil. Denn das verantwortungsbewußte Handeln des Menschen in Übereinstimmung mit dem Gesetz bleibt entscheidend für den Richterspruch Gottes.

Der Dualismus

Für die Apokalyptik ist ein Denken in Gegensätzen charakteristisch. Um das Böse nicht unmittelbar in Gott verursacht sehen zu müssen, entwickelt die Apokalyptik eine ausführliche Engellehre. Wie der Erzengel Michael als der Patron des Volkes Israel im Himmel die widergöttlichen Engel überwindet, so kann der fromme Jude damit rechnen, daß Gott ihm am Ende das Heil schenkt. Der Dualismus kann dementsprechend nicht im Sinne zweier gleichwertiger Prinzipien von Gut und Böse gemeint sein. Er ist vielmehr zeitlich begrenzt und findet sein Ende am Gerichtstag Gottes. Die Geschichte steht danach unter einem anderen Vorzeichen: Heil und Glück folgen dem Unheil und der Bedrängnis im alten Äon.

Vorausbestimmung des Geschehens?

Gegen die oft in der Forschung geäußerte Meinung, nach apokalyptischer Auffassung sei alles von Anfang an in seinem Ablauf festgelegt, spricht vor allem die Betonung der Verantwortlichkeit des Menschen vor Gott. Unter dieser Rücksicht wird die Frage nach dem Verhältnis der menschlichen Freiheit zur Freiheit Gottes zu einem drängenden Problem. Die Apokalyptik sucht diesem Problem u. a. mit der schon erwähnten Engellehre zu begegnen (vgl. z. B. äthHen 6–26).

Die Apokalyptik hält an ihrem Grunddogma, daß Gott am Ende zum Heil der Menschen handelt, unerschütterlich fest. Diesem Dogma sind alle Merkmale der Apokalyptik zugeordnet. Das Handeln Gottes am Ende hebt menschliche Verantwortlichkeit für das eigene Heil jedoch nicht auf. Wer in der Gottesferne lebt, kann Gott dafür nicht verantwortlich machen; denn es ist immer der Mensch, der Gott verläßt, indem er sündigt, nicht umgekehrt. Dieser Glaube ermöglicht sinnvolles Leben in der jetzigen Weltzeit.

Die Offenbarung des Johannes – eine apokalyptische Schrift?

Auf dem Hintergrund der kurzen Skizze der frühjüdischen Apokalyptik soll nun das besondere Profil der Johannesapokalypse gesehen werden. Die geschichtliche Situation, die sich in der Offb widerspiegelt, ist wie in den jüdischen Apokalypsen eine Zeit der Bedrängnis und der Verfolgung.

Kaiser Domitian (81–96 n. Chr.) läßt sich als Herrscher im römischen Reich »Herr und Gott« nennen und verlangt von allen Bürgern seines Herrschaftsbereiches göttliche Verehrung. Der göttliche Kaiserkult steht besonders in der römischen Provinz Asia

(Kleinasien) in Blüte. Man stellt dort Statuen des Kaisers auf und zwingt die Menschen zu ihrer göttlichen Verehrung (vgl. Offb 13,14–16; 14,9.11; 15,2; 16,2; 19,20; 20,4).

Anders als die meisten Menschen ihrer Zeit müssen Christen dem Kaiser die göttliche Verehrung verweigern; denn ihr Gott duldet keinen anderen neben sich. Die Christen in Kleinasien, an die sich die Offb richtet, sind deshalb in lebensbedrohlicher Lage. Da man nicht zwischen Politik und Religion unterscheidet, bedeutet die Verweigerung der göttlichen Verehrung des Kaisers zugleich Illoyalität der römischen Staatsmacht gegenüber. So ist der Konflikt unvermeidbar.

Der Christ wird in der damaligen Gesellschaft zum gesellschaftlichen Außenseiter. Er ist der Bedrohung durch den römischen Staatsapparat ausgesetzt und erfährt zugleich schmerzhaft, daß Jesus ihm nicht nahe ist. Deshalb wird in der Gemeindeversammlung der Ruf laut: »Komm, Herr Jesus« (22,20). Diese Erfahrung ist den Gemeinden der zweiten und dritten christlichen Generation gemeinsam (vgl. 1 Petr 1,8; Joh 20,29). Die Christen wissen andererseits, wie sie allen Gefahren aus dem Weg gehen können. Sie brauchen nur ihren Gottes- und Christusglauben aufzugeben, um von der Gesellschaft wieder akzeptiert zu werden.

Das ist eine große Anfechtung für die Christen. Schon mancher hat seinen Glauben über Bord geworfen. Johannes geht es nun darum, den Christen in ihrer Glaubensanfechtung beizustehen, indem er sie tröstet und ihnen Mut macht durchzuhalten. Das Heil ist allen gewiß, die sich auf die Seite Christi schlagen, wenn auch der äußere Anschein das Gegenteil vortäuscht. Die Bewährung in der Bedrängnis bis hin zum Martyrium ist die Voraussetzung für das endgültige Heil, das ihnen Gott durch seinen Sohn schenken wird. Dieses Grundwissen christlichen Glaubens schärft der Seher Johannes in immer neuen Bildern ein.

Dem Ziel der Offb, die Christen zur Glaubenstreue anzuhalten, dienen einmal die vielen Heilszusagen. Zu ihnen gehören die sieben Seligpreisungen ebenso wie die Überwindersprüche (Offb 2–3), aber auch die in der symbolischen Zahl 144 000 vorgestellte Gemeinde der Geretteten (7,4–8; 14,1–4). Die Endvollendung wird den Christen sodann in den grandiosen Bildern von einem neuen Himmel und einer neuen Erde wie vom neuen Jerusalem

(21,1–22,5) vor Augen gestellt. Dort ist eine kultische Vermittlung zwischen Gott und den Menschen nicht mehr notwendig, wie der Seher in seiner Spitzenaussage erklärt: »Einen Tempel sah ich nicht in der Stadt. Denn der Herr, ihr Gott, der Herrscher über die ganze Schöpfung, ist ihr Tempel, er und das Lamm« (21,22).

Zum anderen setzt Johannes auch die Gerichtspredigt für seinen Zweck ein. Das Gericht ergeht zwar niemals über Christen, sondern trifft immer nur die widergöttlichen Kräfte. Aber die Christen erfahren auf diese Weise, wie es ihnen ergehen wird, wenn sie abtrünnig werden und sich in die Schar derer einreihen, die sich letztlich vom Teufel (12,12.18 u. a.) und seinen irdischen Helfershelfern (Offb 13 u. ö.) bestimmen lassen.

Johannes will die wahre Situation der Christen ebenso aufdecken wie die der widergöttlichen Mächte. Verfolgung und Nachteile im alltäglichen Leben sind nicht das Letzte, ja sie sind nicht einmal in der Gegenwart das Eigentliche und Entscheidende. Was über die Gegenwart und Zukunft entscheidet, ist allein das Verhältnis zu Gott und zu Christus. Das machen die Plagen der Siegel-, Posaunen- und Zornesschalenvisionen überdeutlich. Die Christen sind von den Plagen jeweils ausgenommen, so daß diese nur die gottfeindlichen Mächte treffen können. Daraus aber ist zu folgern, daß die Plagen die Existenz vor Gott beschreiben wollen. Die Frage, um welche konkreten historischen Ereignisse es sich jeweils handelt, ist deshalb fehl am Platz. Wie könnte man sonst verstehen, daß die glaubenstreuen Christen von der Bedrohung durch ein Erdbeben oder eine Hungerkatastrophe ausgenommen sind! Entgegen allem Schein will Johannes den bedrängten Christen sagen: Ihr seid in einer besseren Situation als eure Gegner, die sich durch den Satan und seine irdischen Gehilfen verführen lassen. Denn euer Verhältnis zu Gott und Christus bedeutet schon jetzt Heil, wenn auch verdunkelt durch äußere Umstände. Unvergleichlich aber ist euer Heil in der Vollendung, wenn Gott alles neu macht (21,5).

In dem Bemühen, den bedrängten Gläubigen Mut und Zuversicht zuzusprechen, gleicht die Offb zweifellos ihren jüdischen Parallelen. Doch ist bereits deutlich geworden, daß es eine erhebliche Veränderung gegenüber dem apokalyptischen Grunddogma gibt. Während der jüdische Apokalyptiker das Heil von Gott allein am Ende dieser Weltzeit erwartet, so teilt der Seher Johannes mit allen Schriftstellern des Neuen Testaments die Überzeugung, daß das Heil grundsätzlich schon jetzt aufgrund des Kreuzestodes und der Auferstehung Jesu zugänglich ist, wenngleich die Heilsvollendung noch aussteht (vgl. z. B. 1,5b; 5,9f.). Der neue Äon, der nach frühjüdisch-apokalyptischer Auffassung rein zukünftig ist, hat bereits begonnen. Das gegenwärtig schon anfanghaft geschenkte Heil ist jedoch nicht unverlierbar, da der alte Äon nicht völlig überwunden ist, sondern neben dem neuen noch weiterexistiert. Deshalb sind die Christen, solange sie auf dieser Erde sind, den Anschlägen des im alten Äon herrschenden Widersachers Gottes und seiner irdischen Gehilfen ausgesetzt. Weil das so ist, können sie noch von ihrem christlichen Glauben abfallen. Gerade das zu verhindern, ist das Hauptanliegen der Offb. Deshalb spricht der Seher die Christen in ihrer Verantwortung für das bereits geschenkte und für das noch ausstehende Heil an.

Der Dualismus ist wie in frühjüdischen Apokalypsen ein besonderer Zug in der Offb. Durchgehend wird der Eindruck erweckt, daß es zwei sich entgegenstehende Gruppen gibt: auf der einen Seite die Glaubenden, die Gott und Christus die Treue halten, auf der anderen Seite die widergöttlichen Mächte mit ihren Anhängern. Der Dualismus ist jedoch nicht starr, sondern durchlässig, so daß es zu einem Frontwechsel kommen kann. Am Ende wird Gott sich gegen seine Feinde durchsetzen und sie vernichten (19,20; 20,10.14f.).

Die Offb benutzt wie die frühjüdische Apokalyptik eine Symbolsprache, die nur Kennern zugänglich ist. Bei der Deutung ist jedoch darauf zu achten, welche Funktion die Bilder nun einnehmen. Johannes deutet mit Hilfe traditioneller Bilder die Gegenwart der christlichen Gemeinde. Er ist nicht so sehr an der Beschreibung zukünftiger Geschehnisse als solcher interessiert. Insofern ist er Prophet, nicht aber Apokalyptiker. Denn er hat nicht wie dieser eine besondere Vorliebe für die Schilderung zukünftiger Ereignisse als solcher, sondern er deutet als Prophet die Gegenwart der Christen, wobei er sich allerdings apokalyptischer Bilder bedient.

Aus all dem ergibt sich dann, daß das letzte Buch der Bibel kein apokalyptisches, sondern ein prophetisches Buch ist. Die häufigen Anspielungen auf alttestamentliche Prophetentexte stützen dieses

Ergebnis. Wahrscheinlich kennen die Christen diese Texte wie die des Buches Daniel aus den Lesungen im Gottesdienst. Als christlicher Prophet muß sich Johannes hinter keinem fremden Namen verstecken, sondern spricht zu den Christen in Kleinasien als ihr Bruder, der wie sie bedrängt ist, der mit ihnen an der Königsherrschaft teilhat und mit ihnen in Jesus standhaft ausharrt (1,9). Er spricht auch nicht zu einem kleineren fiktiven Kreis wie die jüdischen Apokalypsen, so daß die Inhalte seines Buches für eine Zeitlang geheim zu halten wären. Im Gegenteil: Christus fordert den Seher ausdrücklich auf: »Versiegle dieses Buch mit seinen prophetischen Worten nicht! Denn die Zeit ist nahe« (22,10). Das letzte Buch der Bibel ist somit auch keine »Geheime Offenbarung«, wie es fälschlicherweise häufig genannt wurde.

5. Aufbau und Gliederung der Offb

Sein Hauptanliegen, den Christen in ihrer Glaubensnot zu helfen, bringt der Seher schon im Aufbau seines Buches zum Ausdruck. Schon allein deshalb lohnt ein Blick in den Aufbau und in die Gliederung seines Werkes. Das Buch bildet eindeutig eine literarische Einheit mit einem Vorwort (1,1–3) und einem Nachwort (22,6–20). Dazu kommt der briefliche Rahmen (1,4–8; 22,21), wodurch der Seher unterstreicht, daß die Offb ihn persönlich vertreten soll, wenn sie in der Gemeindeversammlung verlesen wird. Dazu ist sie ja bestimmt (vgl. auch 1,3; 22,7). In 1,9–20 folgt die Beauftragungsvision, in der Christus den Seher ausdrücklich dazu auffordert, das Gesehene für die Gemeinden in Kleinasien niederzuschreiben. Darin bestätigt sich, was schon in 1,1 gesagt ist, daß nämlich der Inhalt der Offenbarung nicht Erfindung des Sehers, sondern die Heilsbotschaft Jesu Christi ist und deshalb letztlich Offenbarung Gottes ist. Von hierher erhält sie ihre ganze Autorität.

Für das Gesamtverständnis der Offb ist sodann von besonderer Bedeutung die Zuordnung der sieben Sendschreiben (2,1–3,22) zum nachfolgenden Hauptteil des Buches (4,1–22,5). Gewöhnlich bestimmt man das Verhältnis so, daß in 2,1–3,22 Aussagen über die Gegenwart der christlichen Gemeinden und in 4,1–22,5 Aussagen über deren Zukunft gemacht würden. Dafür beruft man sich auch auf 1,19, wo diese Gliederung angegeben werde: »Schreibe auf, was du gesehen hast, was ist und was danach geschehen wird.« Aber diese Aufteilung läßt sich nicht aus dem Inhalt der beiden Teile rechtfertigen. Denn im ganzen Buch geht es wesentlich um die Deutung der gegenwärtigen Situation der Christen. Der Blick in die Zukunft der Heilsvollendung dient der Motivierung zu christlichem Leben in der Gegenwart und hat nicht in erster Linie die Aufgabe, die Geschehnisse um ihrer selbst willen darzustellen. Deshalb wird man die Funktion der Sendschreiben im Ganzen des Buches wohl anders bestimmen müssen.

Johannes will die Christen in Offb 2–3 auf ihre bedrohliche Situation in aller Eindringlichkeit hinweisen und zugleich zeigen, wie sie diese bestehen können. Deshalb stellt er betont einen Weckruf zusammen mit einem Überwinderspruch an das Ende eines jeden Sendschreibens, um den Treuen die Vollendung des Heiles zuzusprechen. Die Christen sollen sich nicht dazu verführen lassen, die Zeichen der Zeit falsch einzuschätzen. Ihnen allein ist die Befähigung geschenkt, das zu durchschauen, was die Geschichte bewegt und welche die eigentlichen Mächte sind, die sich hinter den Geschehnissen auf Erden verbergen.

Schwieriger als die Zuordnung der Sendschreiben zum Hauptteil der Offb ist die Gliederung dieses Hauptteiles selbst. Am besten geht man von den drei Siebenerreihen von Plagen aus, die jeweils durch eine Beauftragungsvision eingeleitet werden. Auf diese Weise erhalten wir drei größere Blöcke: 4,1–8,1; 8,2–11,19; 15,1–16,21. Die in den drei Visionen angekündigten Plagen sind zwar einerseits Wiederholungen, andererseits aber ist eine gewisse Steigerung zu beobachten, wie bei der Einzelerklärung deutlich wird. Dabei ist zu beachten, daß die siebte Siegelvision (8,1) die Reihe der Posaunenvisionen eröffnet (8,2–11,19) und die siebte Posaunenvision (11,24) die sieben Schalenvisionen (Kap. 16) aus sich entläßt. Auf diese Weise wird sichergestellt, daß das Lamm, das in der Eröffnungsvision (Kap. 5) mit dem »Buch mit den sieben Siegeln« die Macht über das endzeitliche Geschehen erhalten hat, nicht nur über die Plagen der sieben Siegelvisionen, sondern auch über die der beiden anderen Visionsreihen verfügt. Aus diesem Grund dürfte die Eröffnungsvision in Offb 5 nicht nur die Siegelvisionen betreffen, sondern alle anderen Visionen, die später folgen. Für die Christen, die auf der Seite des Lammes stehen, ist dieser Umstand sicher eine Ermutigung.

Die übrigen Stücke, nämlich die Visionsberichte in 12–14; 17,1–19,10 und 19,11–22,5 sind je durch einen inhaltlichen Spannungsbogen zusammengehalten, der sie als eine Einheit erkennen läßt. In Offb 12–14 erfahren wir, daß die Gegner auf Erden ihre Entsprechungen im himmlischen Bereich haben. Wenn die Christen treue Kinder der Frau, die das wahre Gottesvolk darstellt, und damit zugleich Brüder und Schwestern des Gottessohnes (12,5) sind, dann sind sie gegen die Anschläge des Teufels und seiner irdischen Helfershelfer, dem Tier aus dem Meer als Symbol für den römischen Kaiser und dem Tier vom Land als dessen Propagandamaschinerie (Kap. 13), gefeit (14,1–5), während den Gottlosen Vernichtung droht (14,6–20).

17,1–19,10 stellt die große Hure Babylon und deren Geschick der Frau in Offb 12 gegenüber. Während dem wahren Gottesvolk nichts zustoßen kann, da es in Gottes Schutz ist (12,6.13–16), trifft die gotteslästerliche Hure das Gericht.

Von 19,11–22,5 steht dann das endgültige Gericht über die Feinde Gottes und die Heilsvollendung der Christen, die in der Bedrängnis durchgehalten haben, im Vordergrund. Gott setzt sich nun endgültig gegen seine Feinde durch, so daß seine Herrschaft nicht nur bei denen zum Zuge kommt, die sich ihr freiwillig unterstellen.

Aufgrund der bisherigen Ausführungen ergibt sich folgende Gliederung:

I. Einleitung: 1,1–20
  1. Vorwort: 1,1–3
  2. Briefeinleitung: 1,4–8
  3. Beauftragungsvision: 1,9–20
II. Die Sendschreiben an die sieben Gemeinden: 2,1–3,22
III. Der »apokalyptische« Hauptteil des Buches: 4,1–22,5
  1. Beauftragungsvision und die sieben Siegelvisionen: 4,1–8,1
  2. Beauftragungsvision und die sieben Posaunenvisionen: 8,2–11,19
  3. Das wahre Volk Gottes und seine Widersacher: 12,1–14,20
  4. Beauftragungsvision und die sieben Schalenvisionen: 15,1–16,21

5. Das Geschick der großen Hure Babylon/Rom: 17,1–19,10
6. Endgültiges Gericht über die gottwidrigen Mächte und Heilsvollendung der getreuen Christen: 19,11–22,5

IV. Der Schluß des Buches: 22,6–21
   1. Nachwort: 22,6–20
   2. Briefschluß: 22,21

6. Zur folgenden Auslegung

Da die Bilderwelt der Johannesapokalypse dem heutigen Leser weithin fremd ist, gehört es zur Auslegung, vor allem diese fremdartigen Bilder zu erklären. Das bringt es mit sich, daß der Text eingehender besprochen werden muß, als das in anderen Schriften des Neuen Testaments notwendig ist. Dennoch können nicht alle Fragen, die der Text aufgibt, beantwortet werden. Der Auslegung geht es besonders darum, den vorliegenden Text verständlich zu machen. Die Fragen nach dem religionsgeschichtlichen bzw. mythischen Hintergrund der verwendeten Symbolsprache werden nur so weit berücksichtigt, wie es für das Verständnis des Textes erforderlich ist. Einige wichtige theologische Fragen werden in Exkursen behandelt.

Wenn bei der Auslegung des Textes immer der zeitgeschichtliche Hintergrund mitzubedenken ist, dann heißt das natürlich nicht, die Offb habe uns heute nichts mehr zu sagen. Wenn der Leser beachtet, daß es dem Verfasser vor allem um die Beschreibung der Existenz des Menschen vor Gott geht, dann kann er bald auch entdecken, wo heute Parallelen zur konkreten Situation vor 1900 Jahren gegeben sind. Er kann sich fragen, durch welche konkreten Mächte und Gewalten heute der christliche Glaube gefährdet ist. Auf diese Weise lassen sich dann die Aussagen der Offb auf unsere christliche Situation übertragen.

Beachtet man den zeitgeschichtlichen Hintergrund, dann kommt es auch nicht zu Mißverständnissen, wie wir sie aus der landläufigen Redeweise von den apokalyptischen Ereignissen her kennen. Der Verfasser will keine innerweltlichen Katastrophen ankündigen, sondern die in den Plagenreihen genannten todbringenden Ereignisse sind Bilder für die Gottesferne des Menschen. Deshalb sind die treuen Christen davon auch ausgenommen. Es geht dem Seher also letztlich um die rechte Beziehung des Menschen zu Gott. Weil das so ist, spricht er auch zu uns Christen im 20. Jahrhundert.

Die Christen in Kleinasien hatten zweifellos einen leichteren Zugang zur Offb als wir moderne Menschen des 20. Jh. So kann der Verfasser damit rechnen, daß seine Erstadressaten die vielen Anspielungen auf das Alte Testament verstehen. Denn das Alte Testament ist ihre heilige Schrift, die in den Gottesdiensten gelesen wird. Zudem ist zu vermuten, daß für die Schriftlesung solche Texte ausgewählt wurden, die besonders dafür geeignet sind, die schwierige Situation der Christen zu deuten. Im vorliegenden Kommentar werden wir auf die wichtigsten alttestamentlichen Texte, auf die der Seher anspielt, hinweisen, so daß sich der interessierte Benutzer mit ihnen vertraut machen kann. Daneben verweisen wir auch auf die Schriften des Frühjudentums, in denen sich gleiche oder ähnliche Vorstellungen wie in der Offb finden.

ZWEITER TEIL

Kommentar

I. Einleitung des Buches (1,1–20)

1. Vorwort (1,1–3)

Der Seher Johannes schickt seinem Buch ähnlich Lukas (Lk 1,1–4) ein Vorwort voraus, in dem er die Herkunft, den Inhalt und die Adressaten seiner Botschaft nennt. Jesus Christus ist der Bringer der Offenbarung, die er von Gott empfängt, der allein die Geheimnisse im Himmel enthüllt (Dan 2,28.29.45). Ziel der Offenbarung ist es, den Christen, die hier den Ehrentitel der alttestamentlichen Propheten »Knechte Gottes« tragen (vgl. Am 3,7), zu zeigen, was bald geschehen wird. Die Offenbarungsvermittlung an Johannes geschieht über den Deuteengel (vgl. noch Offb 22,16). Wenn Johannes sich in diesem Zusammenhang betont »Knecht Gottes« nennt, dann hat das wohl zwei Gründe: Der Titel weist auf seine prophetische Aufgabe und auf sein Eingebundensein in die christliche Gemeinde hin (vgl. Offb 22,9; 1,9).

Die Offenbarung Jesu Christi (V. 1) ist »Wort Gottes« und »Zeugnis Jesu Christi« (V. 2) zugleich, das im Buch der Offb niedergeschrieben ist, für dessen Inhalt Johannes durch sein Zeugnis eintritt. »Bezeugen« bezieht sich nämlich in der Offb immer auf die in ihr festgehaltenen geoffenbarten Wahrheiten (vgl. 22,16a.18.20). Das Zeugnis, das Jesus Christus gibt (vgl. noch 1,9; 6,9; 12,11; 20,4), drängt auf Weitergabe (vgl. vor allem noch 12,11). Johannes gibt es weiter durch sein Buch, dessen Inhalt er in der Beauftragungsvision (1,9–20) empfängt. Darin unterscheidet sich die Art und Weise der Weitergabe des »Zeugnisses Jesu Christi« von der der übrigen Christen. Dieses »Zeugnis« hat eine große Nähe zur Prophetie, wie vor allem Offb 19,10 verrät. »Zeugnis« ist in der Offb immer das Wortzeugnis, das allerdings das Blutzeugnis zur Folge haben kann.

Wer »die Worte der Weissagung«, wie die »Offenbarung Jesu Christi« in Vers 3 genannt wird, in der gottesdienstlichen Versammlung vernimmt und daraus die notwendigen Folgerungen für sein Leben zieht, dem gilt die Heilszusage der ersten von den sieben Seligpreisungen (vgl. 22,7.14; 14,13; 16,15; 19,9; 20,6). Damit ist der Anspruch, den die Offb an die Christen stellt (vgl. noch 22,18f.) nachhaltig unterstrichen. Die Offb zielt wie die prophetische Botschaft auf das Handeln. Daß 1,1–3 als Vorwort zu verstehen ist, macht Vers 3 dadurch deutlich, daß das Buch offenbar schon vorlag, als Johannes sein Vorwort formulierte. Mit der Begründung »denn die Zeit ist nahe« ist aus Vers 1 wieder aufgenommen in den Worten: »was bald geschehen muß«. Damit kündigt der Seher die bevorstehende schwere Zeit der Entscheidung und Bewährung für die Christen an. Sie können allerdings zuversichtlich sein, da Gott selbst die kommenden Geschehnisse in der Hand hat. Darauf weist bereits das göttliche »Muß« in Vers 1 hin. Die in der Seligpreisung vorausgesetzte Haltung ist somit Voraussetzung für das Geschenk des Heiles.

Die Seligpreisungen in der Offb

Siebenmal spricht der erhöhte Christus direkt oder indirekt durch einen Engel den bedrängten Gemeinden in Kleinasien das Heil in Form einer Seligpreisung zu. Diese schon aus dem Alten Testament bekannte literarische Form wird wegen des im Griechischen zugrundeliegenden Wortes *makarios* auch Makarismus genannt. Um die Aussagekraft einer Seligpreisung zu erfassen, ist es nicht unwichtig, in welchem Zusammenhang sie ursprünglich verwendet wurde. Die Frage nach der Herkunft der Seligpreisung wird in der Forschung jedoch unterschiedlich beantwortet. Neben einer Antwort auf diese Frage ist es auch bedeutsam, darauf zu achten, wie der

Seher Johannes die Seligpreisungen in sein literarisches Gesamtwerk einbringt.

Herkunft und Bedeutung der literarischen Form »Seligpreisung«
(1) Einige Forscher meinen, die Seligpreisung sei ursprünglich in der israelitischen Weisheit beheimatet gewesen. Sie beschreibe den Weg, der zum Glück führt, nicht aber das Glück selbst. Dem Seliggepriesenen werde ein Ziel vor Augen gestellt, für das einzusetzen sich lohnt.

(2) Andere siedeln die Seligpreisung im Kult an. Die Seligpreisung sei der Laiensegen. Ihn kann ein Laie dem anderen zusprechen. Der Segen, der dem Priester vorbehalten ist, bezieht sich demgegenüber vornehmlich auf das Gotteslob. Er ist nicht mit »Selig, der...« oder mit »Wohl denen, die...« zu übersetzen wie die Seligpreisung, sondern mit »Gepriesen bist du...« oder mit »Gepriesen sei...« So schreibt z. B. der Verfasser von 1 Petr: »Gepriesen sei der Gott und Vater unseres Herrn Jesus Christus...« (1 Petr 1,3; vgl. auch Eph 1,3–14). Anders als die Vertreter der Auffassung, die Seligpreisung sei weisheitlichen Ursprungs, leugnen jene, die in der Seligpreisung einen Segen sehen, deren ermahnenden Charakter. Das habe sich auch nicht geändert, als man die Seligpreisung in die israelitische Weisheit einführte. Denn hier habe sie die Funktion, die religiöse Dimension der Gottesbeziehung in die Weisheit einzubringen. So z. B. in Spr 14,21: »Wer seinen Nächsten verachtet, sündigt; wohl dem, der Erbarmen hat mit den Notleidenden« (vgl. auch Spr 16,20).

(3) Eine dritte Gruppe von Forschern fordert zu Recht, daß die Alternative weisheitlich – kultisch aufzugeben sei. Dem Menschen wird nämlich durch die Seligpreisung kein Mittel an die Hand gegeben, mit Hilfe dessen er sein Glück erreichen kann, wie das weisheitliche Verständnis der Seligpreisung behauptet. Die Seligpreisung ist auch kein bloßer Segenswunsch. Sie stellt vielmehr das Glück fest und proklamiert es. Von daher ist sie am besten als eine »Gratulationsformel« zu bestimmen. Doch muß auch in diesem Fall ihr

ermahnender Charakter festgehalten werden, was allerdings bestritten wird. Denn der ermahnende Charakter bleibt insofern gewahrt, als die Gratulation nur solange gilt, wie die Voraussetzung dafür gegeben ist. Die religiöse Seligpreisung setzt die Beziehung zu Gott voraus; wird sie aufgehoben, fällt auch der Glückwunsch.

Zum ermahnenden Aspekt der Seligpreisung kommt später die apokalyptisch-endzeitliche Perspektive hinzu. So lesen wir in den Psalmen Salomos: »Wohl denen, die leben in jenen Tagen in der Versammlung der Stämme zu sehen das Glück Israels, das Gott schaffen wird« (PsSal 17,44). Und in PsSal 18,6–7a heißt es: »Wohl denen, die leben in jenen Tagen, zu sehen die Wohltaten des Herrn, die er erweisen wird dem kommenden Geschlecht unter dem züchtigenden Stab des Gesalbten des Herrn in seiner Gottesfurcht.« Die meisten neutestamentlichen Seligpreisungen gehören zu diesem Typ. Aber schon in der Formulierung fällt ein wesentlicher Unterschied auf: In den PsSal werden jene selig gepriesen, die in Zukunft leben und in dieser Zukunft das von Gott geschaffene Glück erfahren. In den neutestamentlichen Seligpreisungen gilt die Gratulation nicht Menschen in ferner oder naher Zukunft, sondern den Christen hier und jetzt: »Selig, wer diese prophetischen Worte (jetzt) hört...« (Offb 1,3). Darin zeigt sich der wesentliche Unterschied zwischen jüdischem und christlichem Heilsverständnis. Nach christlicher Auffassung ist das Heil schon hier auf Erden anfanghaft verwirklicht, auch wenn die Vollendung des Heils zukünftig ist.

Funktion und Stellenwert der Seligpreisungen in der Offb
Die Seligpreisungen haben in der Offb eine bestimmte Funktion. Dabei ist es angemessen, zwischen den Seligpreisungen im Vor- und Nachwort einerseits und im Hauptteil der Offb andererseits zu unterscheiden.

(1) Die beiden Seligpreisungen in 1,3 und 22,7 setzen als Bedingung voraus, daß die Christen die vernommene Botschaft des Buches in ihrem Leben verwirklichen. Das beweist, daß der Verfasser von der Heilsbedeutung der in

seinem Buch festgehaltenen Mahnungen überzeugt ist. Diese umfassende Voraussetzung entspricht der Stellung der beiden Seligpreisungen im Vorwort und Nachwort der Offb.

So ist es auch nicht zu verwundern, daß auch die letzte Seligpreisung (22,14) eine allumfassende Heilszusage macht. Wer jetzt sein Gewand wäscht, d. h. ein christliches Leben führt, dem wird jetzt dazu gratuliert, daß er Anteil an der Heilsvollendung haben wird. Wer sich dagegen nicht bewährt, hat kein Anrecht auf die Heilsvollendung (22,15). Der ermahnende Charakter der Seligpreisung ist überdeutlich: Den treuen Christen wird die Heilsvollendung zwar zugesagt, aber zugleich vor Augen gestellt, daß sie diese auch verfehlen können. Mit dieser Heilszusage erinnert der Seher durch die benutzten Bilder an die großartige Vision vom neuen Jerusalem als dem Ort des endgültig geschenkten Heiles, d. h. als dem Ort der unverlierbaren Gottes- und Christusgemeinschaft (21,1 – 22,5).

(2) Wenn die erste Seligpreisung im Hauptteil der Offb erst in 14,13 steht, ist das kein Zufall. Denn zunächst mußten ja die Christen als die Kinder des wahren Gottesvolkes, die sich in dieser Welt gegenüber Satan und seinen Helfershelfern bewähren müssen (12,17), eingeführt sein, bevor sie wegen ihrer Bewährung selig gepriesen werden können. Konkret haben sie sich gegen den sich aufdrängenden Kaiserkult mit seiner Propagandamaschinerie (Kap. 13) zu entscheiden.

Nun fällt auf, daß die Seligpreisungen im Hauptteil den Christen immer dann zugesprochen werden, wenn die in verschiedenen Bildern beschriebene Unheilssituation zu einem Höhepunkt gekommen ist. Meist unvermittelt eingeführt, spricht Christus den Christen dann das Heil zu. Allem Anschein zum Trotz sind die Christen in einer besseren Lage als ihre Gegner; denn anders als diese brauchen sie die von Gott geschickten Plagen und sein Gericht nicht zu fürchten.

Wenn wir auf die zugesagten Heilsgüter schauen, ist eine Steigerung zu beobachten: In 14,13 ist das Heil rein negativ als ein Ausruhen von den bisher erlittenen Mühsalen beschrieben. Die Einleitung zur Seligpreisung in 16,15

»Siehe, ich komme wie ein Dieb!« deutet bereits an, daß die Heilsvollendung in der Christusgemeinschaft bestehen wird, wenngleich dieser Gedanke in der Seligpreisung nicht auftaucht, sondern nur der Gedanke von der Wachsamkeit und Bereitschaft, die von den Christen gefordert wird, wenn sie nicht mit leeren Händen vor Gott hintreten wollen. Nach 19,9 ist die Heilsvollendung dann eindeutig als Christusgemeinschaft gekennzeichnet, wie das Bild von der Braut des Lammes und von der Teilnahme am Hochzeitsmahl klarstellt (vgl. 19,7–9). Eine letzte Steigerung bietet dann die Seligpreisung in 20,6. Hier ist nicht nur von der Gottesgemeinschaft, wie bereits durch den Priesterbegriff angezeigt ist, und von der Christusgemeinschaft die Rede, sondern darüber hinaus von der aktiven Mitherrschaft der Erlösten. Das alles ist denen zugesagt, die sich dem Kaiserkult und den Pressionen, die sich aus ihm ergeben, nicht beugen (20,4f.).

Johannes stellt die Seligpreisungen bewußt und sorgfältig in den Dienst seiner Verkündigung. Mit ihnen will er die Christen in der Verfolgung aufrichten. Die Seligpreisungen sprechen zweifellos in erster Linie denen die Heilsvollendung zu, die schon jetzt in der Christusgemeinschaft leben und deshalb den gottwidrigen Mächten widerstehen können. Aber sie enthalten auch die Ermahnung, in der seliggepriesenen Haltung zu verbleiben. Denn die Seligpreisung gilt nur, wenn der Christ treu zu seinem Herrn steht. In diesem Sinn haben sie nicht nur Bedeutung für die Christen vor nahezu 1900 Jahren, sondern gelten auch heute. Wenn der Christ in der heutigen Zeit trotz der vielen Anfechtungen Christus die Treue hält, dann ist ihm dasselbe Heil gewiß, das den verfolgten Christen in Kleinasien im ausgehenden ersten Jahrhundert zugesagt war.

Um die Christen zu ermuntern, Christus die Treue zu halten, bediente sich Johannes nicht nur der literarischen Form der Seligpreisung, sondern auch anderer literarischer Mittel. Hier sind die Visionen, die das vollendete Heil vor Augen malen, ebenso zu erwähnen wie die Überwindersprüche in Offb 2–3.

2. Briefeinleitung (1,4-8)

Wenn Johannes dem Vorwort eine Briefeinleitung folgen läßt, bestätigt er unsere Feststellung, daß er das Buch schon vor sich hatte, als er das Vorwort schrieb. Der Verfasser benutzt das zweigliedrige orientalische Briefformular, das uns auch von den Paulusbriefen her bekannt ist. Entsprechend nennt er erst den Absender, dann die Adressaten, denen er schließlich den göttlichen Segen in erweiterten Segenswünschen zuspricht.

Der Seher setzt voraus, daß die Christen in Kleinasien ihn kennen. Deshalb muß er sich nicht weiter vorstellen. Er braucht seine Autorität auch nicht näher zu begründen, weil sie offenbar von den Christen anerkannt ist. Denn er gehört zu den führenden Kirchenmännern Kleinasiens, so daß durch seine Namensnennung allein schon klar ist, wer zu den dortigen Christen spricht. Den Anspruch, Apostel zu sein, erhebt Johannes nicht. Das geschieht nicht aus Bescheidenheit, sondern weil er kein Apostel ist. Wenn seine Autorität in den kleinasiatischen Gemeinden auch unangetastet erscheint, so betont er doch in seinem ersten Visionsbericht, daß er den Auftrag zur Niederschrift des vorliegenden Buches von Christus selbst erhalten hat (1,9-20).

Die Adressaten, die sieben Gemeinden in der römischen Provinz Asia, die Paulus missionierte, repräsentieren die ganze Kirche Kleinasiens und darüber hinaus die Kirche überhaupt. Das geht nicht nur aus der Symbolik der Siebenzahl, die für eine Ganzheit bzw. Vollständigkeit steht, hervor, sondern auch aus dem Selbstverständnis des Verfassers (vgl. 22,18f.). Die in 1,11 namentlich genannten Gemeinden sind dem Seher wohl besonders vertraut, was auch deren Charakterisierung in den Sendschreiben (Kap. 2-3) beweist.

Die Grußformel, die in ihrem Grundbestand mit ähnlichen Formeln in den Paulusbriefen verwandt ist (vgl. Röm 1,7; 1 Kor 1,3 u.ö.), geht wahrscheinlich ursprünglich auf den Gottesdienst zurück, den sie einleitete. »Gnade« meint hier die Huld Gottes, der durch seinen Frieden die Menschen mit sich versöhnt. Der Gottesname, der eine Weiterbildung von Ex 3,14 ist, ist grammatikalisch im Griechischen unmöglich formuliert: Man müßte wörtlich übersetzen: »von der Seiende und der war und der Kommende«. Damit ist zum Ausdruck gebracht, daß Gott souverän handelndes Subjekt in der Geschichte ist, weshalb sein Name auch nicht den Regeln der Grammatik unterworfen ist. Ähnliche Formeln sind auch aus der heidnischen Umwelt bekannt. So heißt es in einem Orakel des *Pausanias* (X,2): »Zeus war, Zeus ist, Zeus wird sein.« Bei aller Ähnlichkeit zu dieser griechischen Formel ist der Unterschied unüberbrückbar groß: Schon in der Selbstoffenbarung Gottes an Mose im brennenden Dornbusch ist nicht nur von der Existenz Gottes die Rede, sondern von seinem Dasein für sein Volk: »Da antwortete Gott dem Mose: Ich bin der ›Ich-bin-da‹. Und er fuhr fort: So sollst du zu den Israeliten sagen: Der ›Ich-bin-da‹ hat mich zu euch gesandt« (Ex 3,14). Dieses Dasein Gottes für sein Volk hat sich dann darin erwiesen, daß er sein Volk aus der Knechtschaft in Ägypten herausgeführt und ihm in Kanaan eine neue Heimat geschenkt hat. In Anlehnung an die Gottesoffenbarung an Mose spricht unsere Formel deshalb zuerst in der Gegenwartsform: »der ist«, wobei das Dasein Gottes für das wahre Volk Gottes (vgl. Offb 12) eindeutig im Vordergrund steht. Dasselbe gilt auch für die Zukunft: Der Gott der Christen ist mit seiner gütigen Fürsorge nicht nur gegenwärtig, sondern auch zukünftig für sie da. Diesen Aspekt unterstreicht das dritte Glied der Formel: Gott ist jener, der auf den Menschen zukommt. Er trennt sich von den Seinen nicht, wenn diese sich nicht von ihm abwenden. Gott kommt auf die Christen zu, denen große Bedrängnisse bevorstehen. Er läßt sie wider allen Schein nicht im Stich. Das sollen die Christen von Anfang an wissen: Gott bietet ihnen seinen Segen und seinen Frieden an.

Der Segenswunsch kommt aber auch »von den sieben Geistern, die vor seinem Thron sind«. Die sieben Geister werden meistens auf den Heiligen Geist gedeutet. Wahrscheinlicher aber erscheint die Deutung auf die Boten Gottes, wobei die Siebenzahl religionsgeschichtlich auf die Vorstellung der sieben Erzengel zurückgehen könnte (vgl. Tob 12,15). Doch dürfte mit der Symbolzahl Sieben eher die Fülle der dienstbaren Wesen Gottes gemeint sein. Für die zweite Deutung spricht: 1. Die sieben Geister sind vor dem Thron Gottes und haben eine ähnliche Position, wie die sieben Engel, denen die Posaunen übergeben werden, von denen es heißt »die vor Gott standen« (Offb 8,2). Sie sind demnach »dienende Geister« (Hebr 1,14). 2. Dieser Deutung entspricht Offb 3,1, wonach Christus die sieben Geister Gottes und die sieben Sterne zur Verfügung hat, und Offb 4,5, wo die sieben vor dem Thron brennenden lodernden Fackeln mit den sieben Geistern identifiziert werden. Dem fügt sich auch ein, daß Christus, inmitten der Ältesten stehend, sieben Hörner und sieben Augen hat, die mit den sieben Geistern identifiziert werden, die über die ganze Erde ausgesandt sind (5,6). 3. Es dürfte auch kein Zufall sein, daß in den Sendschreiben immer *der* Geist zu *den* Gemeinden, also zur gesamten Kirche, spricht (2,7.11.17.29; 3,6.13.22). Aber auch dort darf man nicht sofort auf die Person des heiligen Geistes schließen. Überhaupt ist es auffällig, daß der heilige Geist in der Offb keine im Text feststellbare Rolle spielt. Diese Rolle übernimmt weithin Christus selbst, wie wir immer wieder feststellen können. 4. Daß die sieben Geister zwischen Gott und Christus stehen, bedeutet keinesfalls, daß sie die »dritte Person« in der Trinität darstellen. Denn immerhin werden auch in einer Formel des ersten Timotheusbriefes die Engel neben Gott und Christus genannt: »Ich beschwöre dich bei Gott, bei Christus Jesus und bei den ausgewählten Engeln« (1 Tim 5,21a). Wenn an unserer Stelle Christus anders als in 1 Tim an dritter Stelle eingeführt wird, dann dürfte das vor allem damit zusammenhängen, daß seine Bedeutung für die christliche Gemeinde dadurch unterstrichen werden sollte, daß die Formel durch christologische Würdenamen und durch die Umschreibung seiner Erlösungstat erweitert wird. Das läßt sich darstellerisch leichter machen, wenn Christus als letzter genannt wird. In Offb 14,10 sind im übrigen die Engel auch früher als Christus, das Lamm, genannt. 5. Schließlich ist zu berücksichtigen, daß die Dreierformel weniger an Wesensaussagen über Gott und Christus interessiert ist als am Heilshandeln Gottes und seines Christus.

Wenn der Seher die christologischen Hoheitstitel nicht dekliniert, dann soll die Stellung Christi wie die Gottes als unantastbar vorgestellt werden. Er ist »der getreue Zeuge«, auf den die Gemeinden bauen können. Als »der getreue und zuverlässige Zeuge« ermahnt und züchtigt er die, die er liebt (3,14). Als »der Erstgeborene der Toten« (vgl. Kol 1,18; auch Röm 8,29; 1 Kor 15,20) ist er Garant für die Auferstehung derer, die sich ihm anschließen. Als »Herrscher über die Könige der Erde«, die im Anschluß an Ps 2,2 in der Offb stets als gottfeindlich dargestellt werden (6,15; 17,2.18; 18,3.9; 19,19; 21,24; vgl. 16,14), hat er die Macht, die Christen vor den gottfeindlichen Anschlägen zu schützen.

Offb 1,5b–6a besingt die Erlösungstat Christi. Ursprünglicher »Sitz im Leben« dieses Hymnus ist offenbar das Taufbekenntnis der Gemeinde; denn die Liebe Christi, die Sündenvergebung und das Geschenk des Heils weisen auf die Taufe hin. Im Unterschied zu anderen Texten (Gal 2,20 u. ö.) betont Johannes die unaufhörliche Liebe Christi zu den Seinen (vgl. 3,9). Das ist sicherlich beabsichtigt; denn so kann die Gemeinde unter Verfolgung Trost und Zuversicht erfahren. Eine eigene Formulierung erfährt das dritte Glied der Formel: Die Christen wurden in der Taufe zu Priestern eingesetzt (vgl. Ex 19,6; Offb 5,10; 1 Petr 2,9), d.h., sie haben Zugang zu Gott, dem Vater unseres Herrn Jesus Christus, in dessen Dienst sie genommen sind. Zugleich sind sie zur Herrschaft eingesetzt. In der Gemeinde herrscht Gott und Christus, so daß die gottfeindlichen Mächte letztlich ohnmächtig sind. Die aktive Mitherrschaft mit Christus wird den Christen erst für die Zukunft zugesagt (vgl. 5,10; 20,6; 22,5). Die Antwort der Gemeinde auf die Erlösungstat Christi ist ihr Lobpreis.

Nun folgt die erste Weissagung des Sehers, zu der er nach 1,3 befähigt ist: Alle werden den gekreuzigten Menschensohn (vgl. auch 1,13) in Macht kommen sehen (Mischzitat Dan 7,13 und Sach 12,10). Seine Feinde werden über ihn klagen, d.h., sie werden vor seinem Angesicht verstehen, daß sie zu ihrem eigenen Unheil gehandelt haben. Von einer möglichen Umkehr ist keine Rede. Grund dafür ist, daß allein die Bedeutung des siegreichen Christus für die Christen betont werden soll.

Abschließend sagt Gott selbst in Art einer Selbstvorstellung den Christen nochmals, daß er alle Macht in seinen Händen hat. Dafür wird nicht nur die aus Vers 4 bekannte Gottesbezeichnung verwendet, sondern auch das Bild: »Ich bin das Alpha und das Omega«, d.h. der Anfang und das Ende. Von ihm geht alles aus, auf ihn gehen die Christen zu. Er ist der Allmächtige, der Allherrscher (Pantokrator), zu dessen Herrschaftsbereich wirklich alles gehört.

3. Beauftragungsvision (1,9–20)

Mit 1,9 setzt Johannes erneut ein, um seine Rolle als Offenbarungsvermittler näherhin zu beschreiben und um zu betonen, daß Jesus selbst ihm den Auftrag zur Niederschrift des Buches gegeben hat. Er steht in voller Solidarität mit den Mitchristen, denen er schreibt; denn er erfährt dieselben Leiden wie diese. Es sind Leiden, die die endzeitliche Existenz der Christen bestimmen. Nur in der Gemeinschaft mit Christus sind sie zu ertragen. In Offb 2,9f werden diese Leiden auf den Teufel selbst zurückgeführt.

Die Christen leiden nicht nur um Jesu willen, sondern sie haben schon Anteil an der Königsherrschaft Jesu (vgl. 1,6a; 5,10a), die allerdings noch von der künftigen aktiven Mitherrschaft der Christen in der Heilsvollendung (vgl. 5,10b; 20,6; 22,5) weit entfernt ist. Doch indem sie der Herrschaft Jesu in ihrem Leben Raum gewähren, nehmen sie bereits jetzt teil an seiner Auferstehung und erhalten dadurch die Kraft, die Bedrängnis in Standhaftigkeit auf sich zu nehmen. Das ist der Grund dafür, daß der Seher eigens betont, daß er mit den Christen in Kleinasien »in Jesus« standhaft ausharrt. Nicht nur die Bedrängnis, sondern auch die Königsherrschaft und die Standfestigkeit sind Folge des »In Jesus-Sein« der Christen. Das Christsein ist damit als Leben in und mit Jesus charakterisiert.

Johannes befindet sich zur Zeit seiner Vision auf der Insel Patmos, einer kleinen Felseninsel der südlichen Sporaden in der Nähe von Milet. Er hält sich nicht dort auf, weil er dort eine Vision empfangen will, sondern weil er »um des Wortes Gottes und des Zeugnisses Jesu willen« (vgl. Offb 6,9; 20,4) nach dorthin verbannt worden war. Zur Visionsvorbereitung wird Johannes vom Geist ergriffen (vgl. 4,2; auch 17,3; 21,10). Das ist verständlich, da er ja das Zeugnis Jesu empfängt, das er seinen Gemeinden weitergeben soll; denn »das Zeugnis Jesu ist der Geist der prophetischen Rede« (19,10). Nur auf diese Weise ist er befähigt, das Geschaute und Gehörte zu erfassen und in angemessener Weise wiederzugeben. Weil der Zustand der Geistergriffenheit dem Christen aus der Lektüre des Alten Testamentes vertraut ist, verweilt der Verfasser nicht länger bei seiner Beschreibung. Er spricht vielmehr alsbald von einer Audition, d. h. einer Wahrnehmung durch Hören. Die Formulierung erinnert an Ez 3,12, wo der Geist den Propheten das Geräusch eines gewaltigen Dröhnens hinter sich vernehmen läßt. Aber auch Ex 19,16 spielt hier mit herein, wo eine posaunenähnliche Stimme das Erscheinen Gottes auf dem Sinai begleitet. Trompetenstöße sind auch aus der frühjüdisch-apokalyptischen Literatur (z. B. in Qumran) bekannt. Aus dem Neuen Testament kennen wir sie sonst im Zusammenhang mit der Wiederkunft Christi (vgl. 1 Thess 4,16).

Wenn der Verfasser von einer Stimme spricht, die wie eine Trompete erschallt, weist er – wie das für die apokalyptische Literatur charakteristisch ist – darauf hin, daß das Erfahrene nur unzureichend in menschlicher Sprache zu fassen ist.

Wie in der alttestamentlichen Berufungsvision (vgl. Jes 6,1; Jer 1,1; Ez 1,1f) nennt Johannes auch den Zeitpunkt seiner Vision: »den Herrentag«. Der Herrentag ist weder Gerichtstag noch der Ostertag, sondern der Sonntag, der hier erstmals literarisch bezeugt ist. Wie in 1,19 ist die Stimme aus dem Himmel wahrscheinlich auch hier die Stimme Christi (vgl. 4,1), nicht die eines Engels (vgl. 5,2; 17,1; 21,9). Sie beauftragt den Seher, das Geschaute für die nun namentlich aufgeführten sieben Gemeinden in einem Buch festzuhalten. Unter den Gemeinden fehlen so bekannte wie Kolossä und Hierapolis. Wenn die Begrenzung mit dem Symbolwert der Zahl Sieben (vgl. 1,4) zusammenhängen wird, so wird neben der Bedeutung der genannten Städte als Gerichtsorte und als Sitze römischer Behörden der je charakteristische religiös-sittliche Zustand der Gemeinden für die getroffene Auswahl mitbestimmend gewesen sein. Denn der Verfasser bleibt nur dann glaubwürdig, wenn das von ihm über die einzelnen Gemeinden Gesagte auch zutrifft. Die Summe des Charakteristischen der einzelnen Gemeinden gilt dann als das Typische der Kirche in Kleinasien überhaupt, die – wie die Sendschreiben (Offb 2–3) zeigen – von Häretikern bedroht ist.

Mit Vers 12 beginnt die eigentliche Vision, die durch die Audition vorbereitet ist. Denn der Seher dreht sich nun nach der Stimme um (Dan 7,11 LXX). Er sieht sieben Leuchter, die man nur dann auf den heiligen Geist deuten kann, wenn man Vers 20 als nachträgliche Glosse erklärt. Denn nach Ausweis von Vers 20 sind die sieben Leuchter Sinnbild für die kleinasiatischen Gemeinden.

In ihr ist der erhöhte Herr immer und überall gegenwärtig (vgl. auch Mt 28,20). Wie in Offb 1,7 bereits andeutungsweise, so wird hier nun ausdrücklich Christus »wie ein Menschensohn« (Dan 7,13) eingeführt. Es ist also kein anderer als der erhöhte Menschensohn, der den Seher für seine Kirche in den Dienst nimmt. Das lange, bis zu den Füßen reichende Gewand (vgl. Ex 28,4.27) und der Gürtel um die Brust (vgl. Dan 10,5 ff.) weisen Christus als den wahren königlichen Hohenpriester aus. Die schneeweißen Haare des Hochbetagten, wie Gott in Dan 7,9 heißt, sind nun Attribut des Menschensohnes. Auf diese Weise bringt das Bild zum Ausdruck, daß er der gottgleiche Herr ist, dessen Augen wie loderndes Feuer sind (Dan 10,6; 7,9), so daß ihnen nichts entgeht. Die bildhaften Ausdrücke über seine Füße und über seine Stimme (vgl. Dan 10,6) sind Ausdruck seiner machtvollen Stellung. Ihm kommt das Richteramt zu, da er die sieben Sterne, das Symbol der Weltherrschaft, in Händen hält, und nicht etwa der römische Kaiser. Sein Gericht vollzieht er nicht mit dem Schwert, sondern durch sein Wort (vgl. Jes 11,4; 49,2). Der Menschensohnähnliche ist somit Hoherpriester, König und Richter zugleich. Ihm kommt göttliche Vollmacht zu. Das Bild vom Leuchten des Gesichtes wie die Sonne in ihrer Kraft (vgl. Ri 5,31; Ps 19,6) ist Sinnbild für die Verherrlichung des Menschensohnähnlichen (vgl. Mt 13,43).

Die Bilder, die der Seher hier verwendet, sind aus dem Alten Testament übernommen und zugleich gesteigert, so daß sie die Größe und Macht des erhöhten Herrn treffend zum Ausdruck bringen können. Die Beobachtung, daß die verwendeten Bilder in ihrer Auslegung nicht gepreßt werden dürfen, gilt auch für die übrigen Veranschaulichungen im letzten Buch der Bibel. Christus wird hier inmitten der Gemeinden (1,13a.20) dargestellt, an die sich das Buch richtet und die die Kirche als ganze repräsentieren. Er ist der Herr des Gottesvolkes und zugleich allen anderen Mächten überlegen.

Wie in alttestamentlich-jüdischen Berichten über Erscheinungen Gottes (Jes 6,5; Ez 1,28; Dan 8,18; 10,8–11; äthHen 14,14.24; ApkAbr 10,2–4) erschrickt der Seher angesichts seiner Visionserfahrung, ja er bricht wie ein Toter zusammen. Diese Reaktion des Sehers beweist dem Bibelkundigen einmal mehr die Gottgleichheit des Menschensohnähnlichen. Das wird um so deutlicher, wenn wir die Szene zum Vergleich heranziehen, in der Johannes dem Offenbarungsengel zu Füßen fällt (22,8). Denn dieser Engel weist das Handeln des Sehers deutlich zurück und fordert ihn auf, allein Gott anzubeten (22,9). Für die Szene in 1,17, wo das Niederfallen des Johannes nicht getadelt wird, bedeutet das, daß die Verhaltensweise Jesus gegenüber korrekt ist: Er ist also Gott gleich. Wenn Jesus dem Johannes dann die rechte Hand auflegt, gibt er ihm gleichsam das Leben zurück. Der Gestus der Handauflegung und die Aufforderung, sich nicht mehr zu fürchten, gehen auf Dan 10,10.12 (vgl. Mt 14,27; Lk 1,13.30; 2,10) zurück. Beides dient dazu, dem Seher Macht zu übertragen und Segen zu spenden, um ihn auf diese Weise auf die folgenden Worte vorzubereiten.

Die Gottgleichheit Jesu wird durch die Aussage: »Fürchte dich nicht! Ich bin der Erste und Letzte« (Jes 44,2.6, wo es für Gott verwendet ist) erneut betont. Sie trifft sich sachlich zudem mit dem Gottesprädikat in Offb 1,8: »Ich bin das Alpha und das Omega.« Als der Erste und der Letzte ist Christus der Lebendige (1,18a), wie Gott öfter im Alten Testament genannt wird (Jos 3,10; Ps 42,3 u.ö.). In Anspielung auf seinen Kreuzestod heißt es dann, daß Christus einmal tot war, nun aber in Ewigkeit lebt. Deshalb hat er auch die Macht über den Tod und die Unterwelt, wie das Bild vom Schlüssel besagt.

Vers 19, der den Schreibauftrag wiederholt, gilt in der Auslegung weitgehend als Hinweis auf die Gliederung des Buches, wonach in den Sendschreiben die Gegenwart der Christen und im zweiten Teil (Kap. 4–22) die zukünftigen Ereignisse beschrieben werden. Aufgrund des Inhaltes ist ein solcher Hinweis ausgeschlossen. Vers 19 besagt vielmehr, daß Johannes über Gegenwärtiges und Zukünftiges im ganzen Buch reden wird. Auf wen die sieben Engel zu deuten sind (V. 20), ist nicht einfach zu entscheiden. Da die Sendschreiben jeweils an den Engel in der Gemeinde adressiert sind, denken manche Autoren an die Leiter (Bischöfe) in der Gemeinde. Wahrscheinlicher sind jedoch Schutzpatrone der Gemeinden gemeint. Wie das Volk Gottes Michael zum Patron hat (Offb 12,7–9; Dan 10,13.20.21; 11,1; 12,1), so hat jede Gemeinde ihren Repräsentanten. Wenn also der Adressat der Engel in der Gemeinde ist, so sind die wahren Adressaten die Christen in ihr.

II. Die Sendschreiben an die sieben Gemeinden (2,1 – 3,21)

Die Sendschreiben setzen die Audition (1,17–20) fort. Verzahnungen mit Aussagen in der vorausgehenden Vision und mit dem Hauptteil des Buches (Kap. 4–22), aber auch der Stil und die gleichartige Struktur der einzelnen Schreiben beweisen die Zugehörigkeit von Offb 2–3 zum Buch von Anfang an. Zunächst steht nochmals ein ausdrücklicher Schreibbefehl an die Einzelgemeinde. Die Botenformel – aus dem Alten Testament bekannt (vgl. Jer 2,1; 6,16.22) – unterstreicht, daß Christus der eigentliche Sprecher des folgenden Botenspruches ist. Johannes wird dadurch als Prophet gekennzeichnet, der anstelle des Erhöhten handelt, so wie die Propheten des Alten Testaments anstelle Gottes gehandelt haben. Der Botenspruch – eingeleitet mit »Ich kenne« bzw. »ich weiß« – geht jeweils auf konkrete Gemeindeverhältnisse ein. Der sich anschließende Weckruf (»Wer Ohren hat«) wendet sich wie der »Sieger-« bzw. »Überwinderspruch« verallgemeinernd an alle Gemeinden und Christen. Im vierten bis siebten Brief steht der Überwinderspruch vor dem Weckruf.

Der Wechsel der beiden letzten Elemente in der Struktur der Sendschreiben dürfte bereits auf deren Funktion für das Buch hinweisen: Sie wollen die Christen auf die schweren Zeiten vorbereiten, die in Offb 4–22 geschildert werden. Der Geist wird ihnen dann in besonderer Weise beistehen, wie der Weckruf zeigt (vgl. Mk 13,11 parr). Nur so können sie die Zeichen der Zeit richtig werten und aus den Anfechtungen siegreich hervorgehen. Darin ist Christus ihnen Vorbild, der ihnen als Sieger über die Anfechtungen und den Tod (5,6.9) vorausgegangen ist. Weckruf und Heilszusage im Überwinderspruch gehören demnach untrennbar zusammen und weisen in die Zukunft.

In diesem Zusammenhang ist auch der Botenspruch zu sehen, der die konkrete Situation der Gemeinden aufdeckt: Wenn die Christen die Gefährdungen im Innern überwinden, können sie den von außen kommenden Gefahren standhalten. Dem Verfasser geht es also um die Standhaftigkeit der Christen in den ihnen drohenden Anfechtungen. Zuspruch und Mahnung in den Sendschreiben dienen allein diesem Ziel.

1. An die Gemeinde in Ephesus (2,1–7)

Ephesus ist die drittgrößte Stadt des römischen Reiches und faktisch die Provinzhauptstadt der Asia, wenngleich der Prokonsul wohl in Pergamon residiert. Seit der Zugehörigkeit zum römischen Reich (113 v. Chr.) kommt es in ihr zu erneuter Blüte. Kein Wunder also, daß in ihr auch der Kaiserkult sehr gepflegt wird. In ihren Mauern steht auch ein Artemisheiligtum (vgl. Apg 19,23–40). Ephesus wird zuerst genannt, weil es Zentrum paulinischer und nachpaulinischer Missionstätigkeit war und deshalb große Bedeutung für die Kirche Kleinasiens hat. Ihre Stellung spiegelt sich auch in der Übernahme des Bildes vom Menschensohnähnlichen in der Botenformel, wodurch Ephesus als Repräsentantin der ganzen Kirchenprovinz erscheint. Der erhöhte Herr selbst übt die Kontrollfunktion über die Gemeinde aus und kann den Leuchter, der die Gemeinde repräsentiert (vgl. 1,12; auch 1,20), von seinem Platz stoßen (2,5b), wenn die Gemeinde nicht umkehrt.

Im Botenspruch wird die Situation der Gemeinde erhellt. Zunächst erfährt sie großes Lob (V. 2 f.): Sie zeichnet sich aus durch ihre Werke, d. h. durch ihre christliche Lebensführung (vgl. 14,13 u. ö.). Eine solche Lebensführung bewährt sich in den Bedrängnissen (vgl. 14,13a) und in Standfestigkeit bei Konflikten (vgl. 1,9; 14,12). Ausharren bedeutet jedoch keine reine Passivität. Die Gemeinde kann deshalb nur gelobt werden, weil sie die Bösen nicht erträgt und solche, die vorgeben, Apostel zu sein, als die entlarvt, die sie sind: Lügner, d. h. hier wohl Irrlehrer, die den Weg ins Verderben weisen (vgl. 2,6).

Die Anfechtungen im Inneren durch die Irrlehren fordern große Anstrengungen heraus, so daß die Gemeinde um Jesu willen Schweres zu ertragen hat. Geradezu unvermittelt, schließt sich dem Lob der Tadel an (V. 4 f). Der Gemeinde wird vorgeworfen, nicht mehr in derselben Weise zu Gott und seinem Christus zu stehen, wie am Anfang. Vielleicht trägt gerade der Kampf gegen die Irrlehrer unbewußt dazu bei, den eigentlichen Kern des Christseins zu vernachlässigen: die personale Bindung an Gott, die natürlich auch ihre Auswirkungen haben muß im Umgang miteinander. Das Bild vom Fall aus der Höhe (vgl. Jes 14,12) verdeutlicht die Gefahr, in der die Gemeinde sich befindet. Aus ihr kann sie sich nur retten, wenn sie eine radikale Kehrtwende vollzieht und zum ursprünglichen Lebenswandel (»erste Werke«) zurückkehrt.

Das folgende Drohwort nimmt das Bild von Vers 1 wieder auf und unterstreicht den vollen Ernst der Lage. Die Drohung ist allerdings nur bedingt; sie tritt nicht ein, wenn die Gemeinde sich bekehrt. Daß nicht alles verloren ist, zeigt dann das erneute Lob dafür, daß sie die Lebensführung und die Lehre der Nikolaiten verabscheut hat. Vermutlich sind die Nikolaiten eine christlich-gnostische Gruppe, denen allein die geistliche Erkenntnis für das Heil wichtig ist, weshalb sie gegenüber der Leiblichkeit und äußerem Tun gleichgültig sind. Sie können sich leichter den Forderungen der Umwelt anpassen und folglich auch dem Kaiserkult huldigen (vgl. 2,14f.). Ihren Namen hat die Bewegung offensichtlich von einem gewissen Nikolaos, der aus dem syrischen Antiochien stammt (vgl. Apg 6,5). Wenn die Gemeinde dem Ruf zur Umkehr folgt und weiterhin gegen die gnostischen Verhaltensweisen abweisend reagiert, ist sie gewappnet dafür, den Gefahren, die aus dem Kaiserkult kommen, zu trotzen. Hier gilt es, wachsam zu sein, wozu der prophetische Weckruf eindringlich mahnt. Zusammen mit dem folgenden Überwinderspruch weist er auf die Kapitel 4 – 22 voraus, wie schon allein die Erweiterung der Adressaten auf alle Gemeinden zeigt.

Dem, der siegt, wird Anteil am Baum des Lebens im Paradies Gottes zugesagt (vgl. Gen 2,9; 3,22; Ez 47,12; Offb 22,2). Wer an ihm teilhaben will, muß befolgen, was im letzten Buch der Bibel gefordert ist (22,19). Möglich ist das nur im Anschluß an Christus, der das Heil schenkt (22,14; vgl. 7,14).

2. An die Gemeinde in Smyrna (2,8–11)

Smyrna, das heutige Ismir in der Türkei, ist im 1. Jh. eine blühende Hafen- und Handelsstadt. Die christliche Gemeinde führt ein vorbildliches Leben, so daß sie nur Lob erfährt. Leitmotiv des Sendschreibens ist der Gegensatz von Tod und Leben, der sich vom Christustitel (vgl. 1,18) bis zum Überwinderspruch durchhält. Dadurch wird kaum auf die einst zerstörte (tote) und dann wieder erbaute (auferweckte) Stadt angespielt. Es geht vielmehr um die Situation der Christen, die teilhaben am Geschick Jesu und damit auch an seiner Auferstehung, wenn sie ihm treu bleiben bis zum Tod.

Die Christen betrachten sich als die wahren Juden und ihre Gemeinde als die Versammlung Gottes, weshalb sie denen, die Lästerungen aussprechen, d. h., die die Auferstehung Jesu leugnen oder aber den Heilswert von Tod und Auferstehung Jesu in Frage stellen, das Judesein absprechen, obwohl diese das ausdrücklich für sich reklamieren. Die vorgeblichen Juden können einmal tatsächlich Juden sein, die in großer Anzahl in Smyrna Handel treiben. Es kann sich aber auch um eine judenchristliche Gruppe handeln, die gegenüber dem römischen Staat Kompromißbereitschaft zeigt, um so dem Martyrium zu entgehen. Auf diese Weise wären sie eine große Anfechtung für die Christen, die möglicherweise darin auch ihren Weg sehen könnten. Darin, daß sie bisher diesen Versuchungen widerstanden, zeigt sich die Kraft des inneren Reichtums der materiell armen Christen.

Der Seher entlarvt den eigentlichen Drahtzieher, der hinter allen Anfeindungen steht: den Teufel. Er hat begrenzte Macht über die Christen, insofern er einige ins Gefängnis werfen wird. Die Christen in Smyrna sollen auch dann wie bisher ohne Furcht sein, da die Zeit verhältnismäßig kurz, zehn Tage, dauern wird, wie es in Anspielung auf die Erprobung junger Israeliten am babylonischen Hof (Dan 1,12.14) heißt. Die Treue bis zum Tod wird mit der Heilsvollendung belohnt, wie im Bild vom Kranz des Lebens gesagt wird. Negativ bedeutet das, daß die Überwinder nicht am zweiten Tod, dem Tod vor Gott teilhaben, sondern an der ersten Auferstehung, die eine Teilhabe an der Herrschaft Christi einschließt (vgl. Offb 20,6). Allein den endgültigen Tod, nicht den leiblichen Tod, gilt es zu fürchten (vgl. Mt 10,28).

3. An die Gemeinde in Pergamon (2,12–17)

Pergamon, die Residenz des römischen Prokonsuls, gilt als Zentrum heidnischer Religiosität. Bekannt ist der Pergamon-Altar, den man im Pergamon-Museum in Ostberlin besichtigen kann. Er ist nicht nur Zeus, sondern allen Göttern geweiht. Entscheidender für das Los der Christen ist es allerdings, daß 29 v. Chr. in

Pergamon der erste Tempel zu Ehren eines römischen Kaisers (Augustus) erbaut wird. Die Stadt entwickelt sich so zum offiziellen Mittelpunkt des Kaiserkultes. Damit ist die schwierige Situation der Christen deutlich. In der Christus-Titulatur der Botenformel wird jedoch klargemacht, wer letztlich die richterliche Macht in der Hand hat (vgl. 1,16).

Wenn Christus vom »Thron Satans« spricht, muß nicht an ein bestimmtes Heiligtum gedacht sein. Gemeint ist eher eine Charakterisierung der Stadt als Zentrum heidnischer Religiosität, die ihre Stellung dem Satan verdankt. Wenn die Christen trotz der Bedrängnisse, die davon ausgehen, am Bekenntnis zu Christus (meinen Namen) und am Glauben an ihn festhalten, verdienen sie Lob. Vergessen ist auch nicht, daß ein Gemeindemitglied den Martyrertod starb. Er wird mit dem Titel »treuer Zeuge« versehen, weil er wie Christus selbst (1,5) zuverlässig Zeugnis gab bis zum Tod.

Schwerer als mit den Anfechtungen von außen tun sich die Christen mit den Gefahren, die von innen kommen, wie die Kritik zeigt: Sie dulden Irrlehrer in ihrer Gemeinde. Die Irrlehre wird als »Lehre Bileams« bezeichnet (V. 14). Das erinnert an den heidnischen Wahrsager Bileam, der von dem Moabiterkönig Balak den Auftrag erhielt, die Israeliten zu verfluchen, tatsächlich aber vom Gott Israels in den Dienst genommen wurde, um seinen Willen dem Volk kundzutun (Num 22–24). Die Deutung, die die Rolle Bileams in der Offb erfährt, ist demgegenüber rein negativ. Hier wird nicht Bileam von Balak beauftragt, sondern umgekehrt lehrt hiernach Bileam den König, die Israeliten zu verführen. Diese Auslegung kann sich auf Num 31,16 in Verbindung mit dem Septuagintatext von Num 25,1f. berufen. Der Text von Num 31,16 lautet: »Gerade sie (= die Frauen) haben auf den Rat Bileams hin die Israeliten dazu verführt, vom Herrn abzufallen und dem Pegor zu dienen, so daß die Plage über die Gemeinde des Herrn kam.« Und Num 25,1–3: »Als sich Israel in Schittim aufhielt, wurde das Volk dazu verführt, mit den Moabiterinnen Unzucht zu treiben. Sie luden es ein, an den Opferfesten ihrer Götter teilzunehmen, das Volk aß von ihren Opfern und betete ihre Götter an. So ließ sich Israel mit Baal-Pegor ein. Da entbrannte der Zorn des Herrn gegen Israel.«

Die jüdische Bileam-Tradition knüpft an diesem negativen Verständnis des Bileam an, so daß er im Frühjudentum zum Prototyp der Irrlehrer und zum gottlosen Frevler wird (vgl. auch Jud 11; 2 Petr 2,15). Wenn Johannes die Lehre Bileams so interpretiert, daß sie dazu verführt, Götzenopferfleisch zu essen und Unzucht zu treiben, dann stellt sich die Frage, wie er das verstanden wissen will. In der jüdischen Tradition ist der verführerische Rat, »Götzenopferfleisch zu essen und zu huren« wörtlich verstanden worden. An unserer Stelle ist das allerdings fraglich. Fleisch von Opfertieren, die heidnischen Göttern dargebracht wurden, konnte man auf dem Markt kaufen und wurde bei Festmahlen gegessen. Hurerei galt ebenfalls als ein Hauptlaster der Heiden (vgl. 1 Kor 6,8–20). Gegen ein wörtliches Verständnis von Vers 14b spricht, daß im Sendschreiben an Thyatira eine Falschprophetin mit dem Decknamen Isebel ebenso einen Teil der Gemeinde dazu verführt, »Unzucht zu treiben und Fleisch zu essen, das den Götzen geweiht ist« (2,20).

Trotz der bildreichen Schilderung ihres Treibens in den Versen 21 f. kann sie keine Hure im eigentlichen Sinn sein. Von daher ist auch für 2,14 anzunehmen, daß »Unzucht treiben« eine nähere Erläuterung für das Essen von Götzenopferfleisch ist. Gemeint ist der Abfall von Gott, wie die Verbindung von Num 25,1f. mit Num 31,16 bereits nahelegt. Der Seher hätte den prophetischen Sprachgebrauch aufgenommen, wonach Hurerei Abfall vom wahren Gott zu den heidnischen Göttern bedeutet (vgl. Hos 1 – 3; Jes 1,21; 57,7–11; Jer 3,1 – 4,4; Ez 23 u.ö.). In diesem Sinn wird später auch die Weltstadt Rom die »große Hure« (17,1f.5; 19,2) genannt. Von daher fällt auch Licht auf das Verständnis des Essens von Götzenopferfleisch. Es scheint nicht nur ein Essen solchen Fleisches gemeint zu sein, sondern die Teilnahme an Götzenopfermahlzeiten und damit auch ein Bekenntnis zu den heidnischen Göttern. Der Tadel der Gemeinde in 2,14 betrifft somit die Ebene des Glaubens und nicht die der Ethik. Das entspricht im übrigen den sonstigen Aussagen der Sendschreiben.

Die »Lehre des Bileam« ist nichts anderes als die Charakterisierung der Irrlehre der Nikolaiten (2,15; vgl. schon 2,6): Die Nikolaiten sind zu Kompromissen gegenüber der heidnischen Umwelt bereit und verführen so zum Götzendienst und damit zum Abfall von Gott. Möglicherweise berufen sich die Irrlehrer selbst auf Bileam, der nach Num 22–24 – anders als nach Num 31,16 – dem Volk den Willen Gottes kundtat. Dafür, daß die Gemeinde dieser Irrlehre Raum gibt, wird sie unerbittlich zur Rechenschaft gezogen. Wer sich nicht von der Irrlehre abwendet, den trifft das richtende und strafende Wort des Erhöhten, der die Gemeinde auf diese Weise reinigt (V. 16). Mit dem Bild vom endzeitlichen Manna, das offenbar als Gegensatz zum Götzenopferfleisch zu verstehen ist, spricht der Überwinderspruch dem treuen Christen die Heilsvollendung zu (V. 17). Das Bild knüpft an die jüdische Vorstellung an, gemäß der das Manna für die Erwählten der messianischen Zeit im Himmel aufbewahrt ist (vgl. syrBar 29,8 u. a.). Die Christen dürfte das Bild an die Eucharistie erinnern (vgl. 1 Kor 10,3 f.; Joh 6), in der sie schon jetzt in anfänglicher Verwirklichung teilhaben am endzeitlichen Mahl.

Der neue Name, der auf dem weißen Stein geschrieben ist (vgl. Jes 62,2; 65,15), der dem treuen Christen übergeben wird, ist der Name Jesus (vgl. 3,12). Nur den Christen, die treu bleiben, ist dieser Name bekannt. Nur jene, die an seinem Namen festhalten (V. 13), werden teilhaben an der vollen personalen Gemeinschaft mit Christus in der Heilsvollendung (V. 18).

4. An die Gemeinde in Thyatira (2,18–29)

Thyatira, eine bedeutende Stadt der Landschaft Lydien, liegt an einer Kreuzung wichtiger Verkehrswege im fruchtbaren Lykostal. Sie ist von den mannigfachen religiösen Tendenzen der Zeit fast unberührt. In der Stadt gibt es eine einflußreiche jüdische Volksgruppe. Doch droht den Christen nicht von ihr her Gefahr, sondern aus ihren eigenen Reihen.

Die Attribute »Augen wie Feuerflammen« und »Beine wie Golderz«, die zuvor dem Menschensohnähnlichen (1,14f.) gegeben wurden, sind nun dem »Sohn Gottes« zugeschrieben, wie Christus nur an dieser Stelle in der Offb heißt. Der Sache nach kommt seine Gottessohnschaft jedoch zum Ausdruck, wenn Gott als der Vater Jesu Christi bezeichnet wird (1,6; 2,28; 3,5.21; 14,1). Der Sohnestitel in 2,18 dürfte von Ps 2,7 her kommen, der lautet: »Mein Sohn bist du, heute habe ich dich gezeugt.« Denn Vers 26f. zitiert Ps

2,8f. Christus als der messianische Sohn Gottes tritt für die Seinen ein, wie der bereits im Frühjudentum messianisch verstandene Ps 2 nahelegt. Der Gemeinde gilt zunächst Lob für ihr positives Verhalten (Werke): für ihre Liebe, ihre Treue zu Christus, für ihren Dienst am Nächsten und ihr geduldiges Ausharren als Ausdruck christlicher Hoffnung. Es handelt sich also um eine lebendige Gemeinde, die ihr geistliches Leben gegenüber ihren Anfängen sogar noch gesteigert hat. Dennoch ist die Gemeinde gefährdet, weil sie derselben Irrlehre wie in Pergamon Raum gewährt.

In Thyatira wird die Bewegung angeführt durch eine Frau, die sich eine Prophetin nennt. Ihr Name, Isebel, erinnert an die heidnische Frau des Königs Ahab, die in Israel den Baalskult und dessen falsche Propheten förderte (1 Kön 16,31–34). Deshalb warf man ihr Hurerei und Magie vor (2 Kön 9,22). Die Anhänger Isebels in der Gemeinde werden als solche bezeichnet, die mit ihr Ehebruch treiben. Hier ist wiederum an den übertragenen Sinn »Gott die Treue brechen« gedacht. Einer früheren Mahnung, von ihrem Treiben abzulassen, sind sie nicht gefolgt, weshalb ihnen nun die Strafe angedroht wird. Wenn auch den Gemeindemitgliedern die Vergehen der Nikolaiten verborgen bleiben sollten, dem Scharfsinn des Herz und Nieren prüfenden Gottessohnes können sie nicht entgehen. Er wird jedem nach seinem Verhalten vergelten (V. 23). Dem Teil der Gemeinde, der der Irrlehre gegenüber immun geblieben ist, gilt der Trost, daß ihm keine weitere Belastung auferlegt wird. Die Aussage von der »Kenntnis der Tiefen des Satans« (V. 24) soll offenbar den Anspruch der Irrlehrer, die Tiefen Gottes zu erkennen, bestreiten: Die Irrlehrer stehen nicht im Dienst Gottes, sondern im Dienst Satans.

Der Überwinderspruch nennt eine zusätzliche Bedingung: Die Heilsvollendung als aktive Mitherrschaft mit Christus (vgl. 5,10; 20,4; 22,5) gibt es nur, wenn man an den Werken, d.h. an der christlichen Lebensführung, festhält. Diese enge Gemeinschaft mit Christus wird durch die zweite Verheißung bestätigt: Der Morgenstern, den der Herr dem Überwinder schenken wird, ist nach Offb 22,6 er selbst. Wer mit Christus, dem Herrscher (vgl. 12,5; 19,15, wo ebenfalls Ps 2,8f. zitiert ist), herrscht, hat volle Lebensgemeinschaft mit ihm.

5. An die Gemeinde in Sardes (3,1–6)

Die einstige lydische Königsstadt hat ihren ursprünglichen Glanz zwar schon hinter sich, ist aber zur Zeit, als Johannes seine Offb schreibt, auch nicht unbedeutend. Sie liegt südöstlich von Thyatira in einer fruchtbaren Ebene.

Christus hält die sieben Geister, die Gott zu Diensten sind (vgl. 1,4), aber auch die untergeordneten Repräsentanten der Gemeinden (7 Sterne) (vgl. 1,20) fest in seiner Hand. Er hat folglich Vollmacht über sie. Diese Betonung erhält ihr volles Gewicht in einem Sendschreiben, das ganz auf Tadel eingestellt ist. Außenstehende können den Eindruck bekommen, es handle sich um eine lebende Gemeinde; in Wirklichkeit aber ist sie tot. Deshalb gilt die eindringliche Aufforderung: Werde wachsam! Das erinnert an die Aussagen in der synoptischen Tradition (Mt 24,43f.; Lk 12,39f.), woher auch das Bild vom Dieb (V. 3) stammt. Offenbar sind hier zuerst die Gutmütigen in der Gemeinde angesprochen, die dann dafür sorgen sollen, daß auch der Rest gestärkt werde, der schon im Begriff war zu sterben.

Wenn das Verhalten der Gemeinde in den Augen Gottes nicht als vollwertig gilt, ist das nicht quantitativ zu verstehen (V. 2b). Es fehlt den Christen nicht nur etwas, sondern sie, die bereits im Sterben lagen (V. 2a), wie ihr religiös-sittlicher Zustand beschrieben wird, müssen nun eine radikale Kehrtwende machen. Deshalb erinnert Vers 3 an die Anfänge der Gemeinde (vgl. auch 2,5): Was auf dem Spiel steht, ist die einst geschenkte Heilsgabe, die hier Lehre genannt wird. Durch sie wurden die Christen in die Gemeinschaft mit Christus aufgenommen. An ihr gilt es, unerschrocken festzuhalten. Das kann jedoch nur durch eine erneute Lebenswende gelingen. Vollziehen die Christen diese Wende nicht, wird Christus sie überraschen wie ein Dieb, da sie nicht wissen, zu welcher Stunde er kommt. Deshalb ist Wachsamkeit vonnöten, die davor bewahrt, vom Herrn überrascht zu werden.

Es gibt aber auch einen Lichtblick in der Gemeinde: Menschen, die entsprechend dem einst empfangenen Heil leben. Im Bild heißt das: Sie haben ihre weißen Gewänder nicht befleckt (V. 4); deshalb ist ihnen die Gemeinschaft mit Christus in der Heilsvollendung sicher. Der Überwinderspruch (V. 5) erinnert daran, daß das in der

Taufe geschenkte und bis in die Gegenwart hinein bewahrte Heil (V. 4b) noch verlorengehen kann. Denn nur wer sich im Alltag bewährt, wird den Sieg davontragen. In Wiederaufnahme des Bildes aus Vers 4 heißt das, daß er »ebenso mit weißen Gewändern bekleidet werden wird«. Ihm wird garantiert, daß sein Name niemals aus dem Buch des Lebens gelöscht wird. Personal ausgedrückt heißt das: »Ich werde mich vor meinem Vater und vor seinen Engeln zu ihm bekennen« (vgl. Mt 10,32f. par.).

6. An die Gemeinde in Philadelphia (3,7–13)

Die nach ihrem Gründer Attilos II. Philadelphos (159–138 v. Chr.) benannte Kleinstadt, die häufig von schweren Erdbeben heimgesucht wurde, liegt etwa 40 km südöstlich von Sardes.

In der Botenformel werden die alttestamentlichen Gottesbezeichnungen »der Heilige« und »der Wahrhaftige« (vgl. Offb 6,10) auf Christus übertragen. »Der Wahrhaftige« wird Gott in einer Heilszusage an Israel (Jes 65,16) genannt. Der Titel ist somit bestens geeignet in einem Schreiben, das als einziges nur Lob kennt. Daß Jes 65,15 davon spricht, daß den Knechten Gottes ein anderer Name gegeben werde, dürfte das Bild in dem Überwinderspruch (3,12) angeregt haben. Mit der Selbstbezeichnung Christi als »Schlüssel Davids« (vgl. Jes 22,22) erinnert der Seher an die Beauftragungsvision, in der Christus sagt, er »habe die Schlüssel zum Tod und zur Unterwelt« (1,18b). Die Aussage hier ist jedoch umgreifender, da nun von der göttlichen Vollmacht Christi die Rede ist, der die Tür zum Bereich Gottes öffnen und schließen kann (vgl. Mt 16,19: Petrusverheißung).

Christus hat von seiner Schlüsselgewalt zugunsten der Gemeinde Gebrauch gemacht und ihr somit den Zutritt zum vollendeten Gottesvolk ermöglicht, obwohl sie selbst nur geringe Kraft hat (V. 8). Darin besteht der Lohn für ihre Treue zu Christus.

Die »Leute aus der Synagoge Satans« (3,10) dürften kaum Christen sein, sondern wirklich Juden. Der erhöhte Christus spricht diesen Leuten ab, Synagoge, d. h. Versammlung Gottes, zu sein, da sie, anders als sie vorgeben, keine Juden sind. Sie lassen sich vielmehr vom Satan bestimmen und sind deshalb Lügner und gehören folglich auf die Seite des Lügners schlechthin, des Teufels.

Johannes geht es selbstverständlich nicht um diese Gruppe als solche, sondern es geht ihm um die Christen in Philadelphia, die durch sie gefährdet werden könnten. Denn die Christen berufen sich wie die Juden darauf, daß sie in Kontinuität stehen mit dem alten Gottesvolk.

In seinem Heilswort (V. 9b) greift Johannes Zusicherungen der alttestamentlichen Prophetie auf, wonach die Heidenvölker am Ende nach Jerusalem wallfahren, um sich dem Gottesvolk zu unterwerfen (vgl. Jes 45,14; 49,23; 60,14 u. ö.). Schon weil es sich bei den Juden kaum um judaisierende Christen handeln dürfte, kann damit nicht die baldige Rückkehr der Kompromißchristen gemeint sein. Doch noch entscheidender ist es, daß es sich ja um die Rückkehr am Ende der Zeiten handelt, die vollendete Christusgemeinschaft der Christen also vorausgesetzt ist. Der Seher benutzt die Heilsverheißung des Alten Testaments von der Völkerwallfahrt in der Weise, daß nun nicht mehr die Heiden nach Jerusalem wallfahren, sondern Juden zum wahren Gottesvolk kommen und sich ihnen zu Füßen werfen werden. Dabei werden sie rückblickend erkennen, daß die Christen von der Liebe Christi getragen waren (vgl. auch 1,5b; 20,9).

Das treue Ausharren der Gemeinde zu Philadelphia (vgl. 1,9) wird belohnt mit einer Schonung vor endzeitlichen Versuchungen (V. 10). Damit ist wohl gemeint, daß sie Kraft erhalten, die Versuchungen zu bestehen. Sonst könnte es in Vers 11 nicht heißen, daß die Gemeinde wachsam sein müsse, damit niemand anders an ihrer Stelle den Siegeskranz erhält, wenn Christus kommt. Das bereits geschenkte Heil ist auch für diese vorbildliche Gemeinde nicht unverlierbar. Auch für sie steht die Bewährung noch bevor.

Unverlierbar wird das Heil erst am Ende, wie der Überwinderspruch (V. 12) betont. Der Sieger wird eine hervorragende Stellung in der vollendeten Heilsgemeinde haben, wie das Bild von der Säule im Tempel zum Ausdruck bringt. Er wird zum Eigentum Gottes; denn er trägt seinen Namen. Als Mitglied der vollendeten Heilsgemeinde gehört er zur Stadt Gottes, also zu dem Ort, wo Gott unmittelbar inmitten der Geretteten leben wird. Er hat dann unwiderrufliches Bürgerrecht im neuen Jerusalem, das am Ende vom Himmel herabkommt (vgl. 21,2). Neu wird auch der Name Christi für ihn sein; denn er wird ihn erst dann in seiner alles überragenden Bedeutung erkennen, indem er erfährt, wer Christus für ihn ist und was er für ihn bedeutet.

7. An die Gemeinde in Laodizea (3,14–21)

Antiochus II., der die Stadt in der Mitte des 3. Jh. v. Chr. im fruchtbaren Lykostal gründete, gab ihr zu Ehren seiner Gattin Laodice den Namen Laodizea. In dieser reichen Industrie- und Handelsstadt gibt es ein gedeihliches Bankwesen und auch eine Ausbildungsstätte für Ärzte. Kolossä liegt nur 14 km weit entfernt von dieser Stadt. Wie die dortige Christengemeinde wurde auch Laodizea nicht von Paulus selbst, sondern von Epaphras (Kol 1,7; 4,12f.) gegründet. In der Botenformel bezeichnet sich Christus mit dem aus Jes 65,16 kommenden Gottesprädikat Amen (V. 14), das in 3,7 bereits in griechischer Fassung »der Wahrhaftige« verwendet ist: Christus ist wie Gott selbst absolut zuverlässig. Er steht zu seinem Wort, wie die zweite Bezeichnung Christi als des treuen und wahrhaftigen Zeugen in Wiederaufnahme des Christustitels aus 1,5 unterstreicht.

Vers 14 ist bewußt und gezielt auf die Gemeindesituation hin formuliert, da es den Christen in Laodizea an Kraft zum Bekenntnis fehlt: Während Christus sich zu ihr bekennt und für sie eintritt, kann sich die Gemeinde nur schwer dazu durchringen, zu ihm zu stehen. Wenn Christus sich dann noch als Anfang der Schöpfung bezeichnet, dann wird klargestellt, daß er vor aller Schöpfung war, aktiv an ihr beteiligt war und vollkommenes Modell der Schöpfung (vgl. Kol 1,15–18) ist. Die Zuverlässigkeit seines Zeugnisses ist dadurch einmal mehr betont. Sein Wort ist nicht leeres Gerede; er hat auch die Macht, es durchzusetzen.

Mit dem Bild der Lauheit übt der erhöhte Christus heftige Kritik an der Gemeinde (V. 15f.). Das Christsein fordert ein ganzes Ja zu Christus als Antwort auf das Ja und Amen, das Christus selbst zu den Christen sagt (V. 14). Es duldet keinerlei Anpassung an heidnische Lebensgewohnheiten (vgl. auch Röm 12,1). Da Christus die Unentschiedenheit der Gemeinde nicht akzeptieren kann, stößt er sie voll Ekel von sich.

Der Einwand der Gemeinde, sie habe ja schon alles, gibt Christus die Möglichkeit, ihr die Maske vom Gesicht zu ziehen: Sie merkt nicht einmal, wie elend und erbärmlich sie vor Gott dasteht (V. 17). Die Enttarnung der Gemeinde soll ihr jedoch nicht den Todesstoß versetzen, sondern sie zur Erkenntnis führen, daß sie vor Gott nackt und arm ist. Nur so kann sie dem folgenden Umkehrruf nachkommen. Daß der Umkehrruf das Bild vom Einkaufen benutzt (V. 18; vgl. Jes 55,1), ist wahrscheinlich in der Bedeutsamkeit des Geschäftslebens für die Stadt begründet. Das zeigt aber zugleich, daß der Seher die Christen in ihrer konkreten Situation abholt. Wahren Reichtum kann der Christ sich nicht selbst, sondern nur von Christus erwerben. Wer aber von Christus seine Gaben kauft, kann niemals zur anmaßenden Behauptung kommen, ihm fehle nichts an seinem geistlichen Reichtum; denn er weiß, daß er sich diesen immer nur von ihm schenken lassen kann.

Die scharfe Zurechtweisung der Gemeinde soll nicht als Gerichtsdrohung begriffen werden; sie ist vielmehr Ausdruck ihres Herrn, der dem Verlorenen nachgeht (vgl. Spr 3,12; Hebr 12,6). Alleiniges Ziel ist es, die Gemeinde aus ihrer Lauheit herauszuführen zu einem neuen Eifer und zur Umkehr. Deshalb ist es auch nicht verwunderlich, daß am Ende von der Freude die Rede ist für den, der Christus eintreten läßt und selbst in seine Gemeinschaft eintritt, wie das Bild vom Mahl deutlich macht (V. 20).

Im Überwinderspruch nennt Christus die Voraussetzung für diese Gemeinschaft, die ein Mitherrschen mit Christus bedeutet, wie das Bild vom Thron Christi zeigt, auf dem der Überwinder Platz nehmen kann, wenn er wie Christus selbst gesiegt hat (V. 21). Christus aber hat seinen Sieg errungen als das geschlachtete Lamm (5,5.9), also durch sein Leiden und seinen Tod. Nur wenn die Christen in der Drangsal zu ihrem Glauben stehen, werden sie teilhaben an der Herrschaft Christi, die ihrerseits Teilhabe an der Herrschaft des Vaters ist (vgl. 2,26f.).

Der abschließende Weckruf schärft nochmals ein, was Christus durch seinen Geist den Gemeinden sagt. Nur wenn sie auf ihn hören und das Gehörte befolgen, können sie das Weltgeschehen durchschauen. Gelebter Glaube im Alltag ist nur aus diesem Hinhören auf das, was Christus und sein Geist dem Christen zu sagen hat, möglich.

III. Der »apokalyptische« Hauptteil (4,1 – 22,5)

1. Beauftragungsvision und die sieben Siegelvisionen (4,1 – 8,1)

Manifestation der Macht Gottes und des Lammes (4,1 – 5,14)

Das Thema von Offb 4 – 5 ist die Herrschaft und die Macht. Das kommt schon durch die Leitmotive Thron (4mal) und das Buch mit den sieben Siegeln (5mal) zum Ausdruck. Die Szenerie ist nach den bekannten Gesetzen der Dramaturgie aufgebaut: Offb 4 spricht zunächst von einem Thron, auf dem einer sitzt (4,2f.). Wenn Johannes an dieser Stelle zunächst die Requisiten und erst dann die dazu gehörigen handelnden Personen einführt, bedient er sich eines literarischen Verfahrens, das wir auf Schritt und Tritt in seiner Schrift beobachten können. Die hier benutzten Bilder lassen schon auf die Bedeutung dessen schließen, der auf dem Thron sitzt. Bevor dieser jedoch vorgestellt wird, macht uns Johannes noch mit zwei Gruppen im himmlischen Thronsaal bekannt: den vierundzwanzig Ältesten (4,5) und den vier Lebewesen (4,6). Mehr und mehr wird dem Leser klar, wer der Eine ist, der in der Mitte thront, bis es dann ganz offenkundig ist: Die vierundzwanzig Ältesten werfen sich vor dem Einen nieder, um ihn anzubeten, während die vier Lebewesen ihm Herrlichkeit, Ehre und Dank erweisen (4,9). Dem Einen, der auf dem Thron sitzt, kommt unbegrenzte Macht und Herrlichkeit zu. Offb 4,1–11 hat die Aufgabe, den Handlungsablauf in Kapitel 5 vorzubereiten, wo die Frage nach dem zu beantworten sein wird, der würdig ist, das Buch mit den sieben Siegeln zu öffnen.

Die Gotteserscheinung in Offb 4,1–11 schöpft ihre Motive vor allem aus der Eröffnungsvision des Buches Ezechiel, wo der Prophet Gottes Kommen als gewaltiges Geschehen beschreibt (Ez 1,3–15). Aber auch Einflüsse aus der Berufungsvision in Jes 6 sind festzustellen. Der Ort des Thrones Gottes ist nun allerdings nicht mehr der Tempel, sondern der Himmel. Der Verfasser benutzt das Material so, daß ein großartiges Bild von Gottes unveränderlicher Herrschaft entsteht, die die Welt und die Geschichte bestimmt. Er ist es, der Christus, dem Lamm, die Macht über die Endereignisse verleiht, die Offb 6,1–22,6 beschrieben werden. Offb 4f. kann man geradezu als theologische Mitte bezeichnen, da spätere Texte immer wieder auf diese beiden Kapitel anspielen, vor allem aber, weil hier das eigentliche Ziel der Offb sehr deutlich gemacht wird: Gott und das Lamm haben das Weltregiment fest in der Hand. Deshalb können die Christen trotz aller Anfeindungen bestehen und schließlich an der Herrschaft Christi teilhaben.

Gott und sein himmlischer Hofstaat (4,1–11)

Mit der formelhaften Wendung »danach sah ich« (vgl. 7,1.9; 15,5; 18,1) ist deutlich die Eingangsvision mit den sieben Sendschreiben als beendet erklärt und die folgende doppelstufige Vision eingeleitet. Um Gott in seiner Herrlichkeit sehen zu können, ist die Tür des Himmels geöffnet (vgl. äthHen 14,15; TestLev 5,1), der als festes verschlossenes Gewölbe vorgestellt wird. Zusätzlich fordert die Engelstimme (1,10) dazu auf, in den Himmel aufzusteigen.

»Ich wurde vom Geist ergriffen« greift eine Wendung aus 1,10 auf, obwohl gar nicht gesagt ist, daß die erste Entrückung beendet ist. Solche Ungereimtheiten gehören zur apokalyptischen Schreibweise. Grund für die neue Einführung ist zweifellos der Szenenwechsel: Schaute der Seher in 1,10–20 Christus als den Menschensohnähnlichen, so hat er nun eine Gotteserscheinung. Die Aussage, daß der Seher in das eingeführt werde, was danach geschehen wird, ist nicht nur auf das zukünftige Geschehen zu beziehen, sondern vor allem darauf, was Gott hinter den Kulissen tut: auf sein Heilshandeln.

Johannes sieht Gott selbst nicht und kann ihn deshalb auch nicht beschreiben. Was er erkennen kann, ist nur der Lichtglanz von Edelsteinen, die wir im einzelnen nicht genau identifizieren können. Darin zeigt er sich noch zurückhaltender als Ez 1,27f, der immerhin im Ansatz von der Menschenähnlichkeit Gottes spricht und seinen heiligen Namen nennt. Das alles ist kein Zufall; es unterstreicht, daß Gott der ganz andere ist, der dem Menschen immer ein undurchschaubares Geheimnis bleibt.

Wie der Altorientale überhaupt mißt der Seher die Machtstellung eines Herrschers an der Größe und Erhabenheit seines Hofstaates. Deshalb reicht ihm kein allgemeiner Hinweis auf die große

Schar von Engeln. Er führt vielmehr die herausragenden Vertreter der Engel um Gottes Thron in eindrucksvoller Sprache ein, die er dann in 5,11 um »zehntausend mal zehntausend« Engel (Dan 7,10) vermehrt.

Die vierundzwanzig Ältesten sind keine Menschen in der Vollendung Gottes, sondern Engel, die die Aufgabe haben, Gott Tag und Nacht anzubeten. Die Zahl vierundzwanzig erklärt sich am besten von der Stundenzahl eines Tages her. Es könnte nämlich die aus TestAdam 1–2 vorliegende Vorstellung eingewirkt haben, daß Engelmächte Gott Tag und Nacht verehrt und Opfer dargebracht haben. Gemeint wäre hier somit die Gesamtheit der zum himmlischen Hofstaat gehörenden Engel, die der Verherrlichung Gottes dienen (vgl. 4,10; 5,8; 11,16; 19,4).

Blitze, Stimmen und Donner, die aus alttestamentlichen Gotteserscheinungen bekannt sind (Ex 19,16; Ez 1,13 u. ö.), erfüllen den Raum. Sie betonen das Furchterregende und Geheimnisvolle der Gottesoffenbarung. Die sieben lodernden Fackeln, die mit den sieben Geistern identifiziert werden, haben wir bereits als Engelwesen (1,4) kennengelernt, die vor dem Angesicht Gottes stehen.

Alte Vorstellungen verschmelzen sich auch im Bild vom gläsernen, Kristall gleichen Meer (vgl. Gen 1,6–8; 7,11; Ps 104,3; Ez 1,22). Auch durch diesen Zug soll die unendliche Überlegenheit Gottes über die Schöpfung unterstrichen werden.

Der Verfasser beschreibt endlich vier Lebewesen, indem er Bilder aus Ez 1,4–21; 10,8–17 und Jes 6,2 frei verwendet. Sie haben als Thronwächter zu gelten. Ihre Funktion als Wächter wird bereits durch die sechs Flügel, mehr aber noch durch die unzähligen Augen, denen offenbar nichts entgeht, betont. Die Gesichter, die später von Irenäus (2. Jh.) auf die Evangelisten bezogen werden, entstammen Ez 1,20, wo allerdings jedem Lebewesen alle vier Gesichter zukommen. Wahrscheinlich geht die Auswahl der Tiergesichter auf die Auffassung zurück, daß der Löwe, der Stier und der Adler zu den edelsten und stärksten Tieren gehören. Zusammen mit dem Menschen gehören sie deshalb zum Hofstaat eines Herrschers.

Die vier Lebewesen schlafen nie (vgl. äthHen 71,7) und sind dazu bestimmt, Tag und Nacht das Loblied auf die Herrlichkeit Gottes zu singen (Jes 6,3; vgl. äthHen 39,12). Im Lobpreis ist der

Gottestitel gegenüber Jes 6,3 charakteristisch abgeändert. Gott ist nicht »der Herr der Heere«, sondern »der Allherrscher, der war, ist und kommt« (vgl. 1,8; 11,17). Das ist bewußt im Blick auf die Gemeindesituation formuliert, die durch die Machtstellung Gottes Trost und Zuversicht bekommt.

Dem Lobgesang der vier Lebewesen entsprechen die Huldigung und der Lobpreis der vierundzwanzig Ältesten. Aufgabe des Thronrates ist das Gotteslob, nicht etwa die Beratung, wie es in irdischen Thronräten üblich ist. Wenn die Ältesten ihre Kränze niederlegen, zeigen sie, daß sie ganz und gar abhängig sind in ihrer Stellung und daß Gott allein Macht und Ehre zukommen. Das, was in der Huldigung bildhaft zum Ausdruck kommt, wird im abschließenden Hymnus ins Wort gehoben. Die hellhörigen Christen können im Text des Lobpreises eine versteckte Kritik an den damaligen Machthabern erkennen. Nicht der römische Kaiser, sondern Gott allein kann mit Recht »unser Herr und Gott« genannt werden. Auch die Formel »würdig bist du« ist aus dem Kaiserzeremoniell bekannt; sie ist besonders bei der feierlichen Akklamation des Kaisers in Gebrauch. Für die damaligen Christen bedeutet das: Der Herr der Schöpfung und der Geschichte hat alle Fäden in der Hand. Niemand kann ihm seine Machtstellung streitig machen. Das ist der Trost der Thronvision, der nicht nur damals, sondern für alle Zeiten Geltung besitzt.

Die Zahlensymbolik in der Offb

In keinem Buch des Neuen Testaments spielt die Zahlensymbolik eine solch große Rolle wie in der Offb. Es gibt kaum Zahlen, die wörtlich zu verstehen sind. Fast immer haben sie übertragene Bedeutung. Ihren Ursprung hat der symbolische Wert von Zahlen in der Zahlenmystik, die vor allem im babylonischen Raum beheimatet war. Bereits im Alten Testament finden wir wiederholt symbolische Zahlen. Das gilt vor allem für das Buch Daniel. Bisher sind wir bereits einer Reihe von symbolträchtigen Zahlen begegnet. Hier soll nun in gebotener Kürze eine Übersicht über die wichtigsten Zahlenwerte gegeben werden.

Nur gelegentlich hat die *Zwei* einen übertragenen Sinn. Das

> wird der Fall sein, wenn der Seher von den beiden Zeugen (Offb 11) spricht. Hier dürfte das biblische Zeugenrecht eine Rolle spielen, wonach das Zeugnis eines einzelnen nicht ausreicht (vgl. Num 35,30; Dtn 19,15–20; Mt 18,16). Die *Drei* läßt an das denken, was in sich geschlossen, was überschaubar und unbedingt gültig ist (vgl. Jes 6,3; Offb 5,8). Insgesamt spielt die Dreizahl in der Offb allerdings keine große Rolle. Anders steht es mit der *Vier*. Als die Zahl, die für die vier Himmelsrichtungen und Winde steht, ist sie eine Zahl der Vollständigkeit und der Totalität. Sie kann deshalb auch für den Anspruch auf die Welt stehen. Die *Sieben* ist die Summe von vier und drei und versinnbildet deshalb eine abgeschlossene Reihe, die Vollständigkeit und Fülle signalisiert. Sie wird in der Offb niemals als heilige Zahl verstanden.
>
> Die *Zwölf* als die Summe aus drei mal vier geht wahrscheinlich ursprünglich auf den zwölffachen Wechsel des Mondes im Jahr zurück. Sie ist die Zahl des Volkes Gottes, das von den zwölf Aposteln repräsentiert wird. Sie ist in der Offb von größter Bedeutung, da ja die Kirche als das wahre Volk Gottes ein wichtiges Thema unseres Buches ist (vgl. vor allem Offb 12; 21,9–22,5). Die Vollständigkeit des endzeitlichen Volkes Gottes kommt auch durch die Zahl 144 000 zum Ausdruck. Sie ist die Multiplikation von 12 mal 12 mal 1000 (vgl. Offb 7,1–8; 14,1–5).
>
> Die *Zehn* als runde Zahl dient in der Offb als Symbolwert für eingeschränkte Machtfülle (Offb 12,3; 13,1; 17,3.7.12.16), während sie sonst als Symbol für das abgerundete Ganze (vgl. z. B. den Dekalog) steht.
>
> Auf die dreieinhalb Zeiten und verwandte Zeitangaben für die Zeit der Kirche sowie über das »tausendjährige Reich« (20,4–6) wird in eigenen Exkursen getrennt eingegangen.

Das Buch mit den sieben Siegeln und das geschlachtete Lamm (5,1–14)

Christus allein ist befähigt, den Heilsplan Gottes mit den Menschen und der Welt durchzuführen, weil er von Gott, dem Herrn über Schöpfung und Geschichte, dazu bevollmächtigt wurde. Diese Grundwahrheit christlichen Glaubens beschreibt Johannes, indem er auf ein traditionelles Erzählmuster zurückgreift. Auf die Übergabe des Buches mit den sieben Siegeln als des Symbols der Macht zielt die ganze Thronvision hin, die in Offb 5 zu ihrem eigentlichen Ziel kommt. Um darauf aufmerksam zu machen, setzt Johannes mit »und ich sah« nochmals neu ein und beschreibt die Buchrolle, die in Gottes rechter Hand liegt. Dabei knüpft er an Ez 2,9 f. an. Die Beschreibung des Buches selbst läßt bereits auf seine Bedeutsamkeit schließen. Das wird allerdings noch klarer, wenn nach dem gefragt wird, der würdig ist, die Buchrolle zu öffnen und die Siegel zu lösen. Diese Frage löst verlegenes Schweigen aus, bis endlich ein Ältester eine Antwort zu geben vermag (5,5). Die Szene bedient sich eines altorientalischen literarischen Schemas, das auch im Alten Testament zu finden ist (1 Kön 22,19–22; Jes 6,1–10; Dan 7,9.13 f.). Anders als in den literarischen Vorlagen fragt nicht Gott selbst nach dem Würdigen, sondern ein Engel. Auf diese Weise wird Gottes erhabene Stellung unterstrichen: Der Allwissende braucht nicht zu fragen.

Der Gesuchte ist nicht im himmlischen Hofstaat zu finden. Das steigert die Ratlosigkeit erheblich. Die Schwierigkeit, die Aufgabe zu bewältigen, wird dadurch ebenso betont wie die vorauszusetzende Befähigung dessen, dem die Aufgabe übertragen wird.

Die Antwort des Ältesten ist dementsprechend zunächst noch verschwommen: Er spricht vom Löwen aus Juda (vgl. Gen 49,9 f.) und der Wurzel Davids (vgl. Jes 11,10; Offb 22,16). Beide Titel kombiniert, werden sowohl von der Qumrangemeinde (4 QPatr 3 f.) als auch vom Verfasser des vierten Buches Esra (4 Esr 11,37–46; 12,31–34) auf den Messias bezogen. Der Würdige ist somit der Messiaskönig der Endzeit. Er hat sich würdig dadurch erwiesen, daß er den Sieg durch seinen Kreuzestod (vgl. 5,9) errungen hat. Darin ist er Vorbild für die Christen geworden, wie die Überwindersprüche in Offb 2–3 zeigen. Denn der Christ soll ebenfalls durch Leiden und Tod seinen Sieg mit ihm davontragen, um dann mit ihm zu herrschen.

Johannes hört nicht nur von dem, der die Voraussetzung hat, das Buch mit seinen sieben Siegeln zu öffnen, er darf ihn und die feierliche Übertragung des Buches an ihn auch sehen. Die Szene ist ihm so wichtig, daß er wiederum mit »und ich sah« auf das zu Schildernde besonders aufmerksam macht. Das Lamm ist inmitten des Thrones und der vier Lebewesen, nicht zwischen dem Thron und den Lebewesen (EÜ), und inmitten der Ältesten. Damit wird der Eindruck vermittelt, daß das Lamm wie Gott selbst auf demselben Thron ist. Das erinnert an Offb 3,21, wonach sich Christus mit seinem Vater auf dessen Thron gesetzt hat. Der Sinn des Bildes ist klar: Christus hat Anteil an der Macht Gottes; er ist dem Thron noch näher als die vier Lebewesen (4,6b). Ihm gebührt wie Gott selbst göttliche Verehrung (5,13 f.).

Bestätigt wird diese Deutung durch die Attribute, die dem Lamm eigen sind. Die sieben Hörner des Lammes besagen, daß es Macht in Fülle hat; denn das Horn ist Symbol der Macht (vgl. Num 23,22; Dtn 33,17 u. ö.), aber auch der königlichen Würde (vgl. Dan 7,7.20; 8,3). Die sieben Augen spielen auf Sach 4,10 an, wo Gott seine sieben Augen über die Erde schweifen läßt. Somit wird eine göttliche Eigenschaft auf Christus übertragen. Die sieben Augen sind Bild für die Allwissenheit und Allgegenwart Gottes. Sie werden hier mit den sieben Geistern identifiziert. Dem Lamm steht damit eine unendliche Fülle an dienstbaren Geistern zur Verfügung.

Ein weiteres Merkmal des Lammes ist die Schächtwunde, die es von der Kreuzigung her (5,9) trägt. Der erhöhte Christus ist somit siegreich durch sein Kreuz (5,5). Der Sieg des Lammes ist also in einem historischen Ereignis begründet. Sein Tod ist die notwendige Voraussetzung für seine Inthronisation.

Wenn der Seher das Lamm hier stehend schaut, ist das nicht ohne Belang: Das Lamm drückt auf diese Weise seine Bereitschaft aus, den ihm zugedachten Auftrag zu übernehmen. Und so empfängt es das Buch mit den sieben Siegeln aus Gottes Hand. Das Buch selbst ist deutlich ein Symbol der Macht. Wer es öffnen und seine Siegel lösen kann, hat das Geschick der Endzeit in der Hand (vgl. 5,12).

Während die Herrschaftsübergabe knapp berichtet wird, ist die Schilderung der sich anschließenden Huldigung des Lammes breit angelegt. Sie ist deutlich mit der Huldigung Gottes in 4,8–11 parallelisiert. Nun fallen die vierundzwanzig Ältesten, die nach 4,10 vor Gott anbetend niederfallen, und die vier Lebewesen vor dem Lamm nieder (5,8). Neu ist, daß sie Harfen und goldene Schalen voll Räucherwerk haben. Das Räucherwerk sind die Gebete der Heiligen, wie die Christen in der Offenbarung genannt werden. Dieses Bild ist auch aus dem Alten Testament bekannt (vgl. Ps 141,2). Die Mittlerschaft der Engel beim Gebet stammt aus jüdischer Tradition (vgl. Tob 12,12). Durch ihr Gebet haben die Christen schon jetzt Anteil an der himmlischen Liturgie.

Die Huldigung des himmlischen Hofstaates wird auch vernehmbar in einem neuen Lied. Mit der Bezeichnung »neues Lied« ist bereits angezeigt, daß ein feierlicher Lobgesang folgt (vgl. Ps 33,3; 40,4; 98,1 u. ö.). Jes 42,9 f. fordert dazu auf, ein neues Lied zum Lobpreis des Herrn anzustimmen, weil er seinem Volk Heil erwiesen hat. Um einen neuen Heilserweis Gottes an seinem Volk geht es auch hier: um sein Handeln an Jesus Christus zum Heil der Menschen. Mit Christus hat die Endzeit begonnen, die sich vollendet im »neuen Jerusalem« (3,12; 21,2), im »neuen Himmel und auf der neuen Erde« (21,1), wenn Gott alles neu macht (21,5). In 14,3 und 15,3 wird nochmals ein neues Lied angestimmt. In beiden Fällen besingt es wie in 5,9f. das Heilshandeln Gottes an Jesus Christus.

Der Lobgesang nimmt das Geschehene danksagend auf, um dann zu begründen, wie das Lamm zu seiner Würde gekommen ist. Das Lamm hat seine Würde dadurch erreicht, daß es geschlachtet wurde. Der Kreuzestod Jesu wird auf diese Weise als Opfertod gedeutet. Der Tod war allerdings nicht das Ende, sondern der Sieg Jesu Christi (5,5), und damit ein neuer Anfang; denn nun tritt das Lamm als Käufer auf, um mit seinem Blut weltweit Menschen für Gott zu kaufen. Wer von Christus gekauft wurde, ist aufgrund seines Blutes, das sühnenden Charakter hat, von der Knechtschaft des Todes und der Sünde befreit.

Deshalb können die 144000 Geretteten in 14,3 f. als »von der Erde Gekaufte« bezeichnet werden. Diese endgültig Geretteten sind nicht nur einmal von Christus gekauft worden, sondern haben Gott und dem Lamm die Treue gehalten. Die Menschen werden in der Taufe von Christus gekauft. Das legt allein schon der Umstand nahe, daß Offb 5,9c–10 offenbar ein Taufbekenntnis zugrundeliegt. In einem Taufbekenntnis aber gibt es immer eine negative und eine positive Aussage. Hier wird die negative Aussage, die Befreiung von der Sünde, durch das Bild vom Kauf aus allen Nationen zum Ausdruck gebracht. Positiv heißt es dann, daß die Christen in der Taufe zu einem Königsvolk und zu Priestern gemacht wurden. Im königlichen Gottesvolk kann Gottes Herrschaft schon zur Wirkung kommen; die Angehörigen dieses Volkes haben Zugang zu ihrem Gott. Das ist der Sinn ihres Priesterseins. Aktive Mitherrschaft mit Christus aber gibt es erst bei der Vollendung (vgl. 20,6b; 22,5).

Entsprechend der Größe des Lobpreises erweitert sich der Kreis derer, die darin einstimmen. Es ist eine unüberschaubare Menge (vgl. Dan 7,10). Aber nicht nur himmlische Wesen, sondern die gesamte Schöpfung stimmt in den Lobgesang ein. Selbst das Meer, das nach traditionell-jüdischer Auffassung besonders bedrohlich ist, kann sich dem nicht verschließen, wenn es darum geht, Gott und das Lamm zu verherrlichen. Das Schöpferwerk Gottes und sein Heilshandeln durch das Lamm gehören zusammen. Wenn die vier Lebewesen ihr Amen sagen und die Ältesten anbetend niederfallen, schließt sich der Kreis des Lobgesangs, der von 4,8f. an bestimmend ist.

Offb 4f. bietet eine grundsätzliche Geschichtsdeutung, die in den folgenden Abschnitten entfaltet wird. Die Gemeinde kann sich für ihre Hoffnung auf ein vergangenes Heilsereignis berufen: den Tod Jesu Christi, dem seine Erhöhung folgte. Sie weiß im Glauben, daß Gott und sein Christus alles in der Hand haben. In ihr hat die Herrschaft Gottes bereits begonnen. Wenn die Christen ihr Raum geben und so mit Christus den Sieg davontragen, werden sie mit ihm herrschen. Aber sie müssen in dieser Zeit dasselbe Geschick tragen wie das Lamm. Die Leiden erhalten allerdings aus ihrem Glauben und ihrer Hoffnung einen Sinn – gegen alle Vernunft.

Das Lamm –
der wichtigste christologische Titel in der Offb
In Offb 5,6 begegnet uns zum erstenmal der Titel Lamm für Christus. Insgesamt wird Christus 28mal in der Offb so bezeichnet. Zum besseren Verständnis des Titels ist nach seiner Herkunft und nach seiner Funktion in der Offb zu fragen.

1. Die Herkunft des Christustitels Lamm

Einige Forscher suchen den Titel zu erklären, indem sie das griechische Wort, das für Lamm steht, ins Aramäische zurückübersetzen. Im Aramäischen kann dasselbe Wort nicht nur Lamm, sondern auch Knecht oder Knabe heißen. Christus wäre demnach der »Knecht Gottes« nach Jes 53,7. Doch bleibt hier zu beachten, daß der Knecht sich nach Jes 53,7 nicht mit einem Lamm identifiziert, sondern sein Verhalten mit dem eines Lammes vergleicht, das zur Schlachtbank geführt wird. Das Lamm in der Offb ist alles andere als schweigsam, wie es vom Gottesknecht im Bild des Lammes heißt. Es ist vielmehr als äußerst aktiv dargestellt. Zudem wird Christus in der Offb niemals Knecht genannt, wohl aber die Christen oder einzelne Glaubende oder Mose (15,3). Neben diesen Gründen, die sich aus der Sache ergeben, spricht gegen diese Deutung auch, daß man wohl kaum griechische Wörter in einer griechisch geschriebenen Schrift durch eine Übersetzung in eine andere Sprache erklären kann.

Deshalb ist die Herkunft des Titels anderswo zu suchen. Das Lamm dürfte als Paschalamm zu verstehen sein. Der einzige eindeutige Beleg dafür, daß Christus als Paschalamm bezeichnet wird, ist 1 Kor 5,7: »Schafft den alten Sauerteig weg, damit ihr neuer Teig seid. Ihr seid ja schon ungesäuertes Brot; denn als unser Paschalamm ist Christus geopfert worden.« In 1 Petr 1,18f.; Joh 19,33.36 läßt sich Paschalammtypologie erkennen. Ähnlich dürfte es in Joh 1,29.36 sein. Ursprünglich dürfte die Bezeichnung mit dem Abendmahl zusammenhängen, als Christus seinen Heilstod mit dem Paschalamm in Verbindung gebracht hat.

Im Frühjudentum wird dem Paschalamm selbst zwar keine Sühnefunktion zugeschrieben, wohl aber dem Blut der Lämmer, die vor dem Auszug aus Ägypten geschlachtet wurden. Hinter Offb 5,9f., wo die Würde des Lammes begründet wird, ist das Modell des Exodusgeschehens mit Händen greifbar: Das Schlachten des Paschalammes und sein sühnendes Blut, der Auszug aus Ägypten und der Bundesschluß am Sinai sind auffallende Parallelen.

2. Der Sinn des Titels Lamm in der Offb

Warum bevorzugt Johannes nun den Titel Lamm für Christus? Gründe dafür lassen sich schon aus dem bisher Ausgeführten ableiten: Auf dem Hintergrund des Exodusgeschehens ergibt sich nämlich die Vorstellung, daß das endzeitliche Volk Gottes durch das Blut des Paschalammes erlöst ist. Wie die geschlachteten Lämmer vor dem Auszug aus Ägypten dem Volk Israel durch ihr Blut Sühne verschafften, so löscht das Paschalamm Christus durch sein Blut die Sünden der Menschen aus, wodurch es erst eigentlich zum wahren Volk Gottes wird. Diese Sicht wird noch durch Offb 15,3 bestätigt, wo eindeutig Paschalammtypologie vorliegt: »Sie sangen das Lied des Mose, des Knechtes Gottes, und das Lied zu Ehren des Lammes...«

Wenn Johannes die Schächtwunde des Lammes so stark betont (5,6.9.12), dann geschieht das auch in besonderer Absicht. Christus als das geschlachtete Lamm wird nämlich für die verfolgte Gemeinde wichtig, insofern ihr vor Augen geführt wird, daß auch sie nur wie ihr Herr letztlich im Tod ihren Sieg erringt. Das Geschick der Christen ist dem des Lammes, dem sie folgen, nachgezeichnet.

Der Titel Lamm bringt das uns von Paulus her geläufige Paradox zum Ausdruck: In seiner Schwachheit siegt das Lamm, ist es wahrhaft stark. Dieses Paradox gilt auch für die Christen: In ihrer offensichtlichen Schwachheit in der damaligen Gesellschaft sind sie mit Christus stark und können den Sieg wie er in der Erniedrigung erringen.

DIE SIEBEN SIEGELVISIONEN (6,1 – 8,5)

Nachdem Offb 4f. klargestellt hat, wer der Herr der Endzeit ist, kann nun die Schilderung der endzeitlichen Geschehnisse beginnen. Das Lamm öffnet die sieben Siegel, die Unheil auf die Erde bringen. Aber mitten im Unheilsgeschehen erreichen die von Gott Versiegelten ihr Heil. Der Seher deutet mit den aus der Tradition übernommenen Bildern die Gegenwart der bedrängten Christen in

Kleinasien. Sie können sich im düsteren Gemälde der apokalyptischen Aussagen wiederfinden. Entgegen allem Schein (vgl. das 5. Siegel) sind nicht sie, sondern die Feinde Gottes am Ende die Verlierer (6. Siegel). Sie werden zu den Vollendeten gehören, deren Glück keine Grenzen kennt (7,1–17). Indem Johannes die Gegenwart der Christen deutet, erweist er sich als Prophet, nicht als Apokalyptiker. Der Apokalyptiker schreibt zwar auch für die Gegenwart der Menschen; sein Hauptinteresse aber liegt in der Beschreibung der Zukunft. Mit den übrigen Schriftstellern des Neuen Testaments teilt Johannes demgegenüber die Überzeugung, daß mit Christus die Zukunft bereits begonnen hat. Die christliche Gemeinde ist deshalb das endzeitliche Volk Gottes, das seiner Vollendung im himmlischen Jerusalem entgegengeht.

Die vier »apokalyptischen« Reiter (6,1–8)

Mit dem Öffnen des ersten Siegels beginnt die Endzeit. Der Seher versteht die Buchrolle als Symbol der Macht, berücksichtigt jedoch nicht deren beidseitige Beschriftung. Deshalb beginnen die endzeitlichen Geschehnisse auch nicht erst nach dem Öffnen des siebten Siegels, wenn auch die Innenseite gelesen werden kann. Die Endereignisse setzen vielmehr ein, sobald das Lamm inthronisiert ist und die Herrschaft über die Welt und die Geschichte übernommen hat. Der Tod und die Auferstehung Jesu markieren die Wende.

Die ersten vier Siegelvisionen bilden eine literarische Einheit, wie ihr paralleler Aufbau zeigt. Daher ist es nicht erlaubt, den Reiter auf dem weißen Pferd (6,2) mit Christus auf dem weißen Pferd (19,11f.) zu identifizieren. Daß Roß und Reiter in allen vier Szenen von einem der vier Lebewesen herbeigerufen werden, macht deutlich, daß sie nicht zu den widergöttlichen Mächten gehören. Die Farbe des Pferdes ist bereits Hinweis auf das Unheil, das es im Begriff ist zu bringen.

Für die ersten vier Siegelvisionen kann Johannes an die Nachtgesichte des Sacharja anknüpfen, in denen dieser vier Pferde (Sach 1,7–17) bzw. vier Pferdegespanne (6,1–8) schaut, die nach Gottes Willen vor dem Ende über die Erde ziehen sollen. Der Umstand, daß Sach 6,5 die Pferde bzw. die Pferdegespanne mit den vier Winden gleichsetzt, macht es Johannes möglich, die weltweite

Wirksamkeit der Reiter zu unterstreichen. In Offb 6,1–8 werden Roß und Reiter Symbole endzeitlicher Wehen.

Die weiße Farbe des Sieges läßt den ersten Reiter (6,2) als siegreichen Eroberer erscheinen. Kriegerisch ist auch der zweite Reiter, der den Kampf aller gegen alle, also Bürgerkrieg, versinnbildet (6,3 f.). Das dritte Unglück bringende schwarze Pferd (6,5 f.) bedeutet Teuerung und Hungersnot. Die Waage ist Symbol der Lebensmittelrationierung. Christus selbst (V. 6) grenzt den Schaden ein. Dennoch ist die Not groß genug, wenn man bedenkt, daß ein Maß (= etwa ein Liter) Weizen bzw. drei Maß Gerste einen Denar, den Tageslohn eines ungelernten Arbeiters (Mt 20,2), kostet.

Auffällig ist, daß Olivenöl und Wein keine Mangelware sind. Grund dafür könnte sein, daß Olivenöl und Wein in Kleinasien reichlich angebaut, Weizen und Gerste dagegen eingeführt werden. In Kriegswirren oder inneren Unruhen werden die Einfuhrwege gesperrt, so daß kein Getreide ins Land gebracht werden kann. Zugleich scheint der Seher aber vorauszublicken auf die Vernichtung eines Drittels der Bäume (8,7), wodurch dann eine Steigerung der endzeitlichen Wehen erreicht wird.

Der vierte Reiter (6,7 f.) versinnbildet den Tod. Gedacht ist hier vor allem an ein Massensterben durch die Pest. Dem Tod folgt unmittelbar die Unterwelt, die als dämonische Macht aufgefaßt ist. Sie sammelt die Opfer des Todes in ihr Reich. Wenn der Seher bei der Zusammenfassung der Todesursachen den Bogen (6,2) ausläßt und stattdessen »die wilden Tiere der Erde« hinzufügt, so zeigt er sich von Ez 14,21 her inspiriert. Die endzeitlichen Wehen finden auf diese Weise ein Schriftfundament. Die Vernichtungskraft der vier Reiter ist deutlich begrenzt, wie das Bild von einem Viertel der Menschheit besagt, das natürlich nicht wörtlich zu nehmen ist. Die vier Reiter und ihr unheilvolles Tun spiegeln die Erfahrung der damaligen Christen wider. Der erste Reiter könnte an die berittenen Heere der Parther erinnern, die die Ostgrenzen des römischen Reiches seit 62 n. Chr. immer wieder überschritten. Doch dürfte sich das Bild nicht in diesem geschichtlichen Datum erschöpfen, zumal Johannes den Christen die Augen öffnen will für eine Deutung ihrer Situation. So sind die vier »apokalyptischen« Reiter Beweis dafür, daß die Unheilsmächte nichts gegen oder ohne Gott und Christus vermögen. Sie bestätigen in keiner Weise den Eindruck der Abwesenheit Gottes in der Welt. Gott und Christus sind auch Herr über die unheilvollen Geschehnisse. Deshalb gibt es für die Christen keinen Grund, in ihrer Bedrängnis zu verzagen. Die Bedrängnisse sind ja Beweis dafür, daß Christus seine Herrschaft schon angetreten hat.

Die Verfolgung der Christen (6,9–11)

Gemäß einem apokalyptischen Schema, das uns auch aus Mk 13,9–13 bekannt ist, ist nun – wenn auch auf einem Umweg – von Verfolgungen die Rede: Der Seher blickt zuerst auf die Märtyrer der Vergangenheit zurück. In der fünften Siegelvision gibt es deutlich ein verzögerndes Element, insofern festgehalten wird, daß die Zahl der Märtyrer noch nicht voll ist (6,11).

In der fünften Siegelvision wird die Situation der Christen in Kleinasien in besonderer Weise angesprochen. War bisher von Plagen die Rede, die alle Menschen in irgendeiner Weise treffen, so geht es nun um das ganz besondere Schicksal der Christen. Sie alle müssen sich darauf einstellen, den Zeugentod zu sterben. Wegen der Bedeutsamkeit dieser Aussage ist es nicht verwunderlich, daß sie vom Himmel her damit vertraut gemacht werden. Es geht um Leben und Tod angesichts der Verfolgung infolge des Kaiserkultes. Nun wird den Christen nicht unmittelbar die Gefahr der Verfolgung vor Augen geführt, sondern indirekt über die Märtyrer, die sich bereits in der Nähe Gottes befinden. Für diese Szene gibt es eine Parallele in 4 Esra 4,35, wo die Seelen die Gerechten fragen: »Wie lange sollen wir noch hier bleiben? Wann erscheint endlich die Ernte unseres Lohnes?« Die Antwort darauf lautet: »Wenn die Zahl von euresgleichen voll geworden sein wird.«

Nach jüdisch-apokalyptischer Anschauung gibt es im Himmel einen Tempel (vgl. Ez 40,1–44,3), der Urbild für den irdischen Tempel ist. Zu ihm gehört ein Brandopfer- und Rauchopferaltar (vgl. auch 8,3). Die Seelen der Märtyrer sind unter dem Brandopferaltar, ähnlich wie das Blut der Opfertiere, das unter dem Brandopferaltar zusammenfließt. Das heißt: Sie befinden sich in der Nähe Gottes. Nicht, daß sie geschlachtet, d. h. getötet wurden, ist entscheidend für ihre jetzige Stellung, sondern weil sie »um des

Wortes Gottes und des Zeugnisses willen, das sie hatten«, getötet wurden, sind sie in der Nähe Gottes. Die Märtyrer sind wohl Christen, auch wenn hier nicht vom Zeugnis *Jesu* (vgl. 1,9) gesprochen wird; denn die Christen sind ihre Mitknechte und Brüder (6,11; vgl. 1,9; 12,10).

Der zunächst befremdliche Ruf der Märtyrer nach Rache, der gegen die Versöhnungsbotschaft Jesu gerichtet zu sein scheint, verliert an Schärfe, wenn bedacht wird, daß es ihnen darum geht, daß Gott sich in der Welt durchsetzt. Sie fordern also von Gott, daß er sein eigenes Recht durchsetze. Zugleich ist aber auch zu bedenken, daß die Märtyrer nichts anderes tun, als den Christen in der Welt ihre Stimme zu leihen: Die Forderung der Märtyrer ist letztlich die der Christen in der Bedrängnis, die darauf warten, daß Gottes Macht sich wirklich machtvoll erweist. Ihnen wird die Antwort auf die Frage gegeben: In der Übergabe des weißen Gewandes können sie erkennen, daß der, der um seiner Glaubensüberzeugung willen getötet wird, an der Vollendung teilhat (vgl. 3,5; 7,14; 19,14). Zugleich wird die Gemeinde auf Martyriumsbereitschaft eingestimmt: Es wird noch mehr Märtyrer geben; jeder muß damit rechnen. Das soll sie jedoch nicht dazu verführen zu meinen, Gott habe sie vergessen. Er wird vielmehr die im Überwinderspruch gemachte Zusage einhalten (vgl. 3,5). Angesichts der Ewigkeit ist das alles eine kurze Zeit, die es durchzustehen gilt.

Das Gericht Gottes und des Lammes (6,12–17)

Mit der Öffnung des sechsten Siegels kommt zwar die Plagenreihe zu ihrem Höhepunkt, das eigentlich angestrebte Aussageziel der sieben Siegelvisionen liegt jedoch zweifellos in der Versiegelung und Rettung der 144000 (7,1–17). Hier ist dieselbe Reihenfolge zu erkennen wie von Mk 8,38 zu 9,1: Zuerst wird den Ungläubigen das Gericht angesagt, dann den Glaubenden das Heil. Dasselbe Ziel verfolgt Mk 13,24–27, wenn dort das Gericht über die Ungläubigen ausgelassen wird, um nur vom Heil der Erwählten zu sprechen.

Durch sein literarisches Vorgehen verschafft sich Johannes die Möglichkeit, mit dem siebten Siegel eine neue Siebener-Reihe, die Posaunen-Visionen, beginnen zu lassen.

Den Höhepunkt der sechsten Siegelvision zeigt der Seher auch dadurch an, daß er nochmals neu mit »und ich sah« einsetzt. Nun wird auch eine Antwort auf die Frage der Märtyrer in der fünften Vision gegeben: Gott setzt sich mit Sicherheit gegen seine Feinde durch; diese werden vor ihm zittern. Die kosmischen Katastrophen, die hier beschrieben werden, sind nicht Folge menschlichen Fehlverhaltens, sondern Sinnbild der uneingeschränkten Macht Gottes. Johannes kann für seine Schilderung auf alttestamentliche Texte zurückgreifen. Den Vergleich der Sonnenfinsternis mit einem Trauergewand findet er in Jes 50,3 LXX (6,12b). Für die Formulierung von 6,13f. steht die Gerichtsankündigung gegen Edom (Jes 34,4) Pate.

Nach den Katastrophen ist der Blick frei in den Himmel (6,15–17). Die Schuldbeladenen können den Blick des zürnenden Gottes und des zürnenden Lammes nicht ertragen. Nun gibt es keinen Unterschied mehr zwischen Arm und Reich. Alle, die sich in ihrem Leben gottfeindlich verhalten haben, müssen das Gericht fürchten. In ihrer verzweifelten Situation verbergen sie sich in den Höhlen und Felsen (vgl. Jes 2,10.19.21) und rufen den Bergen und Felsen zu, sie mögen auf sie fallen und sie verstecken (vgl. Hos 10,8). Am Gerichtstag handeln Gott und Christus in Aktionseinheit. Es ist »der große Tag ihres Zorns...« (vgl. Joël 2,10f.; Nah 1,6a; Mal 3,2).

Doch der Ruf, die Berge und die Felsen mögen sie verbergen (6,15), muß vergeblich sein, sind doch die Berge und Inseln zuvor schon verschwunden (6,14b)! Von daher ist auch die bange Frage am Ende verständlich: »Wer kann da noch bestehen?« Die Frage läßt nur eine Antwort erwarten: Niemand! Diese Antwort könnte zu Mißverständnissen führen. Deshalb spricht Johannes im nächsten Kapitel vom Geschick derer, die gerettet werden. Er macht damit klar, daß das Gericht Gottes nur von dem zu fürchten ist, der sich in Schuld verstrickt. Durch die vorbereitende Szene in der fünften Siegelvision ist vor allem an jene gedacht, die die Christustreuen verfolgen und ihnen nach dem Leben trachten. Darin liegt bereits ein Trost für die verfolgten Christen in Kleinasien: Gott wird sich machtvoll gegen seine und ihre Feinde durchsetzen. Sie können seinem Gericht nicht entgehen. Um das aufzuzeigen, benutzt der Seher die im Alten Testament bereitstehenden grandiosen Bilder: Die scheinbar Siegreichen sind am Ende die Unterlegenen.

Die Versiegelung der »Einhundertvierundvierzigtausend« (7,1–8)

Die Gottesfeinde finden keinen Ort mehr, wo sie sich verstecken können. Über ihre Bestrafung selbst wird jedoch noch nichts gesagt. Das hat auch seinen Grund: Die Frage nach dem Geschick derer, die schon jetzt zum Herrschaftsbereich Jesu gehören (5,10), ist erst noch zu beantworten. Gegen sie muß das Lamm den Geschichtsplan Gottes nicht mehr durchsetzen. Deshalb sind sie auch nicht unmittelbar durch das Öffnen der Siegel betroffen. Um ihre Lage zu schildern, ist von daher kein weiteres Siegel zu öffnen. So entwirft Offb 7 ein Gegenbild zum Gerichtsbild der sechsten Siegelvision.

Wenn man dieses Bild betrachtet, könnte man den Eindruck gewinnen, der Seher habe vergessen, was er zuvor geschrieben hat. Denn wie kann die Erde, das Meer und die Bäume vor Schaden bewahrt werden, wenn am Ende des 6. Kapitels nur ein Chaos übrigbleibt? Dieser Eindruck wird noch verschärft durch den Neueinsatz: »Danach sah ich« (7,1). Was sich unserer Logik widersetzt, ergibt einen guten Sinn in der Bildersprache des Johannes: Wie die kosmischen Katastrophen die Ausweglosigkeit der Gottesfeinde anzeigen (6,12–14), so ist der Schutz der Schöpfung (7,2f.) Zeichen dafür, daß die Anhänger des Lammes allem äußeren Anschein zum Trotz von Gottes Hand geschützt sind.

Der Seher übernimmt hier Vorstellungen aus dem antiken Weltbild: In ihm wird die Erde quadratisch vorgestellt, so daß man von den »vier Ecken der Erde« (Ez 7,2) oder von den »vier Enden der Erde« (Jes 11,12) sprechen kann. Auch die von dort ausgehenden unheilvollen Winde sind traditionelle Bilder (vgl. Jer 49,36). Die Funktion von Engeln als Kontrolleure der Natur ist aus der apokalyptischen Literatur geläufig. Der Osten schließlich, in dem einst das Paradies lag (Gen 2,8), ist Sinnbild des Heils (vgl. Ez 43,2). So kommt denn auch der Engel mit dem »Siegel des lebendigen Gottes« (7,2) aus dem Osten. Den vier Engeln, denen von Gott die Macht gegeben war, dem Land und dem Meer Schaden zuzufügen, ruft dieser Engel ausdrücklich zu, warum der zerstörerischen Macht Einhalt geboten werden muß: Die Knechte unseres Gottes, d. h. die Mitglieder der Heilsgemeinde (vgl. 1,1), sind zuerst zu versiegeln (7,3).

Das Siegel ist ein Eigentumskennzeichen. So brannte man Tieren und Sklaven ein Siegelzeichen ein, damit sie eindeutig als Eigentum eines bestimmten Herrn zu erkennen waren. Eine Parallele zu unserem Text bietet Ez 9,4–6: Ezechiel sieht in einer Vision einen Engel, der von Gott beauftragt wird, *den* Bewohnern Jerusalems, die über die Sünden der Stadt betrübt sind, ein Taw (= letzter hebräischer Buchstabe) auf die Stirn zu drücken. Dieses Zeichen verschont sie vor dem Erschlagen durch den Vernichtungsengel. Wenn also Menschen mit dem Siegel des lebendigen Gottes versiegelt werden, dann bedeutet das, daß sie sein Eigentum sind und deshalb vor den Anschlägen gottfeindlicher Mächte geschützt sind. Wenn hier nur vom Siegel des lebendigen Gottes die Rede ist und nicht vom Siegel des Lammes, dann ist das von diesem prophetischen Hintergrund und vom Motiv der zwölf Stämme Israels her zu verstehen. Deshalb kann man nicht aufgrund der Schreibweise des Taw (= Kreuz) spekulieren und das Zeichen auf Christus deuten. Aus Offb 14,1 erfahren wir zudem, daß dieselben 144 000 den Namen des Lammes und den Namen seines Vaters auf ihrer Stirn tragen. Das entspricht der Auffassung der Apokalypse, die Gott und das Lamm immer zusammen wirken läßt.

Nach urchristlichem Verständnis findet die Übereignung des Menschen an Christus in der Taufe statt, in der sich ein Herrschaftswechsel vollzieht: Nicht mehr die Mächte der alten Weltzeit beherrschen den Menschen, sondern Christus ist nunmehr sein Herr. Die Taufe wird zudem zuweilen als Siegel bezeichnet (2 Kor 1,22: vgl. Eph 1,13; 4,30). Für diese Deutung könnte auch sprechen, daß der Seher für das Eigentumszeichen der Anhänger des »Tieres« (13,16) das Wort »Siegel« vermeidet. Es ist offenbar für ihn ein offizieller Ausdruck für das Taufgeschehen.

Nun wird auch die Zahl der Versiegelten genannt: 144 000, 12 000 aus jedem Stamm Israels. Die Zahl ist ohne jeden Zweifel symbolisch zu verstehen; denn Johannes spricht von denselben Versiegelten später als von einer großen Schar (7,9). 1000 ist die Zahl der Fülle, für jeden Stamm werden 12 000 Versiegelte angenommen, so daß sich die Zahl von 144 000 ergibt. Diese Zahl drückt die Vollständigkeit des endzeitlichen Gottesvolkes und seine unüberschaubare Größe zugleich aus.

Daß Gott die unzählbare Menge derer im voraus kennt, die die Heilsvollendung mit seiner Hilfe erreichen werden, ist für die Christen in der Bedrängnis bereits Trost und Zuversicht; denn schon jetzt ist klar, daß sie sich zu den Versiegelten zählen dürfen. Noch klarer wird das im nächsten Abschnitt (7,9–17).

Das künftige Glück der jetzt Bedrängten (7,9–17)

Mit einer erneuten Visionseinleitung (»danach sah ich«) blickt der Seher in die Zukunft, um den Sinn der gegenwärtigen Bedrängnisse zu erhellen. Der Schauplatz wechselt von der Erde (7,1–8) zum Himmel (7,9–17). Wir erfahren, was aus der Versiegelung (7,4–8) folgt: Die Heilszusage in der Gegenwart wird in der Zukunft eingelöst. Das Israel der Endzeit (7,4–8) ist ein Volk aus allen Völkern (vgl. 5,9; auch Gen 15,5; 22,17). Die 144000 sind die unzählbare Volksmenge. Die Geretteten stehen unmittelbar vor dem Thron und vor dem Lamm, wo sich bisher nur die vierundzwanzig Ältesten, die vier Lebewesen und Engel befinden. Sie haben nun engste Gemeinschaft mit Gott und Christus (vgl. 21,7.22).

Sie tragen weiße Gewänder, die sie im Blut des Lammes weiß gemacht haben (7,14). Gemeint ist das in der Taufe geschenkte Heil (5,9), das die Christen in der Verfolgung mit Hilfe ihres Herrn bewahrt haben (3,5; 6,11; 22,14). Die Palmzweige in ihren Händen sind Zeichen ihres Sieges (vgl. 1 Makk 13,51). Sie stimmen ein Siegeslied (7,10) an, in dem sie bekennen, daß sie ihre Rettung Gott und dem Lamm verdanken (vgl. Ps 3,9; 38,23; 42,12; 43,5). Die im himmlischen Thronsaal versammelten Engel (7,11) bestätigen durch das Amen zu Beginn ihres Lobliedes (7,12) zunächst das Bekenntnis der Vollendeten (7,10), um dann in sieben Ehrenprädikaten Gott zu loben (vgl. 5,12f.). Wenn Johannes das Lamm nicht ausdrücklich in den Lobpreis einschließt, mag das daran liegen, daß er zur Anfangsszene im Himmel (4,1–11) zurückkehrt, als das Lamm noch nicht im himmlischen Thronsaal zu finden war. Durch ihr Amen unterstreichen sie auf jeden Fall das Mitwirken des Lammes zum Heil der Menschen.

Die Deutung der Vision (7,13 f.) macht völlig deutlich, worum es dem Seher in seiner Vision geht: um die Christen in Kleinasien in ihrer Bedrängnis. Die Vollendeten kommen aus der großen Drangsal. Seit Dan 12,1 versteht man darunter die endzeitlichen Wehen und Leiden des Gottesvolkes. Mit Hilfe des Lammes, »in seinem Blut«, können die Christen ebenfalls die Heilsvollendung erreichen. Daß die Zahl derer, die zu den Vollendeten gehören, unüberschaubar groß ist, gibt ihnen Zuversicht und Standhaftigkeit auch in schwierigsten Situationen.

Ihr Lohn ist ewiger Gottesdienst; Gott selbst wird sein Zelt über ihnen aufschlagen (7,14; vgl. 21,3), d.h. innige Gemeinschaft mit ihnen haben, wie er in ähnlicher Weise seinem Volk nahe war, als es durch die Wüste zog (vgl. auch Joh 1,14). Die Gemeinschaft mit Gott bedeutet zunächst Befreiung von Mangelerscheinungen, die die irdische Existenz des Menschen bedrohen, und Schutz vor Naturkatastrophen (vgl. Jes 49,10). Das Lamm, das mitten auf dem Thron ist (nicht »in der Mitte vor dem Thron«, EÜ) und deshalb Anteil hat an der göttlichen Macht, wird die Vollendeten als der gute Hirt (Ez 34,23: Gott als der Hirt seines Volkes) an die wahrhaft lebenspendenden Quellen führen (Ps 23,2) (vgl. Offb 21,6). In der Gemeinschaft mit ihm erfüllt sich auch die Vorhersage aus Jes 25,8, wonach es keinen Schmerz und keine Trauer mehr gibt (vgl. 21,4).

Die Christen, die in schwerer Zeit leben, werden durch solche Aussagen ermuntert durchzuhalten. Mit Christus können sie den Sieg davontragen und dann mit ihm und seinem Vater einmal ewig glücklich sein. Mit diesen Aussagen hat der Verfasser schon wesentliche Inhalte vorweggenommen, die er in Offb 21 f. behandelt. Aber dennoch drängt es ihn, noch weitere Ausführungen zu machen, um den Christen in ihrer Not zu helfen. Bisher hat er ja z. B. noch nicht konkretisiert, worin die eigentlichen Bedrängnisse bestehen. Wir wissen noch nicht, wie die irdischen Mächte mit den überirdischen Unheilsmächten zusammenarbeiten. Das erfahren wir erst in Offb 12–19. Zunächst aber muß noch das siebte Siegel geöffnet werden, das dann eine weitere Siebener-Reihe aus sich entläßt, die wiederum Plagen über die Menschheit bringen.

2. Das Öffnen des siebten Siegels und die sieben Posaunenvisionen (8,1–11,19)

Die Öffnung des siebten Siegels führt die sieben Posaunenvisionen ein (8,1–6). Der Text erweckt nämlich den Eindruck, daß der Seher während der halbstündigen Stille im Himmel die Vision von den sieben Engeln mit den sieben Posaunen hat, die dann (8,7–11,19) tätig werden.

Nun zeigt sich auch, wie wichtig dem Verfasser die vorausgehenden Szenen von der Versiegelung der Heilsgemeinde und deren Vollendung (7,1–19) ist: Die durch das Blasen der Posaunen ausgelösten Katastrophen treffen nämlich nur die Nichtversiegelten (9,4). Die Plagen sind auch Erfüllung der Gebetswünsche der Christen (8,2–6), die eine ähnliche Funktion im Blick auf das kommende Geschehen haben wie die Anklage der Märtyrer (6,10): Gottes Herrschaftsanspruch soll sich mehr und mehr durchsetzen. Entgegen allem Anschein setzt sich Gott schon jetzt durch. Deshalb kann am Ende ein Danklied auf Gott angestimmt werden (11,17f.).

Die Stille im Himmel und die Gebete der Heiligen (8,1–6)

Die siebte Siegelvision spricht nicht mehr von Ereignissen auf Erden, sondern im Himmel. Die halbstündige Stille, die dort herrscht, deutet kaum auf die Neuschöpfung, die Offb 21,1–22,5 beschrieben wird. Die halbe Stunde ist eine Art Atempause, die allerdings nicht frei ist von Handlungen. Denn das, was 8,2–6 schildert, geschieht offenbar genau in dieser Stille. Etwa eine halbe Stunde ist deshalb am besten als Krisenzeit zu verstehen, in der sich eine Entscheidung für künftige Geschehen anbahnt.

Eine neue Engelgruppe wird eingeführt, die als bekannte Größe vorausgesetzt wird. Sie erinnert an die Gruppe der Erzengel, die aus dem zeitgenössischen Judentum bekannt ist (vgl. äthHen 20; Tob 12,15; Jes 63,9). Die Offb zeigt keinerlei Interesse an den Namen der Erzengel; nur Michael wird in 12,7 namentlich erwähnt. Gott selbst übergibt den Engeln je eine Posaune. Johannes kann hier an die alttestamentliche Tradition anknüpfen, wonach der Schall der Posaune den nahen Gerichtstag Jahwes ankündigt (Joël 2,1; Zef 1,16; vgl. Mt 24,31; 1 Thess 4,16f.; 1 Kor 15,52). Bevor die sieben Engel in Aktion treten (8,6), wird noch ein für den Ablauf des Geschehens wichtiges Ereignis im Himmel berichtet.

Ein weiterer Engel tritt mit einer goldenen Räucherpfanne an den Altar. Dort empfängt er viel Räucherwerk, das er dann entzündet. Mit dem wohlriechenden Rauch steigen die Gebete der Heiligen, d. h. der Glaubenden, zum Thron Gottes empor. Die Gebetsvermittlung durch einen Engel ist schon aus dem Alten Testament bekannt (vgl. Tob 12,12: Rafael; Dan 10,21; 12,1; äthHen 40,9: Michael; Offb 5,8). Der Inhalt des Gebetes ist nicht ausdrücklich genannt. Aber die Art und Weise, wie es Gott vorgetragen wird, läßt an Lobpreis denken. Der Lobpreis ist aber immer auch Anerkennung der Macht, so daß sich der inständige Wunsch, Gott möge seine Herrschaft durchsetzen, mit dem Gebet verbindet. Bestätigt wird das durch die Wirkung des Gebetes: Gott erhört das Gebet; und so nimmt der Engel von der Stelle des Altars, wo zuvor das Rauchopfer mit den Gebeten der Christen dargebracht wurde, die feurige Glut und wirft sie auf die Erde.

Das Bild geht auf Ez 10,2 zurück. Dort wird einem Engel befohlen, die glühenden Kohlen vom Rauchopferaltar auf das mit Schuld beladene Jerusalem zu werfen. Überschüttung mit Feuer ist Symbol für den ausbrechenden göttlichen Zorn (Mt 3,10f.; 2 Thess 1,7f.). Damit ist der Sinn der im folgenden geschilderten Plagen offengelegt: Die Plagen treffen nur die »Schuldigen«, nicht die treuen Christen, deren Gebete durch ihr Eintreffen erfüllt werden. So stehen dann auch die sieben Engel bereit, um in ihre Posaune zu blasen.

Die ersten vier Posaunen: Naturkatastrophen (8,7–13)

Wie die ersten vier Siegelvisionen (6,1–8) bilden die ersten vier Posaunenvisionen aufgrund ihres Aufbaus eine literarische Einheit. In allen vier Visionen geht es um Naturkatastrophen, die nicht von Menschen, sondern vom Himmel her ausgelöst werden. Eine Anwendung der Texte auf menschliches Handeln, wie mancher vielleicht gern aus den Texten herauslesen würde, ist nicht möglich.

Die Visioneninhalte sind weitgehend traditionell geprägt. Einflußreich sind hier vor allem die ägyptischen Plagen (Ex 7–10); aber auch konkrete Erfahrungen von Katastrophen dürften im Hintergrund stehen. Dabei geht es dem Verfasser keineswegs um die Identifizierung mit einzelnen Geschehnissen seiner Zeit. Sie sind ja Bilder, die zeigen sollen, wie die ungläubige Welt vom Gericht Gottes getroffen wird. Den Christen wird auf diese Weise eine tiefe Einsicht in die Hintergründe der Geschichte gegeben: Nicht sie sind bedauernswert, sondern letztlich und im tiefsten die Feinde Gottes und ihre eigenen Feinde.

Der erste Posaunenstoß hat die Vernichtung eines Drittels des fruchtbaren Landes durch Unwetter zur Folge. Der Seher benutzt hier die siebte ägyptische Plage (Ex 9,24f.): Hagel und Feuer inmitten des Hagels vernichten alle Pflanzen, und Feuer verbrennt alle Bäume. Das »Blut« stammt wahrscheinlich aus Joël 3,3 f. (vgl. Apg 2,19), wo es zu den Zeichen gehört, die dem Ende vorausgehen. Wenn das Ausmaß der Katastrophe auf ein Drittel des Landes bzw. später auf ein Drittel des Meeres (8,8), auf ein Drittel des Wassers (8,11) und auf ein Drittel der Gestirne (8,12) begrenzt wird, ist darin eine Steigerung zur ersten Siebenerreihe zu sehen, wo von einem Viertel der Erde die Rede war (6,8). Zugleich ist angedeutet, daß der Gipfel des Unheils noch nicht erreicht ist. So kündigt 8,13 folgerichtig noch furchtbarere Ereignisse an.

Der zweite Posaunenschall löst die Vernichtung eines Drittels der Lebewesen im Meer aus (8,8f.). Das erinnert an die erste Plage vor dem Auszug Israels aus Ägypten (Ex 7,20), als sich der Nil in Blut verwandelte. Das Blut ist hier wie bei der ersten Plage etwas Leben Bedrohendes. Das ist bewußter Kontrast zum Blut des Lammes, das sühnenden Charakter hat und deshalb seinen Anhängern Heil schenkt. Das Bild von dem einem feurigen Berg ähnlichen Gebilde, das ins Meer geworfen wird, erinnert am ehesten an einen Vulkanausbruch. Über die ägyptische Plage hinaus werden hier auch Schiffe und deren Besatzung vernichtet.

Als die dritte Posaune erschallt, stürzt ein Stern vom Himmel und verdirbt ein Drittel der Flüsse und Quellen (8,10f.). Dieses Ereignis gehört noch deutlicher als die zuvor erwähnten zu den Endgeschehnissen (vgl. 6,1; Mk 13,25). Der Verfasser der Offb teilt mit den übrigen Schriftstellern des Neuen Testaments die

Überzeugung, daß mit dem Christusereignis die Endzeit begonnen hat, die Kirche also zur Endzeit gehört. Der Symbolname Wermut, den Johannes dem Stern gibt, macht deutlich, daß es hier um das Gericht über die Feinde Gottes geht. Wermut ist eine Pflanze, die einen scharfen Bitterstoff enthält, der allerdings nicht giftig ist. Im Alten Testament wird er zum Sinnbild für harte Leiden und das Gericht, die dem Abfall von Gott folgen (Dtn 29,17; Klgl 3,15.19; Jer 9,14; 23,15). Das durch Wermut bitter gewordene Wasser wird in diesem übertragenen Sinn tödlich für einen Teil der ungläubigen Welt. Damit ist erneut bestätigt, daß die Katastrophen nicht die glaubenden Christen treffen. Von ihrem Schicksal wird erst von Offb 12 an ausdrücklich geredet, während es im Zusammenhang mit den Plagen nur indirekt zur Sprache kommt.

Dem vierten Posaunenschall folgt eine teilweise Verfinsterung der Himmelskörper (8,12). Hintergrund hierfür dürfte zunächst die neunte ägyptische Plage sein, die eine drei Tage andauernde Finsternis brachte (Ex 10,22). Plötzliche Verfinsterungen sind auch Bestandteil von Gerichtserwartungen der Propheten (Jes 13,10; Jer 4,23; Ez 32,7; Joël 3,4; 4,15). So wird auch hier die ägyptische Plage genutzt, um eine Aussage über das endzeitliche Gericht Gottes über seine Feinde zu machen. Wie Gott sich gegen seine Feinde und die seines Volkes in Ägypten durchgesetzt hat, so setzt er sich auch gegen die jetzigen Feinde durch. Sein Volk kann sich deshalb ihm ganz anvertrauen.

Mit der Vision des fliegenden Adlers (8,13) hat sich Johannes einen Übergang zu den folgenden Posaunenvisionen geschaffen. Der Adler droht der ungläubigen Menschheit noch größere Plagen an. Das erste angedrohte Wehe erfüllt sich in der fünften und das zweite in der sechsten Posaunenvision (vgl. 9,12; 11,14). Das dritte Wehe soll wahrscheinlich auf die Schalenvisionen (16,1–21) vorausverweisen, die von noch schrecklicheren Katastrophen sprechen. Schwierigkeiten hat in der Auslegungsgeschichte immer wieder der Adler in Vers 13 gemacht, weshalb man den Text in Angleichung an 14,6 in Engel änderte. Der Adler gilt nämlich nach jüdischer Tradition als unreines Tier und kann deshalb nicht als Gottesbote auftreten. In der jüdischen Tradition ist er sonst nur Symbol des römischen Reiches (4 Esr 11,1; 12,11; 14,17; AssMos 10,8). Wenn man jedoch die Funktion des Adlers beachtet, wird es verständlich, warum er Bote von schrecklichem Unheil werden konnte. Er ist unter den Vögeln jener, der die größten Flügel hat und den höchsten und weitreichendsten Flug ausführen kann (vgl. syrBar 77,19ff.). Deshalb ist er geeignet, die Schreckensbotschaft zu verkünden. Möglicherweise erinnert unser Text an das Jesuswort: »Wo das Aas ist, da sammeln sich die Adler« (Lk 17,37 par. Mt 24,28). Dieses Wort ist Zeichen endzeitlichen Unheils, so daß der Weg zum Unheilsboten (8,13) gebahnt war.

Peinigung der gottfeindlichen Menschen (9,1–12)

In der fünften und dann auch in der sechsten Posaunenvision richten sich die Plagen direkt gegen Menschen, während sie zuvor nur über den Umweg von Naturkatastrophen Menschen erreichten. Damit ist zweifellos eine Steigerung beabsichtigt, die durch die den modernen Leser seltsam anmutende Beschreibung der Heuschrecken unterstrichen wird. Der Seher stützt sich wieder auf traditionelle Vorgaben, die er geschickt für seinen Zweck kombiniert: Grundlegend ist die achte ägyptische Plage (Ex 10,12–20). Joël 2,4–5 und sein Kontext (Kap. 2f.) ermöglicht die dämonisch-kriegerische Charakterisierung der Heuschrecken, die nun Menschen angreifen.

Der Stern, der nach dem Schall der fünften Posaune vom Himmel fällt, ist als Engel vorgestellt. Ihm wird von Gott der Schlüssel übergeben, damit er das Tor zwischen der Erdoberfläche und der Unterwelt, wo die Dämonen zu Hause sind (vgl. 2 Petr 2,4), öffne. Obwohl nun zum erstenmal die dämonischen Mächte in Erscheinung treten, wird ihre widergöttliche Aktivität noch nicht erwähnt. Der Engel erfüllt vielmehr Gottes Willen; die Dämonen vollstrecken Gottes Gericht an der gottfeindlichen Menschheit. Sinnbild von Gottes Zorn ist der aus der Unterwelt aufsteigende Rauch (vgl. Gen 19,28), der die Sonne und die Luft verfinstert und schließlich Heuschrecken aus sich entläßt. Sie haben von Gott Macht erhalten, die denen von Skorpionen gleicht. Ihre Anschläge gelten nicht der Pflanzenwelt, sondern allein den gottfeindlichen Menschen. Die Christen sind ausdrücklich ausgenommen (9,4; vgl. 7,1–8). Die Macht der dämonischen Heuschrecken ist beschränkt: Sie dürfen ihre Opfer nicht töten, sondern sollen sie nur quälen. Auch zeitlich ist ihre Aktion begrenzt, wenngleich kaum mehr auszumachen ist, worin der Sinn der 5 Monate näherhin liegt.

Die Schmerzen, die die mit Stacheln an ihren Schwänzen ausgestatteten Heuschrecken den Menschen beibringen, sind so unerträglich, daß diese den Tod suchen, aber nicht sterben können (vgl. Ijob 3,21; Jer 8,3).

9,7–10 schildert die Heuschrecken als dämonische Wesen, die teils tierische, teils menschliche Züge tragen. Der Vergleich mit den Kriegsrossen kommt aus Joël 2,4; das Bild von den Zähnen gleich denen eines Löwen stammt aus Joël 1,6, und der Vergleich des Rauschens der Flügel mit dem Geräusch vieler Wagen und Pferde, die zum Kampf eilen, ist Joël 2,5 entnommen. Die übrigen Bilder sind wahrscheinlich volkstümlichen Mythologien entliehen. Durch seine Beschreibung der Heuschrecken erreicht der Seher, daß ein Bild furchterweckender Bedrohung entsteht, die allerdings nur die gottferne Welt trifft. Die Macht Gottes gegenüber der Schöpfung ist so groß, daß er sogar die Dämonen einsetzen kann in seinen Dienst.

Die dämonischen Heuschrecken haben anders als normale Heuschrecken (vgl. Spr 30,27) einen König (9,11). Sein Name ist auf Hebräisch Abaddon. So heißt in der Bibel der Abgrund (Ijob 26,6; 28,22; 31,12; Ps 88,12; Spr 15,11; 27,20). In unserem Text wird der Engel des Abgrunds Abaddon genannt, gemeint ist der Beherrscher des Abgrunds, also der Herr im dämonischen Bereich. Das bestätigt die griechische Bezeichnung dieses Engels: Apollyon, d. h., er ist der Verderber. Die dämonische Macht ist so sehr in den Händen Gottes, daß sie dessen Gerichtsurteil über die gottfeindliche Welt vollstreckt. Das Unheil, das diese dämonischen Kräfte im Namen Gottes angerichtet haben, ist zwar groß, aber noch größeres steht bevor (9,12; vgl. 8,13).

Tod für gottfeindliche Menschen (9,13–21)

Die sechste Posaunenvision bringt eine weitere Steigerung: Hier werden Menschen nicht nur gequält, sondern ein Drittel der gottfeindlichen Menschen wird getötet. Ausführendes Organ ist wiederum ein dämonisches Heer, das von satanischen Engeln angeführt wird. Dieses Heer kommt nicht wie in der fünften Vision aus der Unterwelt, sondern aus dem Osten. Am Ende der Vision erhalten wir eine Antwort auf die Frage, die sich in 8,2–5 gestellt hat, ob nämlich die gottfeindlichen Menschen sich bereitfinden, Gottes Macht anzuerkennen und ihm zu huldigen (9,20f.). Die Antwort fällt negativ aus: Die erlebten Katastrophen haben sie nicht dazu bewegen können, umzukehren und ihren Widerstand gegen Gott aufzugeben.

Die sechste Posaune führt eine anonyme Stimme ein, die von den vier Hörnern des Brandopferaltars her kommt, von dem der Engel als Antwort auf die Gebete der Christen feurige Glut auf die Erde geworfen hat (8,3–5). Wenn wir den Träger der Stimme auch nicht identifizieren können, so ist dennoch klar, daß er im Dienst der Vollstreckung des Willens Gottes steht.

Der sechste Posaunenengel soll vier in der Gegend des Euphrat gebundene Engel befreien (9,13). Diese Engelgruppe ist nicht zu identifizieren mit der Vierergruppe in 7,1. Denn anders als dort handelt es sich hier um dämonische Wesen, deren Vernichtungspotential nun im Auftrag Gottes freigesetzt wird. Als äußere Parallele kann die Aussage der äthiopischen Henochapokalypse gelten, wonach böse Engel die Parther und Meder zu einem Feldzug gegen Israel anstacheln, wo sie allerdings eine vernichtende Niederlage erfahren (äthHen 56). Der Ausgang ihres Feldzugs ist also nicht vergleichbar mit dem der sechsten Posaunenvision, aber auch nicht ihr Ziel. Denn hier geht es ja um das Strafgericht Gottes gegen die gottlose Welt. Wahrscheinlich ist dieser Text von Ez 38f. her inspiriert, wobei dann Gog und Magog mit den Parthern und Medern identifiziert wurden. Der Euphrat bildet ungefähr die Ostgrenze des römischen Reiches. Jenseits des Stroms werden die gefährlichen und bedrohlichen heidnischen Völker vermutet (vgl. auch 16,12). Der Verfasser nutzt diese Vorstellungen, um die wahre Situation der gottfeindlichen Menschheit zu beleuchten. Deshalb ist es verfehlt, nach konkreten historischen Ereignissen zu fragen.

Ohne Gottes Zulassung können die dämonischen Heere nichts ausrichten. Selbst der Zeitpunkt ihres verheerenden Tuns ist exakt festgelegt (9,15). Auch die Anzahl derer, die sie töten dürfen, ist begrenzt: Sie dürfen nur ein Drittel der Menschheit töten. Daß hier nur die ungläubige Welt gemeint ist, beweist eindeutig 9,20, wonach die übriggebliebenen Menschen sich nicht bekehrten.

Die vier Engel werden als Repräsentanten von Reiterheeren bezeichnet (9,16), wofür Johannes sich wohl auf Traditionsmaterial stützt. Wichtiger ist ihm allerdings die große Anzahl der Berittenen. Sie beträgt zweihundert Millionen Mann; das ist doppelt soviel wie die in 5,11 genannte Anzahl der Engel (vgl. auch Dan 7,10). Damit ist die unvorstellbare Größe der Streitmacht beschrieben, die es als abwegig erscheinen läßt, nach deren Identifizierung mit einem irdischen Heer zu fragen. Das bekräftigt auch die folgende ausführliche Schilderung des Ansturmes der Reiterheere (9,17–19): Es handelt sich nicht um irdische Kämpfer, sondern um dämonische Gestalten, die mit mythischen Zügen ausgestattet sind. Die Panzer der Reiter – feuerrot, rauchblau und schwefelgelb – stimmen mit den Vernichtungsmitteln, Feuer, Rauch und Schwefel, überein, die aus Pferdeköpfen kommen, die Löwenköpfen gleichen. Auffällig ist, daß nicht die Reiter ein Drittel der gottlosen Menschheit töten, sondern die drei Plagen, nämlich Feuer, Rauch und Schwefel, die aus den Mäulern der Pferde kommen (9,18). Nach Ijob 41,11–13 ist es das Meerungeheuer Leviatan, das feurige Glut und Rauch ausspeit. Schwefel und Feuer fallen auf die sündigen Städte Sodom und Gomorra (Gen 19,24.28). Mit Hilfe der Kombination dieser beiden Texte kann der Seher die todbringenden Vernichtungswaffen der teuflischen Kavallerie beschreiben. Mit ihren Mäulern und Schlangen ähnelnden Schwänzen richten sie Schaden an.

9,20f. zeigt die Wirkungslosigkeit nicht nur der letzten Plage, sondern der Plagen insgesamt auf: Wie die ägyptischen Plagen den Pharao nicht dazu bewegen konnten, die Israeliten aus dem Frondienst zu entlassen und auf diese Weise Gottes Macht anzuerkennen (Ex 11,10), so lassen sich auch jene durch das Geschehen nicht beeindrucken, die die Plagen überleben. Sie wenden sich nicht von ihren Götzen ab, die verächtlich das Machwerk ihrer Hände genannt werden (vgl. Jes 2,8; 17,8; Mi 5,12; Dan 5,4.23 u.ö.). Indem Menschen sich selbst ihre Götterbilder herstellen, setzen sie die Schöpfung an die Stelle, die allein Gott gebührt (vgl. Röm 1,19–25). Folge des pervertierten Gottesdienstes der Gottlosen ist ein lasterhaftes Leben. Während drei der Laster – Mord, Unzucht und Diebstahl –, die aus dem Dekalog stammen (Ex 20,13–15), auch aus dem Lasterkatalog in Gal 5,20 bekannt sind, findet sich die Zauberei nur hier (vgl. Offb 21,8; 22,5). Der Grund dafür ist wohl der, daß die Magie in der Volksfrömmigkeit des östlichen Mittelmeerraumes verbreitet war (vgl. Apg 19,18f.).

Zwischen der Haltung der unbekehrten, gottfeindlichen Menschheit, die sich aus Geschaffenem ihre Götter machen und entsprechend ein gottloses Leben führen, und den Christen ist nach allem keine Gemeinsamkeit möglich. Die Christen als die Versiegelten Gottes (7,1–8.9–17) stehen auf der Seite Gottes, während die übrige Menschheit sich hartnäckig weigert, die Herrschaft Gottes anzuerkennen, die sich allerdings auch gegen deren Widerstand durchsetzen wird.

Der Auftrag des Engels an Johannes (10,1–11)

Bevor die siebte Posaune ertönt (11,15), bringt Johannes ähnlich wie zwischen der sechsten und siebten Siegelvision (7,1–17) einen Einschub ein, der sich in drei Szenen gliedern läßt: zunächst die Beauftragung des Johannes durch den Engel vom Himmel her, als Prophet tätig zu werden (10,1–14), das Ausmessen des Tempels (11,1f.) als Symbol für die Tatsache, daß Gott seine Getreuen kennt, und schließlich die Szene von den beiden Zeugen, die die Bewährung der Christen in der Verfolgung wie ihren Märtyrertod als Ziel vor Augen stellen (11,3–14). Es ist deutlich, daß die Aussagen in den beiden Kapiteln von großer Bedeutung sind für die Heilsgemeinde, deren Schicksal in der Endzeit nun klarer zur Sprache kommt. Die Funktion von Offb 10f. ist also dieselbe wie die von Offb 7, wenngleich hier eine Akzentverlagerung zu beobachten ist, da nun weniger der Schutz der Christen als deren Bedrängnisse im Vordergrund stehen.

Der andere starke Engel, den der Seher vom Himmel herabsteigen sieht, gehört nicht zu den sieben Erzengeln, die die Posaunen blasen. Ihm sind göttliche Eigenschaften zugeschrieben. Wie Gott selbst in einer Wolke erscheint (Ex 16,10; 1 Kön 8,10) und der Menschensohnähnliche nach Dan 7,13 mit einer Wolke kommt, so ist er mit einer Wolke bekleidet. Der Regenbogen, der nach 4,3 den Thron Gottes umgibt, ist über seinem Haupt. Sein Gesicht ist wie die Sonne, was an den Menschensohn in 1,16 erinnert. Dasselbe gilt von den Füßen, die wie die des Menschensohnes (1,15) mit feurigen Säulen verglichen werden. Damit ist deutlich gemacht, der Engel handelt im Auftrag Gottes und des Menschensohnes bzw. des Lammes, also Christi.

Das kleine Buch in den Händen des Engels erinnert zwar an das Buch mit den sieben Siegeln in 5,7, ist aber in keiner Weise mit ihm identisch; denn es ist nicht Symbol der Macht, sondern vermittelt dem Seher eine Botschaft, sobald er es verzehrt (10,10f.). Der Engel setzt seine Füße auf das Meer und auf das Land: Seine Sendung betrifft somit die ganze Welt.

Bevor das kleine Buch (10,8–11) zur prophetischen Zeichenhandlung benutzt wird, gibt der Engel zwei Botschaften an den Seher: Zunächst brüllt er wie ein Löwe, was wie in einem Echo sieben rollende Donner bewirkt. Die Botschaft, die der Seher durch die Donner erhält, soll nicht weitergegeben werden (10,3f.). Der Inhalt der Botschaft bleibt so unbekannt. Sicher ist nur, daß sie von Gott kommt. Denn im Alten Testament ist der brüllende Löwe wiederholt Symbol für die Stimme Gottes (Hos 11,10; Am 3,8; Joël 4,16). Der Donner zählt zu den Elementen der Gotteserscheinung (vgl. Ps 29). Wenn uns die Botschaft nicht erhalten ist, liegt das nicht daran, daß das Grollen der Donnerschläge nicht verstehbar ist, sondern daran, daß eine Himmelsstimme die Niederschrift ausdrücklich untersagt. Anders als in jüdischen Apokalypsen soll der Seher kein Geheimwissen für die Zukunft aufbewahren (so Dan 12,4; 4 Esr 14,18–48); er soll vielmehr gar nichts aufschreiben. Warum ihm die Niederschrift verboten wird, ist nicht gesagt. Das Verbot hängt offenbar mit dem Inhalt dessen zusammen, was die Donnerstimmen verkündeten. Aber diesen kennen wir nicht. Man wird soviel sagen können, daß der Inhalt dessen, was nicht niedergeschrieben werden soll, nicht zum eigentlichen Auftrag des Johannes gehört. Aber es könnte sich auch um weitere Plagen handeln, die er anzukündigen hätte, da selbst der Tod eines Drittels der ungläubigen Welt den Lebenden nicht zur Einsicht verholfen hat (9,20f.). Wichtiger aber ist der Auftrag an den Seher, der im folgenden berichtet wird.

Die Schwurszene (10,5–7) ist der Schwurengelvision in Dan 12,4–9 frei nachgebildet. Besonders einflußreich ist Dan 12,7, wo eine Engelsgestalt unter feierlichem Schwur Gottes Ratschluß für das Geschehen in der Endzeit bekräftigt. Bei Daniel stand die Aussage im Zusammenhang mit dem Seleukidenherrscher Antiochus IV. Epiphanes (175–164 v. Chr.), der das Gottesvolk unterdrückte. Nach einer geheimnisvollen Frist von dreieinhalb Zeiten werde sich die Vollendung nahen. Wie in Dan 12,4–9 geht es in Offb 10,5–7 um die Bekräftigung, daß Gott sich seinen Feinden gegenüber durchsetzen wird. Auch die Gottesbezeichnung »der in alle Ewigkeit lebt« geht auf Dan 12,7 zurück. Zusätzlich wird noch eigens betont, daß Gott Schöpfer des Himmels und der Erde und des Meeres ist und somit Macht hat über alle Bereiche des Alls. Schon bald – ohne Verzug – wird sich das Geheimnis Gottes vollenden. Niemand und nichts wird Gott an diesem Vorhaben hindern können. Sein Heilsplan steht fest. Und es wird ausdrücklich gesagt, wann er sich vollenden wird, nämlich wenn der siebte Engel auftritt und seine Posaune bläst. Von daher ist es klar, daß der Inhalt der siebten Posaunenvision Auskunft darüber gibt, worin sich das Geheimnis Gottes vollendet. In der siebten Posaunenvision (11,15–19) wird Gott und seinem Gesalbten Lob und Dank gesagt, daß sie ihre Herrschaft über die Welt endgültig angetreten haben. Das bedeutet Gericht für die gottfeindlichen Mächte und Lohn für die bewährten Christen. Dieser Heilsplan Gottes verwirklicht sich so sicher, daß er aus der Sicht Gottes schon vollendet ist. Deshalb heißt es wörtlich im griechischen Text, daß das Geheimnis Gottes beim Schall der Posaune vollendet ist (10,7). Gott hat allem Anschein zum Trotz seinen Sieg über die gottfeindliche Welt schon errungen. Diese frohe Botschaft hat er den Propheten kundgetan.

Vom Text allein her läßt sich nicht entscheiden, ob hiermit alttestamentliche oder neutestamentliche Propheten oder beide gemeint sind. Da die Propheten in der Offb sonst aber immer als urchristliche Propheten verstanden sind (11,18; 16,6; 18,20.24; vgl. 22,9), liegt das auch hier nahe. Gemeint sind dann offenbar jene Christen, die – wie in besonderer Weise Johannes selbst – die Zeichen der Zeit zu deuten vermögen. Ihre Botschaft ist deshalb eine frohe Botschaft, weil sie verkünden, daß die Herrschaft schon jetzt allein Gott gehört, weshalb alle Herrschaft anderer Personen nur verliehene Herrschaft sein kann. Auf diese Weise vermögen sie ihre Mitchristen zur Ausdauer und damit zur Glaubenstreue bis in den Tod zu ermuntern. Der geheimnisvolle Ratschluß Gottes dient letztlich dem Heil der Menschen.

Dieselbe Stimme, die dem Seher verboten hatte, den Inhalt der Donnerstimmen niederzuschreiben (10,4), fordert ihn nun dazu auf, eine Zeichenhandlung zu vollziehen (10,8–9). Die Szene ist inspiriert vom Bild der Buchrolle des Propheten Ezechiel (Ez 2,8–3,3). Der Inhalt des kleinen Buches kann kaum anderes sein als »das Geheimnis Gottes« (10,7). Johannes gehört damit eindeutig zu den Propheten, denen die Botschaft von diesem Geheimnis kundgetan wurde. Aufgrund der Aufforderung der Himmelsstimme erbittet Johannes das Büchlein von dem Engel, der ihn auffordert, es zu essen, und die Wirkungen des Essens voraussagt: seinen Magen wird es bitter machen, im Mund süß sein wie Honig. Die Buchrolle, die Ezechiel verzehrte, wurde ebenfalls süß wie Honig in seinem Mund (Ez 3,1–3), d. h., der Prophet erfährt das Wort Gottes als heilbringende Wirklichkeit.

Wenn es heißt, daß der Verzehr des Buches den Magen des Sehers darüber hinaus bitter macht, dann zielt das auf das Schicksal dessen, der die Botschaft verkündet. Das Wort Gottes verursacht Leiden und Verfolgung im Leben des Propheten. Das wird durch die abschließende deutende Beauftragung unterstrichen: Johannes muß wieder unerschrocken seine prophetische Botschaft verkünden, nicht nur im Konventikel der Gemeinde, sondern offen vor aller Welt (vgl. Mk 13,9f. par Mt 10,17f.; Lk 21,12f.). Diese Aufgabe des Propheten wird in 11,3–14 dargestellt.

Die Bewahrung der Getreuen (11,1–2)

Bevor in 11,3–14 vom Geschick der beiden Zeugen die Rede ist, spricht Johannes davon, wie die Heilsgemeinde inmitten von Verfolgungen bewahrt wird. Die Szene läßt einen Einfluß von Ez 40,3–42,20 erkennen. Dort sieht der Prophet das obere ideale Urbild des Jerusalemer Tempels, der Maßstab sein soll für den wieder zu erbauenden irdischen Tempel (vgl. auch Sach 2,5–9). Dabei kommt dem Propheten auch die Aufgabe zu, die Räumlichkeiten des Tempels mit einem Meßstab zu messen, damit sie beim Wiederaufbau des Jerusalemer Tempels Vorbild sein können.

In 11,1–2 geht es jedoch nicht um den Wiederaufbau des Tempels, sondern um das Messen des bestehenden Tempels. Der Auftrag an den Seher ist zu verstehen als prophetische Zeichenhandlung: Der Heidenvorhof soll nicht vermessen werden. Er wird somit den Heiden preisgegeben und mit ihm die heilige Stadt, die von ihnen 42 Monate lang zertreten wird. 42 Monate entsprechen 1260 Tagen bzw. 3½ Jahren. Der geschichtliche Hintergrund für diese Zeitangabe ist die Zeit der Schreckensherrschaft Antiochus' IV. Epiphanes (167–164 v. Chr.) (vgl. Dan 7,25; 12,7). Die Zeitangabe gilt deshalb als Symbolwert für die Länge der Endzeit, in der die Christen leben. Während dieser Zeit kann das Vermessene, das Allerheiligste und der innere Tempelvorhof, wo der Brandopferaltar steht, vor allem aber die dort Anbetenden, den heidnischen Angriffen nicht zum Opfer fallen. Die Vermessung bedeutet somit Schonung; sie ist Ausdruck des Heilswillens Gottes. Gott kennt die Zahl derer, die vor dem Abfall bewahrt werden. Das Bild macht somit dieselbe Aussage wie das Bild von den 144 000 Versiegelten in Offb 7.

Die Diskussion, warum Johannes auf diese Weise vom Jerusalemer Tempel spricht, obwohl er doch gewußt haben müßte, daß nicht nur der Vorhof der Heiden, sondern der ganze Tempel im Jahre 70 n. Chr. von den Römern zerstört worden ist, ist müßig. Der Seher knüpft vielmehr an einen Sprachgebrauch an, wonach die urchristliche Gemeinde sich als »Tempel Gottes« (1 Kor 3,10.16; Gal 2,9; vgl. Mt 16,18 u. a.) versteht. Jene, die im Schutz des Tempels Gott anbeten, sind entsprechend die Christen, die angesichts der Verfolgungen, denen sie von außen her ausgesetzt sind, an ihrem Glauben festhalten. Es ist das wahre priesterliche Volk Gottes (1,6; 5,10), das im Allerheiligsten, das im Alten Bund dem Hohenpriester vorbehalten war, und im inneren Vorhof, der den Priestern reserviert war, seinen Platz hat. Ihm können die Anschläge der Gottesfeinde letztlich nicht schaden; denn es ist in Gottes Hand; er kennt jene, die ihm durch alle Anfechtungen hindurch treu bleiben.

Auftrag und Bewährung der beiden Zeugen (11,3–13[14])

Ohne erkennbare Absetzung von der vorausgehenden Vermessungsszene schließt sich nun der Auftrag an »meine zwei Zeugen« (11,3) an. Grund dafür ist offenbar die Tatsache, daß die dort (11,1–2) behandelte Thematik nun fortgeführt werden soll: War bisher von der Bewahrung der Christen vor den Heiden die Rede, geht es nun um ihren konkreten Auftrag und ihre Bewährung. Für die Zusammengehörigkeit der beiden Szenen spricht auch die Zeitangabe: Zweiundvierzig Monate haben die Heiden Zeit, die heilige Stadt zu zertreten (11,2). Das entspricht genau den zwölfhundertundsechzig Tagen (11,3), während derer die beiden Zeugen prophetisch reden sollen. Gemeint ist somit symbolisch die Endzeit, die Zeit der Kirche.

Da die beiden Zeugen nicht identifiziert werden, hat man immer wieder versucht, sie aufgrund ihrer Charakterisierung näher zu bestimmen. Man nimmt meistens eine jüdische »Elija-Apokalypse« an, der zufolge Henoch und Elija in der Endzeit erneut auftreten, aber durch den endzeitlichen Widersacher getötet werden. Am Ende aber werden sie einen triumphalen Sieg davontragen. Diese Deutung der beiden Zeugen ist ebenso unmöglich wie die, die diese mit dem wiederkehrenden Elija (= Johannes der Täufer) und dem wiederkehrenden Mose (= Jesus) gleichsetzt. Eine solche Lösung würde zudem fordern, »wo auch ihr Herr gekreuzigt wurde« (11,8) als spätere Hinzufügung zu streichen. Das wäre jedoch reine Willkür. Schließlich ist es dem Urchristentum nach Tod und Auferstehung Jesu nicht mehr möglich, die aufgrund von Dtn 18,18 und Mal 3,23 f. entstandene jüdische Erwartung zu übernehmen. Diese Erwartung war nach Ausweis der Evangelien (vgl. Mk 1,2; 6,15; 9,11–13; Mt 11,14) bezüglich des wiederkehrenden Elija bereits in Johannes dem Täufer erfüllt. Und bei der Verklärung Jesu erschienen die beiden Vorläufer: Elija und Mose (Mk 9,4). Nach allem ist deshalb nicht an eine jüdische, sondern an eine christliche Vorlage zu denken, die allerdings an alttestamentliche Verheißungen anknüpft. Schließlich scheitert auch eine Deutung der beiden Zeugen auf die alttestamentlichen Schriften, insofern Mose das Gesetz und Elija die Propheten repräsentiere; denn einmal werden beide Zeugen damit betraut, prophetisch zu reden (11,1) und beide als Propheten bezeichnet (11,10), zum anderen werden *beiden* die Wunderkräfte des Mose und des Elija zugesprochen (11,6).

Die irdische Wirksamkeit der zwei Zeugen (11,3–6)

Die Rede von »meinen zwei Zeugen« (11,1) macht deutlich, daß Gott oder Christus der Sprecher ist. Da Christus als das erhöhte Lamm mit dem Buch mit den sieben Siegeln die Macht über die endzeitlichen Geschehnisse erhalten hat (5,7f.), dürfte Christus zu seinen Zeugen sprechen. Daß der Seher gerade von zwei Zeugen spricht, hängt mit dem biblischen Zeugenrecht zusammen, dem zufolge niemals das Zeugnis eines einzelnen ausreicht (vgl. Num 35,30; Dtn 19,15–20; Mt 18,16 u. a.).

Die beiden Zeugen treten im Sackgewand auf. Dadurch sind sie als Bußprediger gekennzeichnet; denn der Sack ist ein Kleidungsstück, das Trauer und Buße anzeigt (Jes 22,12; Jer 4,8; Jona 3,6–8; Mt 11,21). Ihr Ziel ist demgemäß, die Menschen zur Umkehr zu bewegen. Damit haben sie denselben Dienst, wie die Plagen, von denen zuvor berichtet wurde (vgl. 9,20f.). Deshalb erklärt sich auch die Aussage, daß sie die Bewohner der Erde gequält haben (11,10), die es nicht ertragen können, daß man ihnen sagt, daß sie trotz des äußeren Augenscheins nicht das Geschick der Welt bestimmen.

Um Funktion und Auftrag der beiden Zeugen näher zu bestimmen, bedient sich der Seher in freier Weise einer Vision des Propheten Sacharja (Sach 4,1–14). Der Prophet verwendet für den Davididen Serubbabel und den Hohenpriester Jeschua das Bild von zwei Olivenbäumen. Aus ihnen fließt Öl durch goldene Röhren in einen siebenarmigen Leuchter, der Sinnbild der Gegenwart Gottes ist. Das Bild hat in der Messiaserwartung des Frühjudentums nachgewirkt. So erwarteten die Qumranleute einen priesterlichen und einen königlichen Messias (1 QS 9,11). Unser Text steht jedoch nicht in dieser Tradition. Die Veränderung des Textes gegenüber Sach 4,1–14 macht das bereits deutlich: Nunmehr gibt es zwei Leuchter, nicht nur den siebenarmigen Leuchter, so daß beide Zeugen Ölbaum und Leuchter zugleich sind. Die beiden Zeugen sind somit Priester und König zugleich. Das entspricht genau der Charakterisierung des neuen Gottesvolkes (1,6; 5,10). Sie sind somit Stellvertreter für alle Christen und keine bestimmten, identifizierbaren Gestalten. Ihre Aufgabe ist es, in der Welt als Leuchter zu wirken (vgl. Mt 5,14–16), und zwar während der gesamten Endzeit (zwölfhundertundsechzig Tage). Dazu sind sie gesalbt, d.h. gesandt, wie das Bild vom Olivenbaum zeigt.

Nach 11,5f. stehen die zwei Zeugen unter dem besonderen Schutz Gottes. Wie Elija zur Bestätigung dafür, daß er ein Mann Gottes ist, Feuer auf seine Gegner fallen ließ (2 Kön 1,10–12), so kommt Feuer aus dem Mund der Zeugen und verzehrt ihre Feinde. Daß das Feuer nunmehr aus dem Mund kommt, soll offenkundig auf ihre prophetische Tätigkeit hinweisen. Wie Elija haben sie die Macht, den Himmel zu verschließen, so daß es nicht regnet (1 Kön 17,1; Sir 48,3). Wie Mose haben beide die Kraft, Wasser in Blut zu verwandeln und Plagen über ihre Gegner kommen zu lassen (Ex 7,17.19f.). Hier wird nochmals deutlich, in welchem Sinn die Plagen (8,6–13 u.a.) zu verstehen sind: Es ist nicht nach bestimmten Naturkatastrophen zu suchen; das Zeugnis des neuen Gottesvolkes, repräsentiert durch die zwei Zeugen, plagt die Menschen (vgl. noch 11,10). Das eigentliche Ziel ist die Umkehr. Daß die beiden Zeugen nicht mit zwei individuellen Persönlichkeiten identifiziert werden können, zeigt sich hier nochmals darin, daß beide die Wundertaten des Elija und des Mose vollziehen können. Der Schutz, den die beiden Zeugen während ihrer Tätigkeit genießen, weist bereits voraus auf die Frau, die das neue Gottesvolk symbolisiert und während derselben Zeitspanne (zwölfhundertsechsundsechzig Tage: 12,5 = 3½ Zeiten) in Gottes Schutz bleibt.

Das Ende der beiden Zeugen und seine Folgen (11,7–10)

Die Parallele, die sich zwischen den beiden Zeugen und dem neuen Gottesvolk aufdrängt, wird noch dadurch gestützt, daß nun zum erstenmal das Tier aus dem Abgrund auftritt (11,7), das in 13,1 Tier aus dem Meer genannt wird und dann mit dem römischen Reich identifiziert wird (vgl. noch Offb 17). Dies ist allerdings nur ausführendes Organ; denn hinter dem mörderischen Treiben der römischen Staatsmacht steht eine übermenschliche dämonische Macht, wie der bibelkundige Leser leicht erkennen wird: Johannes nimmt hier nämlich ein Wort aus Dan 7,21 auf, wo innerhalb der Weltreiche-Vision der Widerstand gegen Gott seinem Höhepunkt zustrebt. Das neue Volk Gottes wird seinen von Gott gegebenen Auftrag zwar durchführen können, aber nur unter Anfeindung. Am Ende scheinen die gottfeindlichen Mächte die Überhand zu haben.

Noch nach ihrer Ermordung hören die Schmähungen nicht auf: Die Leichen dürfen nicht bestattet werden, sondern liegen auf den Straßen der großen Stadt. Das ist wahrhaftig äußerste Erniedrigung (vgl. Jer 8,2; Tob 1,18–20; 2,3 f.). Die große Stadt könnte zunächst Babylon, ein Deckname für Rom, sein (vgl. 16,19; 17,18; 18,10–12; auch 14,8; 16,19; 17,5; 18,2). Doch die Näherbestimmung »wo auch ihr Herr gekreuzigt wurde« (11,8c) weist auf Jerusalem. Jedoch zeigt 11,8b, daß die Stadt typischen Charakter hat: »Sie wird geistig Sodom und Ägypten genannt.« Gemeint ist also jegliche Stadt und jeglicher Ort in der Welt. Sie wird Sodom genannt, insofern Gottes Wille und Gebot mit Füßen getreten wird (Jes 1,10; Ez 16,46.49). Ägypten ist ihr Name, weil das Land für die Fremdlingschaft und Sklaverei steht (vgl. Mt 2,13–23; Apg 13,17). Kurz: gemeint ist die gottfeindliche Welt. Die Christen haben hier nicht ihre Heimat (vgl. Hebr 11,14; 1 Petr 1,17; 2,11). Deshalb müssen Christen das Geschick ihres Herrn teilen, der gekreuzigt wurde.

Dieselbe Weltöffentlichkeit, aus der das Lamm Menschen erkauft hat (5,9), schart sich nun um das Tier, das den Sieg davongetragen hat. Doch ihr Siegestaumel wird nicht das Letzte sein. Das deutet schon die begrenzte Zeit an, während der die Leichen der Zeugen auf den Straßen liegen, wie die geheimnisvolle Zahl 3½ Tage andeutet. Auf diese Weise können die Bewohner der Erde die Pein, die sie durch die Botschaft der Zeugen erfahren haben, nicht von sich abschütteln, wie die folgenden Verse vollends klarmachen.

Der Sieg der Zeugen (11,11–12)

Gott steht zu seinen Zeugen. Er läßt nach den 3½ Tagen wieder Leben in den Zeugen entstehen, wie der Seher mit Hilfe des Bildes von der Erweckung der Totengebeine (Ez 37,5.10) verdeutlicht.

Auch dieser Zug stützt die Deutung der beiden Zeugen auf das Volk Gottes, bedeutet doch die Erweckung der Totengebeine in Ez 37 die Neuerweckung des Gottesvolkes in der Heilszeit. Die beiden Zeugen werden nicht nur zu neuem Leben erweckt, sondern in den Himmel entrückt. Das erinnert an die Entrückung des Elija mit einer Wolke (2 Kön 2,11); doch reicht diese Parallele nicht aus, um unseren Text zu erklären. Vor allem ist zu beachten, daß das Geschehen am Ende der Sendung der Kirche steht, so daß an die Wiederkunft Christi als Zeitpunkt der Wiedererweckung und Entrückung zu denken ist. Weil die Zeugen tot sind, müssen sie zuerst auferweckt werden, bevor sie entrückt werden können. Denn nach der traditionellen Entrückungsvorstellung können nur Lebende entrückt werden. Deshalb werden auch die Verstorbenen nach 1 Thess 4,16f. zuerst auferstehen, um dann mit denen gemeinsam entrückt zu werden, die bis zur Wiederkunft Christi überlebt haben.

Neu gegenüber allen Parallelen ist in Offb 11,11f., daß die gottfeindlichen Menschen dabei zuschauen. Dieser zunächst befremdliche Zug erklärt sich, wenn man berücksichtigt, daß Johannes zwischen einer »ersten Auferstehung«, an der alle getreuen Christen teilhaben (20,5f.; vgl. 2,11), und dem Endgericht über die gottfeindliche Welt (vgl. 20,11–15), der offenbar noch eine Chance gegeben ist, unterscheidet. Genau in diese Richtung gehen die folgenden Aussagen.

Das Geschick der gottfeindlichen Welt (11,13f.)

Die in 11,11f. geschilderten Heilsereignisse haben den beiden Zeugen, d. h. der ganzen Kirche und denen, die in ihr Christus und Gott die Treue gehalten haben, recht gegeben. Sie haben nun Anteil am ewigen Heil. Ihr Geschick steht im starken Kontrast zu dem der Erdenbewohner (11,10) bzw. der Bewohner der Stadt (11,13). Ein gewaltiges Erdbeben läßt ein Zehntel der Stadt einstürzen und tötet siebentausend Menschen, d. h. die Vollzahl derer, die während der Endgeschehnisse umkommen. Die Überlebenden verhalten sich diesmal scheinbar anders als jene in 9,20f., wonach die Plagen dazu führen, daß die Betroffenen sich weigern umzukehren. Doch bei näherem Hinsehen bekehren sich die Überlebenden auch hier nicht, wie oft in der Forschung angenommen wird. Das Schicksal der gottfeindlichen Welt interessiert den Seher nicht weiter. Ihm geht es allein um das Geschick der beiden Zeugen. Er will den Christen vor Augen führen, daß allein Gott es ist, der die Macht hat, sich endgültig gegen seine Feinde durchzusetzen, so daß sie ihn schließlich anerkennen müssen. Für die verfolgten Christen heißt das: Auch wenn man die christlichen Boten und die Christen überhaupt um ihres Glaubens willen umbringt, so darf doch kein Zweifel aufkommen, daß Gott am Ende Sieger ist und daß seine Zeugen mit ihm siegreich sein werden.

Wenn die gottfeindlichen Menschen Gott die Ehre geben (vgl. 14,7; 16,9), bedeutet das keineswegs deren Umkehr. Im Alten Testament steht der Ausdruck innerhalb einer Gerichtsdoxologie. Dabei kann er wohl auf eine Umkehr hindeuten (Jos 7,19; 1 Sam 6,5; Jer 13,16), aber meistens geht es um einen Lobpreis Gottes, den dieser einfordert, ohne daß über eine heilschenkende Umkehr nachgedacht wird (Ps 29,1f.; 96,7; Jes 42,12; äthHen 62,6; 63,2ff.; Offb 14,7). Genau das ist hier der Fall. Es geht Johannes nicht um das Schicksal der Erdenbewohner, sondern um das der beiden Zeugen und damit um das Geschick der Christenheit überhaupt. Den Christen wird dadurch nochmals vor Augen geführt, daß allein sie angesichts der großen Drangsal bestehen können (vgl. 6,17).

Daß der Seher in 11,14 davon spricht, daß das zweite Wehe vergangen ist, und zugleich das dritte Wehe ankündigt, mag zunächst verwundern. Denn eher hätte man diese Aussage nach 9,21 erwartet. Denn das zweite Wehe hat ja das Geschehen zum Inhalt, das die sechste Posaune ausgelöst hat, das durch das Tier aus dem Abgrund fortgesetzt wird (9,13–21). Offb 11 gehört jedoch zum zweiten Wehe dazu, insofern gezeigt wird, daß die christliche Gemeinde die Gewißheit haben kann, daß sie am endzeitlichen Heil teilhat, da sie sich angesichts des dämonischen Geschehens bewähren kann.

Die Ankündigung eines schnellen Eintreffens des dritten Wehe ist scheinbar unpassend, da die siebte Posaunenvision (11,15–19) einen Lobhymnus auf Gott singt, nicht aber von Katastrophen spricht. Der Verfasser blickt am ehesten voraus auf die noch ausstehende dritte Siebener-Reihe von Plagen in den Schalenvisionen (Offb 16), weil diese den Zorn Gottes vollenden werden (15,1). Zuvor sind in Offb 13 das Tier aus dem Abgrund, das dort Tier aus dem Meer heißt, und das Tier vom Land als der Kaiserkult und seine Propagandamaschinerie im ganzen Kaiserreich identifiziert worden (vgl. 16,2.10.19). Zudem weist auch 12,12 mit einem Wehe gegen die Erde und das Meer auf die Plagen voraus. Auf diese Weise gehören auch Offb 12f. zum Umfeld des dritten Wehe. Da die siebte Schalenvision (16,17–21) die Plagen nicht einfach abschließt, sondern auf die noch bevorstehenden Gerichtsereignisse vorausweist, gehören auch diese noch zum dritten Wehe.

Schließlich gibt es auch einen engen Zusammenhang zwischen dem dritten Wehe und der folgenden siebten Posaunenvision, die sich unmittelbar anschließt (11,15–19), insofern sie die folgenden Visionen ankündigt. Der eigentliche Inhalt des dritten Wehe ist das Gerichts- und Unheilsgeschehen, dem die Heilsaussagen im Blick auf die Christen als Kontrast gegenüberstehen.

Die Vollendung des Heilsplanes Gottes (11,15–19)

Gott hat sich endgültig durchgesetzt. Die Heilsgemeinde, dargestellt in den beiden Zeugen, ist gerettet. Auch die gottfeindlichen Menschen müssen sich angesichts des Machtanspruchs Gottes beugen und ihm die Ehre geben (11,11–13). Deshalb stimmt der himmlische Hofstaat in der siebten Posaunenvision einen großen Lobpreis und Dank an. Nun wird sich das Geheimnis Gottes vollenden, wie 10,7 angekündigt hat.

So wird dann auch zunächst der endgültige Herrschaftsantritt Gottes und seines Gesalbten über die Welt proklamiert (11,15). Danach folgt das anbetende Dankgebet der vierundzwanzig Ältesten (11,17–18). Die Vollendung der Geschichte läßt den Schöpfer dafür danken, daß er seine Schöpfung nicht im Stich gelassen hat. Darin geht der Inhalt der siebten Posaunenvision über den Dank und Lobpreis in Offb 4 hinaus, wo sein Schöpfersein im Mittelpunkt steht.

Die lauten Stimmen, die das Herrschertum Gottes und seines Gesalbten ausrufen, werden nicht näher bestimmt. Deshalb nimmt man zuweilen an, es handle sich um die vier Wesen, die in Offb 4 vor den Ältesten das »Heilig, heilig, heilig« anstimmen (4,11). Möglich ist aber auch, daß die getreuen Gläubigen, die nun in den Himmel entrückt sind (11,12), zu denen gehören, die in den Lobgesang einstimmen.

Die Herrschaft über die Welt gehört unserem Herrn, d. h. Gott, und seinem Gesalbten, d. h. Christus. Denn Ps 2,2, der hier zitiert wird, ist schon längst messianisch verstanden worden. Der Gesalbte ist für die Christen niemand anders als Christus. Diese Herrschaft wird kein Ende haben, wie mit Dan 7,14.27 gesagt wird. Wenn es im Urtext heißt »und er wird herrschen in alle Ewigkeit« (EÜ: »sie werden herrschen...«) dann ist die Aktionseinheit zwischen Gott und seinem Gesalbten unterstrichen. Insofern ist die Übersetzung der Einheitsübersetzung durchaus sachgemäß.

Die anbetende Huldigung der vierundzwanzig Ältesten erinnert an 4,10. Es ist offenbar derselbe unaufhörliche himmlische Gottesdienst. Hier kommt allerdings etwas Neues hinzu: der Dank an Gott für seinen endgültigen Sieg über seine Feinde.

Das Danklied (11,17f.) thematisiert ausdrücklich den Sieg Gottes über die ganze Schöpfung. Mit »Allherrscher (Pantokrator), der da ist und der da war« ist derselbe Gottestitel aufgenommen, wie wir ihn aus 1,4.8; 4,8 kennen. Es gibt allerdings eine bezeichnende Änderung: Das dritte Glied »der kommen wird« ist ausgefallen. Der Grund dafür ist klar: Gott kommt nun nicht mehr in der Zukunft; er, der war seit aller Ewigkeit, ist nun immerwährende Gegenwart, da er endgültig seine große Macht ergriffen hat und König geworden ist und seine Herrschaft angetreten hat (vgl. Ps 99,1).

Der Zorn der Völker, die sich Gott widersetzten, wurde zunichte gemacht durch seinen eigenen Zorn (vgl. Ps 2,1–5; 99,1). Gegen Gottes Gerichtszorn muß aller menschlicher Zorn als ohnmächtig erscheinen. Gottes Gericht bezieht auch die Toten ein; niemand kann ihm entgehen. Bezeichnend ist es für den Seher, daß er zuerst vom Heil spricht, das den Getreuen zuteil wird, bevor er vom Verderben spricht. Die Heilsgemeinde insgesamt wird den ewigen Lohn empfangen. Die Aufzählung verschiedener Namen für die Geretteten dürfte kaum eine Gruppenaufteilung vornehmen wollen; denn prophetisch reden sollen alle Christen, wie auch alle Knechte Gottes sind (vgl. 1,1 u. a.). Dasselbe gilt für den Ausdruck »Heilige« (vgl. 5,8; 8,3 f.; 13,7.10; 14,12 u. ö.). »Die seinen Namen fürchten« ist ebenfalls als gleichsinnig für die Christen zu verstehen (vgl. 14,7; 19,5). Wer immer Gott die Treue hält, ob klein oder groß (vgl. 13,16; 19,5.18; 20,12), wird dafür entsprechend entlohnt (vgl. auch 5,10; 20,6; auch die Überwindersprüche in Offb 2–3).

Verderben aber wird das Gericht Gottes jene, die die Erde verderben. Daß dabei nicht einfach die Zerstörung der Natur gemeint ist, zeigt 19,2, wo es von der großen Hure heißt, daß sie die Erde verdorben habe durch ihre Hurerei, d. h., indem sie die Menschen zum Kaiserkult verführt hat. Auch an unserer Stelle dürfte wie in 19,2 an den Kaiserkult gedacht sein, der zum Abfall von Gott führt. Wer die Erde verdirbt, gehört demnach zu denen, die im weiten römischen Reich durch ihr Tun die Menschen auf Erden verderben.

Mit einem großartigen Schlußbild schließt die siebte Posaunenvision: Das Urbild des irdischen Tempels wird geöffnet. Und die Bundeslade (vgl. 1 Kön 8,1.6) wird sichtbar. Damit wird den Christen die Bundestreue Gottes zugesichert. Die Blitze und Donner, das Beben und der schwere Hagel sind hier kaum Zeichen dafür, daß Gott nun selbst in Erscheinung tritt im Sinne alttestamentlicher Theophanien, wenngleich diese solche Begleitphänomene kennen (vgl. Ex 19,16 ff.; Ps 18,13; 104,7; Jes 30,30), sondern zeigen den Gerichtszorn Gottes an, der die Feinde der Heilsgemeinde erreichen wird. Damit wird zugleich deutlich, daß der Verfasser mit seinem Buch noch nicht zu Ende ist. Denn nun holt er nochmals aus, um die Situation der Christen in bedrängter Situation zu beschreiben, und zwar nun konkreter als bisher, wenn die Sprache auch jetzt noch der Entschlüsselung bedarf.

3. Das wahre Volk Gottes und seine Widersacher (12,1–14,20)

Die Kapitel 12–14 dürfen als die Mitte der Offb verstanden werden. Hier erfahren die Leser, wo letztlich die Ursachen dafür liegen, daß sie in der gegenwärtigen Zeit verfolgt werden. Letztlich ist es die Gegnerschaft des Drachens, d. h. des Satans, gegen

Christus, die sich gegen das Volk Gottes verlängert. Diese Gegnerschaft kann jedoch weder Christus noch dem Volk Gottes, wohl aber den einzelnen Christen (12,17) gefährlich werden. In Kapitel 13 werden in den beiden Tieren, dem römischen Reich und seiner Propagandamaschinerie, die irdischen Helfershelfer Satans eingeführt. Im Vergleich zur vorangegangenen Schilderung (8,2–11,19) werden Offb 12–13 also sehr konkret. Das gilt auch noch für Offb 14, wo das Ende der teuflischen Weltmacht Babylon (= Rom) vorgreifend ausgerufen wird. Zugleich denkt der Seher auch an die treuen Christen: Das Lamm steht auf dem Zion mit den 144000, die seinen und seines Vaters Namen tragen. Den Getreuen wird damit das für sie bereitete Heil vor Augen gestellt (14,1–5). Dafür sind die Erhöhung des Sohnes und der Sturz des Satans unabdingbare Voraussetzungen (Offb 12). Im Wissen darum konnte schon zuvor der endgültige Herrschaftsantritt Gottes und seines Christus besungen werden (11,15).

Die Frau, der Sohn und die Söhne und ihr Widerpart: der Drache (12,1–17)

In Offb 12 hat Johannes mehr als in anderen Teilen seines Buches mythisches Material verarbeitet. Ob ihm die Mythen selbst noch vertraut sind oder ob sie ihm über das Judentum vermittelt wurden, ist nicht mehr zu entscheiden. Sicher ist nur eins: Ihm liegt nichts an den Mythen; er benutzt vielmehr das überkommene Material, um die Situation des wahren Gottesvolkes und der Christen aufzudecken.

Die vier Haupttypen der Deutung von Offb 12
Offb 12 wurde in der Geschichte der Auslegung unterschiedlich gedeutet. Um Fehlinterpretationen zu vermeiden, sind vor allem zwei Grunddaten zu beachten:

1. Die *literarische Verschachtelung*. Die Fachsprache spricht hier von einem »sandwiched narrative«, d. h., es handelt sich um eine Erzählung, die die Struktur eines Sandwich hat. Der Mittelteil, das »Zwischenspiel im Himmel« (12,7–12),

ist bedeutsam für das Verständnis der »Rahmenerzählung« (12,1–6.13–17).

2. Die *handelnden Gestalten* in 12,1–17 und deren Beziehung zueinander: Der Drache ist zunächst Gegner des Sohnes, dann der Frau und schließlich der übrigen Nachkommen der Frau. Nur wenn dieser Geschehensablauf beachtet wird, kann die Interpretation richtig sein. Daneben sind selbstverständlich auch die Beziehungen der übrigen Gestalten untereinander zu berücksichtigen.

An diesen beiden Voraussetzungen sind die bisherigen Deutungen zu messen. Vier Haupttypen von Interpretationen lassen sich unterscheiden:

(1) In der katholischen Auslegung war eine Zeitlang die *marianische Deutung* der Frau verbreitet. Weil die Frau nach 12,5 die Mutter des Messias sei, müsse sie die Mutter Jesu sein. Neben Einzelheiten spricht vor allem gegen diese Deutung, daß die Frau nach 12,17 auch Mutter der Christen ist und daß die Frau sich kaum als individuelle Person begreiflich machen läßt.

(2) Deutet man die Frau auf das *Volk Israel,* kann man zwar erklären, wie sie zugleich Messiasmutter und Mutter der Christen sein kann, übersieht aber, daß in Offb 12 nicht das Geschick Israels diskutiert wird, sondern das der Christen. Außerdem wird die christologische Bestimmtheit des Volkes Gottes (12,7–12) außer acht gelassen.

(3) Die Frau sei die *christliche Kirche in ihrer himmlischen und irdischen Wirklichkeit;* die Kirche sei die vom Himmel herabkommende endzeitliche Heilsgemeinde. In dieser Sicht ist die Geburt des Kindes (12,5) Symbol für die anbrechende Gerichts- und Heilszeit. Nur so läßt sich die Hauptthese retten, wonach die Frau die Kirche sei; denn die Kirche kann ja nicht dem Messias voraus sein. Diese Interpretation stößt sich wie die marianische Deutung – wenn auch anders – mit 12,17; denn man muß voraussetzen, daß der Sohn (12,5) dieselbe Realität besitzt wie die übrigen Nachkommen der Frau. Zudem weist Offb 12,5 deutlich auf die zukünftige Aufgabe des Sohnes hin, der als apokalyptischer Reiter »alle Völker mit eisernem Stab weiden wird« (19,15).

(4) In der Frau das Symbol für das Gottesvolk in seiner Einheit von Altem und Neuem Bund zu sehen, scheint dem Text am ehesten gerecht zu werden. Dabei bleibt im Blick, daß der Verfasser in der Frau schon immer das wahre Israel in seiner bedrängten Situation sieht. Zum anderen kann erklärt werden, daß sie den Messias (12,5) hervorbringt. An diese Auslegungstradition wird die folgende Erklärung anknüpfen, allerdings nicht ohne Modifizierungen.

Zum besseren Verständnis sei die im folgenden vertretene These vorangestellt, die den genannten Bedingungen (literarische Verschachtelung und die Beziehung der einzelnen Gestalten zueinander) gerecht wird: Die Frau ist Symbol für das Volk Gottes, insofern es in Gott seinen Ursprung hat. Das Volk Gottes tendiert auf das wahre Volk Gottes hin, indem es den Messias hervorbringt. Das wahre Israel entsteht durch das Christusgeschehen, das in 12,5 gerafft erzählt wird. Dieses Israel, die Kirche, bringt dann die Christen hervor (12,17), die sich gegenüber den Angriffen des Satans bewähren müssen. Die Kirche dagegen wird – wie zuvor bereits der Messias (12,5) – durch Gott vor den Anschlägen geschützt. Sie ist dennoch keine abstrakte Größe in dem Sinn, daß sie auch ohne Christen bestehen könnte; wohl wird deutlich, daß ihre Existenz nicht vom Geschick des einzelnen Christen abhängig ist. Die Zusicherung, daß Gott und sein Christus zum wahren Volk Gottes stehen, ist zugleich Trost und Ermunterung für den Christen, insofern er weiß, daß ihm das zugesagte Heil erhalten bleibt, wenn er in Schicksalsgemeinschaft mit Christus lebt (12,11).

Aufgrund der literarischen Schachtelung läßt sich Offb 12 in drei Abschnitte gliedern: 12,1–6 stellt die Frau und den Drachen vor und berichtet von Geburt und Entrückung des Sohnes. 12,7–12 schildert, was das Christusereignis (V. 5) im Himmel ausgelöst hat, und kündigt die Folgen der Geschehnisse im Himmel für die Erdenbewohner an. 12,13–17 spricht vom Geschick des wahren Gottesvolkes und dem der Christen.

Vom alten zum wahren Volk Gottes (12,1–6)

Am Himmel erscheint eine Frau, die das Geschehen in der Endzeit entscheidend mitbestimmt. Als das große Zeichen weist sie bereits auf die mit dem Christusereignis (V. 5) beginnende Endzeit voraus. Die Frau ist eine Lichtgestalt: sie ist bekleidet mit der Sonne, der Mond ist unter ihren Füßen, und sie trägt einen Kranz mit zwölf Sternen. Die Zwölfzahl der Sterne ist Hinweis auf die zwölf Stämme Israels (vgl. Gen 37,9) und somit auf das Volk Gottes. Der Kranz als Symbol des Erfolges und des Triumphes (vgl. 1 Kor 9,25; 2 Tim 4,8; Jak 1,12; 1 Petr 5,4; Offb 2,10; 6,2) signalisiert bereits ihre Unbesiegbarkeit (vgl. 12,6.14). Die starken Wehen der Frau sind nicht auf die Geburt des Sohnes zu beziehen, sondern auf die mit ihm beginnende Endzeit (vgl. 1 Thess 5,3; Mk 13,8 par Mt 24,8; Apg 2,24).

Das zweite Zeichen am Himmel ist der »große Drache« (12,3); er ist furchterregend und gewaltig. Nach 12,9 ist er »die alte Schlange«, »die Teufel oder Satan« genannt wird. Er will die ganze Welt verführen. Dem Altorientalen gilt der Drache als *das* dämonische Wesen und als die Macht des Chaos. Schon das Alte Testament ist von orientalischen Mythen über den Drachen beeinflußt; Jahwe jedoch bezwingt den Drachen (vgl. Ps 74,13f.; Ijob 7,12; 26,12f.; 40,15ff.25ff.). Der Herr wird den Drachen in der Endzeit besiegen (Jes 27,1).

Die feuerrote Farbe des Drachen ist ebenfalls traditionell: Sie entlarvt seine mörderische Absicht (vgl. Offb 6,4). Möglicherweise spielt Johannes auf Jes 14,29 an: »Freu dich nicht, Land der Philister, weil der Stock zerbrochen ist, der dich schlug; denn aus dem Leib der Schlange geht eine Natter hervor, und ihre Frucht ist ein fliegender Drache.« Ähnlich gefährlich wie der fliegende Drache ist die feurige Schlange, die aus der Fabel bekannt ist; sie hält sich nach der Vorstellung des Volkes in der Wüste auf (vgl. Jes 30,6; Num 21,6; Dtn 8,25).

Ein siebenköpfiger Drache ist aus der babylonischen Mythologie bekannt, aber auch aus der Pistis Sophia (Kap. 66) und aus den Oden Salomos. In den OdSal 22,4 dankt Christus dafür, daß Gott ihm die Macht gab, den siebenköpfigen Drachen der Unterwelt zu schlagen und die Gläubigen aus seiner Hand zu befreien. Der

Verfasser der OdSal ließ sich hier eindeutig von Jes 14,29 anregen. Die Machtfülle des Drachen ist dadurch betont, daß ihn nur Christus besiegen kann. Die sieben Diademe wie die zehn Hörner unterstreichen die Machtfülle des satanischen Tieres (vgl. Dan 7,7). Durch die Zehnzahl erscheint der überhebliche Machtanspruch bereits begrenzt. Es ist die Machtfülle gemeint, die nur den widergöttlichen Mächten zukommt (vgl. Offb 13,1; 17,3.7.12.16; 2,10). Der Verfasser blickt bei seiner Beschreibung des Drachens voraus auf die irdische Macht, die sich dem Drachen als Werkzeug zur Verfügung stellt: das römische Reich, das in Gestalt des Tieres aus dem Meer von Kapitel 13 an auftreten wird.

Trotz seines Glanzes steht von vornherein fest, daß der Drache der Frau unterlegen ist. Sein Tun ist nicht schöpferisch, sondern zerstörerisch. Den Beweis dafür liefert sein Wirken: »Sein Schwanz fegte ein Drittel der Sterne des Himmels hinweg und warf sie auf die Erde« (V. 4a). Das erinnert an Dan 8,10, wo es vom kleinen Horn heißt: »Es wuchs bis zum Sternenheer am Himmel hinauf und warf einige aus dem Sternenheer auf die Erde herab und zertrat sie.« Nach Offb 6,13 und 8,10–12 (vgl. Mk 13,25 parr) gehört das Herabfallen von Sternen zu den Zeichen der beginnenden Endzeit. Im Tun des Drachen zeigt sich die Arroganz dessen, der Gott gleich sein will. Anders als Gott vermag er jedoch keine Zuversicht zu schenken, sondern nur Angst und Schrecken einzujagen.

Dem mörderischen Zorn des Drachen genügt es nicht, die materielle Schöpfung zu zerstören, er will auch den Sohn der Frau töten. Dabei spielt der Seher auf Jer 51,34 (LXX: 28,34) an und liefert dadurch einen weiteren Beweis für sein ekklesiales Verständnis von Offb 12. In Jer 51,34 klagt Jerusalem: Nebukadnezzar, der König von Babel, »hat mich wie ein Drache verschlungen«. Für den Bibelkundigen kann das bereits ein weiterer Hinweis auf den konkreten Feind der Christen sein, das römische Reich, zumal der Verfasser für Rom den Decknamen Babylon benutzt (Offb 14,8; 16,19; 17,5; 18,2.10.21).

Der Doppelausdruck »ein Kind, ein Sohn« dürfte eine Anspielung auf Jes 7,14 und 66,7 zugleich sein und dadurch die Bedeutsamkeit des Sohnes für das Volk Gottes unterstreichen. In Jes 7,14 kündigt der Prophet dem König Ahas an: »Seht, die junge Frau wird ein Kind empfangen, sie wird einen Sohn gebären, und sie wird ihm den Namen Immanuel geben« (vgl. Mt 1,23; Lk 1,31). Und in Tritojesaja heißt es im Rahmen der Beschreibung der Endzeit: »Noch ehe die Frau ihre Wehen bekommt, hat sie schon geboren; ehe die Wehen über sie kamen, brachte sie einen Knaben zur Welt.«

Aufgrund des messianischen Psalms 2 heißt es von diesem Sohn, er werde »alle Völker mit eisernem Stab weiden« (V. 5b; Ps 2,9). Als der Messiassohn wird er auf dem weißen Roß (19,11–16) an den gottfeindlichen Mächten das Gericht vollziehen. Auch in diesem Zusammenhang wird Ps 2,9 (19,15) zitiert. Für den Seher ist der Sohn somit eindeutig Jesus Christus, der den getreuen Christen das Heil bereiten wird (vgl. 20,4–6 u. ö.).

Nun ist auffällig, daß der Sohn direkt nach seiner Geburt zu Gott entrückt und in seine Machtstellung eingesetzt wird, wie das Symbol Thron besagt. Das Leben und der Tod Jesu werden hier nicht erwähnt, obwohl der Heilstod Jesu sonst in der Offb entscheidende Bedeutung hat (vgl. 1,5b; 5,9; 14,4 u. ö.). Wenn man jedoch bedenkt, daß auch Paulus das Leben Jesu bis hin zu seiner Auferstehung in dem einen Wort von Christus als dem Gekreuzigten (1 Kor 1,23; 2,2; Gal 3,1 u. ö.) zusammenfassen kann, muß man dem Seher ebenfalls einräumen, sich einer Kurzformel zu bedienen. Zudem ist zu beachten, daß die Vorstellung der Entrückung für den Tod keinen Platz hat. Johannes hätte also weite Ausführungen machen müssen, wenn er auch das Leben, das Leiden und den Tod hier eingebracht hätte. Die Funktion, die unsere Formel hat, ist jedoch klar: Die Inthronisation des Sohnes ist die unerläßliche Voraussetzung dafür, daß das wahre Volk Gottes zu existieren beginnt, dem Gott einen Platz in der Wüste zugewiesen hat. Schließlich holt Johannes die Aussage über den Sühnetod Jesu in 12,10f. nach. Im Rahmen der Verschachtelung interpretieren diese Verse auch die Christusaussage in Vers 5, indem sie deutlich machen, auf welche Weise er in seine Machtstellung gekommen ist. Wie Vers 6 erst in den Versen 13–17 näher erläutert wird, so Vers 4f. in den Versen 7–12.

Nachdem in 12,4 f. klar geworden ist, daß der Drache sein Ziel, den Sohn zu vernichten, nicht erreichen konnte, wendet sich das dämonische Wesen nun der Frau zu. Freilich erfahren wir davon noch nichts in Vers 6. Dort ist nur von der Flucht der Frau in die Wüste die Rede, wo ihr Gott einen Ort gegeben hat, und zwar für 1260 Tage.

> **Die Zeit der Kirche**
> Die Zeitangabe 1260 Tage in Offb 12,6 begegnete uns bereits in 11,3. Dort ist es die Zeit, in der die beiden Zeugen im Bußgewand auftreten und prophetisch reden. Es ist dieselbe Zeit, während der die Heiden die heilige Stadt zertreten werden; denn 42 Monate zu 30 Tagen ergeben genau 1260 Tage. 42 Monate sind es auch, die dem Tier aus dem Meer nach 13,5 zu seiner Machtausübung gegeben sind. Dieselbe Zeitangabe wird mit der Formulierung »eine Zeit und zwei Zeiten und eine halbe Zeit« gemacht, während der die Frau von Gott ernährt wird (12,14; vgl. 12,6: 1260 Tage). »Eine Zeit und zwei Zeiten und eine halbe Zeit« sind genau 1260 Tage oder 42 Monate. In Dan 7,25; 12,7 ist mit »einer Zeit und zwei Zeiten und eine halbe Zeit« die letzte Periode des feindlichen Triumphes gemeint. Die Zeitangabe im Buch Daniel geht auf die Tyrannenzeit des syrischen Königs Antiochus' IV. Epiphanes (175–164 v. Chr.) zurück, der in seiner letzten Regierungszeit die Juden und ihre Religion auf besonders brutale Weise unterdrückte. Das war in der Zeit zwischen 167 und 164 v. Chr., also genau 3½ Jahre. Wie die Herrschaft des Antiochus, so wird die Herrschaft Satans ein Ende finden.
>
> Die Zahlenangabe von 3½ Jahren, 1260 Tagen oder 42 Monaten will in der Offb die Zeit der Kirche als eine notvolle Zeit charakterisieren, in der sich der Christ bewähren muß. Zugleich aber ist sie die Zeit, in der Gott seinem Volk nahe ist. Es ist die kurze Frist, die dem Satan noch gegeben ist (12,12). Das gibt den Christen Zuversicht; denn sie wissen, daß sie nach dieser begrenzten Zeit mit Christus den Sieg erringen können. Dann wird die Zeit der Bewährung zu Ende sein, weil die Macht des Satans endgültig gebrochen ist.

Das Zwischenspiel im Himmel (12,7–12)

Was die Verse 7–9 berichten, wurde in Vers 6 schon vorausgesetzt: der Sturz des Drachens auf die Erde. Denn aus Vers 13f. erfahren wir, daß die Frau vor dem Drachen in die Wüste flieht (V. 6). Ausgelöst durch das Christusgeschehen (V. 5) entsteht im Himmel ein Kampf zwischen Michael und seinen Engeln einerseits und dem Drachen und seinen Engeln andererseits. Letztere können ihren Platz im Himmel nicht behaupten (V. 7f.). Michael ist der einzige Engel, der in der Offb einen Namen trägt. In der jüdisch-apokalyptischen Literatur gilt er als Schutzpatron des Volkes Gottes und als Kämpfer gegen alles Gottlose und Gottfeindliche (vgl. Dan 10,13.21; 12,1). Nach äthHen 20,5 ist Michael als einer der heiligen Engel »über den besten (Teil) der Menschen, über das Volk« gesetzt. Die Kriegsrolle der Qumrangemeinde kennt die Vorstellung, daß Gott Michael dem Volk im endzeitlichen Kampf zur Hilfe sendet, um den Fürsten der Frevelherrschaft zu überwinden (1 QM 17,5–7). Im Unterschied zu der Vorstellung in der Kriegsrolle leitet der Kampf des Michael in der Offb nicht die endgültige, vollendete Heilszeit ein, sondern die Zeit der Herrschaft Gottes, die sich nunmehr in der endzeitlichen Gemeinde auf Erden durchzusetzen beginnt.

Der Drache verliert seinen Platz im Himmel (V. 8; vgl. Dan 2,35). Auch darin zeigt er sich als Widerpart der Frau, von der es ausdrücklich heißt, daß ihr von Gott ein Platz in der Wüste bereitet ist (VV. 6.14). Der Seher identifiziert den Drachen mit der »alten Schlange« und mit dem Teufel bzw. Satan (V. 9). »Teufel« ist die Übersetzung des hebräischen »Satan«. »Satan« stand ursprünglich für die Funktion des Anklägers. Im Prolog des Buches Ijob tritt der Satan als himmlischer Staatsanwalt auf, um gegen Ijob Anklage zu erheben (Ijob 1,6–11). Seine Funktion geht hier über vom Ankläger zum Verleumder (vgl. auch Sach 3,1–10). Die Septuaginta übersetzt Satan stets mit Teufel, was eine Identifizierung begünstigte. Der große Drache ist zugleich Verführer des ganzen Erdkreises (vgl. noch Offb 20,8). Hier ist wohl auf die verführerische Rolle der Schlange im Paradies angespielt (Gen 3,1). Nachdem die Namen des Drachen offenliegen, ist nach antiker Anschauung sein Wesen durchschaut: Seine Macht ist grundsätzlich gebrochen. Er wird durch Gott selbst, wie die Umschreibung des Gottesnamens durch das einfache Passiv »er wurde gestürzt« zeigt, auf die Erde gestürzt, nicht von Michael und seinen Engeln, die ihn bekämpften.

Mit einem Siegesruf der Vollendeten beginnt in Vers 10 ein Hymnus. Aus Vers 5 wissen wir, wie der Gesalbte Gottes zur Beteiligung an Gottes Macht und Herrschaft gekommen ist, nämlich durch seine Inthronisierung. Seine Erhöhung hat den Sturz des Satans zur Folge. Die Christen in der Vollendung jubeln darüber, weil dem Satan durch seinen Sturz die Funktion, die Christen vor Gott zu verklagen, genommen ist. Der Satan hat keinen Einfluß bei Gott. Seine Macht über die Christen ist grundsätzlich gebrochen. Kraft des Blutes Christi ist der Satan und seine Macht bei denen schon überwunden, die am Wort des Zeugnisses festhalten und ihr Leben nicht über Christus stellen, sondern an ihrem Bekenntnis an die erlösende Kraft des Blutes Christi bis zum Tod festhalten (V. 11). Der Sieg des Lammes (5,6.9) und seine Inthronisation haben also für die Christen auf Erden entscheidende Heilsbedeutung. Dieser Sieg wird sichtbar, wenn die Christen unerschrocken ihren Glauben nach außen bekennen und für ihn einstehen. So ist auch diese Heilsaussage im Blick auf die den Christen bevorstehenden Auseinandersetzungen mit dem bedrohlichen Kaiserkult zu sehen.

In Vers 12 ergeht aufgrund des Heilsgeschehens (V. 10 f.) zunächst eine Aufforderung zum Jubel an die Himmel und ihre Bewohner. Der Jubel bezieht sich deutlich auf das endzeitliche Geschehen. Der Weheruf (V. 12b) ist Folge derselben Ereignisse. Er gilt der Welt und deren Bewohnern. Der Weheruf hat seinen »Sitz im Leben« in der prophetischen Drohrede (Jes 1,4.24; Jer 4,13; Ez 24,9; Hos 7,13; 9,12; Am 5,16; 9,12 u. ö.). Auf dem Hintergrund dieser Tradition bedeutet er Gerichtsandrohung für die gottfeindliche Welt und Verstärkung der Angriffe Satans gegen die Christen, die sich ihnen gegenüber zu bewähren haben. Der Satan weiß, daß ihm nur eine kurze Zeit verbleibt, die es zu nutzen gilt. Dasselbe Motiv der kurzen Zeit ist für die Christen Trost; denn nach einer kurzen Zeit der Ausdauer werden sie den endgültigen Sieg erringen. Kraft des sühnewirkenden Blutes des Lammes (V. 11) können sie in dieser Zeit den Anschlägen des Teufels standhalten, der in der römischen Weltmacht seinen Bundesgenossen hat.

Das Geschick des wahren Gottesvolkes und seiner Glieder (12,13–17)

Die Flucht der Frau, die nach den Ausführungen von Versen 7–12 eindeutig das wahre Volk Gottes ist, wird durch den Sturz des Satans ausgelöst, wie Vers 13 in Wiederaufnahme des Erzählfadens von Vers 6 erklärt. Bei ihrer Flucht erfährt sie die Hilfe Gottes, der ihr »die beiden Flügel des großen Adlers gegeben« hat (V. 14a). Dieses Motiv erinnert an die Exodustradition: »Ihr habt gesehen, was ich Ägypten angetan habe, wie ich euch auf Adlerflügeln getragen und hierher zu mir gebracht habe« (Ex 19,4; vgl. Dtn 32,11; Jes 40,30f.). Die Wüste, wo die Frau ihren Platz zugewiesen erhält, ist Symbol der Nähe Gottes. Das erinnert an den Durchzug des Volkes Israels durch die Wüste. Mit dem Wüstenmotiv verbindet sich auch die Hoffnung auf die Vollendung (Jes 40,3; Jer 31,2; Ez 34,25; Hos 2,16–25). In der Wüste sammeln sich Menschen in Erwartung des nahen Endes wie z. B. die Qumrangemeinde (1 QS 8,12ff.; 9,19f. u.ö.). Wenn es also heißt, daß die Frau sich in der Wüste aufhält, dann bedeutet das, daß sie in der Geborgenheit Gottes ist.

Wie das Israel des Alten Bundes auf seiner Wüstenwanderung genährt wurde, so wird auch das neue, wahre Israel von Gott genährt. Wahrscheinlich denkt der Seher bei der Nahrung an die Eucharistie (vgl. 2,17). Die 3½ Zeiten sollen die Kirche als das wahre Volk Gottes der Endzeit charakterisieren.

Wenn der Kirche in verschiedenen Bildern der Schutz Gottes zugesagt ist, ist es nur konsequent, daß der Teufel, der hier in der Gestalt der Schlange auftritt, ihr nichts anhaben kann. Die Schlange erinnert möglicherweise an antike Mythen, die den Drachen oftmals als Meerungeheuer darstellen (vgl. Jes 27,1; Ps 74,13f.). Wenn die Wüste die Frau schon an sich schützt, dann wird Wasser eher als Wohltat denn als Bedrohung empfunden. Zusätzlich aber kommt ihr die personifiziert vorgestellte Erde zur Hilfe und verschlingt den Wasserstrahl, den die Schlange ausspeit (V. 16). Der Drache läßt deshalb wutschnaubend von ihr ab

(V. 17a). Die theologische Aussage des Textes liegt auf der Hand: Der Kirche wird zugesagt, daß sie die Attacken des Gottesfeindes schlechthin überdauern wird, weil Gott ihr jedmöglichen Beistand gewährt (vgl. Mt 16,18).

Zweimal sind die Attacken des Drachen ins Leere gegangen: Er konnte weder dem Sohn der Frau (12,4f.) noch der Frau selbst etwas antun. Deshalb stürzt er sich auf die Christen, »die übrigen Nachkommen« (V. 17bc). Denn die Charakterisierung der Nachkommen als solche, »die den Geboten Gottes gehorchen und am Zeugnis Jesu festhalten«, erweist sie eindeutig als Christen. So sind wir zurückverwiesen auf die Brüder, die den Sieg über den Satan »aufgrund ihres Zeugnisses« (V. 11) errungen haben. Bei den einzelnen Christen sucht der Satan seine Chance zu nutzen. Aber auch ihnen kann er letztlich nicht schaden, wenn sie sich an das Zeugnis Jesu halten. Ihnen gilt allerdings nicht die Verheißung, daß sie wie die Gemeinde, die die Frau darstellt, unangetastet bleiben. So erklärt sich am ehesten die Tatsache, daß die Kirche sowohl in der Gestalt der Frau als Volk Gottes als auch in den Nachkommen der Frau, d.h. den Einzelchristen, dargestellt wird.

Offb 12,6.13–17 werden die Folgen des Himmelskampfes geschildert, der durch das Christusereignis (12,4f.) ausgelöst wurde. In der Frau, die nun das wahre Gottesvolk auf Erden symbolisiert, ist in irgendeiner Weise der Himmel schon auf Erden. Ihr ist Gott und sein Christus so nahe und verbunden, daß sie unangreifbar wird. Die einzelnen Christen dagegen müssen sich bewähren. Nur wenn sie dem Zeugnis Christi und den Geboten Gottes treu bleiben, wird ihnen das Endheil zuteil. Die Macht Satans bleibt somit auch im Blick auf die Einzelchristen eingeschränkt. Nicht der Satan, sondern Gott und sein Christus haben letztlich das Geschick der Christen in der Hand. Das kann und soll den Christen die Kraft geben, den Satan durch ihre Standhaftigkeit zu besiegen. Damit ist das Thema angegeben, das die nächsten Kapitel bestimmt. Zuvor aber sind die konkreten Mächte zu benennen, die den Christen zur Gefahr werden: das Tier aus dem Meer und das Tier aus der Erde (Offb 13).

Der Kaiserkult und seine Propagierung als tödliche Bedrohung für die Christen (13,1–18)

In Offb 13 erfahren wir, daß der Drache sich menschlicher Helfer bedient, um seinen Kampf gegen die Christen durchzuführen. Dabei ist es nicht von ungefähr, daß er das römische Reich und seinen Machtanspruch, der den religiösen Bereich nicht ausklammert, in der Gestalt von zwei Tieren auftreten läßt. Mit ihrer Hilfe vermag er zu zeigen, daß die Gegner der Christen in unmittelbarer Beziehung zum Satan stehen, von dem sie alle Macht haben. 12,18 macht diesen Zusammenhang schon klar, da dort der Drache an den Strand des Meeres tritt, aus dem der Seher dann das erste Tier aufsteigen sieht. Bei der Beschreibung des Tieres aus dem Meer greift Johannes auf die Vier-Weltreiche-Vision in Dan 7,2–27 zurück. Anders als in Dan 7 sieht er nicht einen Löwen, einen Bären, einen Panther mit vier Häuptern und ein Ungeheuer mit zehn Hörnern, das alles zerstörte, nacheinander heraufziehen, sondern konzentriert die Merkmale der vier Tiere des Danielbuches auf das eine Tier aus dem Meer. Ihm geht es nicht um die Deutung des Geschichtsablaufs wie in Dan 7,2–27, wo die zehn Hörner des vierten Tieres Symbole für zehn Herrscher sind, dessen letzter Antiochus IV. Epiphanes ist. Sein Anliegen ist es vielmehr, das gegenwärtige Weltreich als widergöttliche Macht zu charakterisieren.

Um das zu erreichen, benutzt er nicht nur die Bilder aus der Vier-Weltreiche-Vision des Buches Daniel, sondern verwendet auch eine Darstellungsweise, die das Tier aus dem Meer als Antichristen erscheinen läßt. Die Inthronisierung des Tieres läßt viele Parallelen zur Inthronisierung des Lammes in Offb 5 erkennen. Während das Lamm seine Vollmacht von Gott erhält (5,7.12), überträgt nun der Drache dem Tier aus dem Meer die Macht (13,2). Das Lamm (5,9) hat durch sein Blut Menschen aus allen Stämmen, Sprachen und Nationen erkauft und ihnen damit Heil geschenkt. Auch vom Tier aus dem Meer heißt es, daß es Macht hat über Stämme, Völker, Sprachen und Nationen (13,7). Es benutzt diese Macht allerdings zum Unheil der Menschen. Wie alle Geschöpfe im Himmel und auf Erden dem Lamm huldigen (5,13), so beten die Menschen das Tier an (13,4). Wie das Lamm durch die Schächtwunde gezeichnet ist (5,6), so ist auch einer der Köpfe des Tieres mit einer geheilten Todeswunde dargestellt (13,3). Das Tier aus dem Meer wendet sich somit als »Antilamm« an dieselben Adressaten. Nur jene, die im Buch des Lammes eingetragen sind, lassen sich von ihm nicht gewinnen (13,8).

Das zweite Tier, das Tier aus der Erde (13,11-18), ist ebenfalls als Antichrist gekennzeichnet. Er steht ganz im Dienst des Tieres aus dem Meer und sorgt dafür, daß man diesem Kultbilder aufstellt, damit ihnen gehuldigt werde. So erweist sich das zweite Tier als Symbol all derer, die sich im weiten römischen Reich für den Kaiserkult stark machen.

Das Tier aus dem Meer oder das römische Reich im Dienst des Satans (13,1-10)

Der Seher setzt mit einer neuen Vision ein, um auf diese Weise zu verdeutlichen, daß nun ein bedeutsamer Schritt in der Entwicklung der Ereignisse darzustellen ist, die die Christen in größte Bedrängnisse führen werden. Schon die Herkunft des Tieres, das Meer, weist auf seine Gefährlichkeit hin. Das Meer gilt dem antiken Menschen nämlich als Sitz böser Dämonen, vor allem aber als Wohnstätte des Meeresgottes, der auch Leviatan heißt (Jes 27,1; äthHen 60,7-9; 4 Esr 6,49-52; syrBar 29,4). Diesen kann allein Gott besiegen. Für die mit der Leviatantradition vertrauten Hörer und Leser ist somit klar, daß sich nun der Entscheidungskampf zwischen Gott und dem Satan anbahnt. Sie wissen aber auch, daß sie auf der Seite des Siegers stehen werden, wenn sie ihrem Gott die Treue halten. So ist das Bild vom Tier aus dem Meer nicht nur geeignet, Angst und Schrecken einzujagen, sondern dazu zu ermahnen, sich für Gott zu entscheiden.

Die Beschreibung des Tieres aus dem Meer entspricht genau der Beschreibung des Drachen in 12,3. Es wird dadurch zum irdischen Repräsentanten Satans. Die sieben Häupter werden später mit den sieben Hügeln Roms und sieben Königen (17,9), die zehn Hörner mit zehn Königen (17,12) identifiziert. Die Lästernamen auf seinen Köpfen sind sicherlich in jenen Namen zu suchen, die im Zusammenhang des Kaiserkultes eine Rolle spielen, um die Vergöttlichung des Kaisers zu unterstreichen: Augustus (der Erhabene),

Divus (der Göttliche), Herr und Gott, Gottessohn. Sie bedeuten gegenüber dem einzigen und wahren Gott der Christen eine maßlose Anmaßung und eine Gotteslästerung.

Nach den Köpfen kommt der Leib des Tieres in den Blick: Es ist ein unvorstellbares Monstrum, das Ähnlichkeiten mit den vier Tieren aus dem Meer in Dan 7,2–8 aufweist. Dem Seher geht es dabei nicht so sehr darum, ein urkomisches Ungeheuer zu zeichnen, sondern darum, alle Tiere aus Dan 7 in dem einen Tier zu vereinen: In diesem einen Tier sind alle Weltreiche versammelt. In ihm konzentriert sich die gottwidrige Macht auf Erden. So ist es nur folgerichtig, daß es seine ganze Machtfülle dem Drachen verdankt. Damit ist eine Parallele zur Inthronisation des Lammes (5,7; vgl. 3,21) gegeben. Das Tier ist als Antichrist charakterisiert. Dem entspricht auch, daß es zehn Diademe auf seinen zehn Hörnern trägt wie der Drache auf seinen Köpfen (12,3); denn sonst trägt nur noch Christus Diademe, die seine wahre Herrscherwürde unterstreichen (19,12). Die Parallelität wird noch deutlicher, wenn in Anspielung auf Tod und Auferstehung Jesu von einer geheilten tödlichen Wunde an einem seiner Köpfe geredet wird (13,3a; vgl. 5,6). Verdeutlicht wird das noch in 14,14, wonach das Tier mit dem Schwert erschlagen worden war, jedoch wieder zum Leben kam. Die Tatsache, daß die Verwundung des einen Kopfes mit dem Schicksal des Tieres überhaupt in eins gesetzt wird, läßt schon die Blickrichtung des Visionsberichtes erkennen, das Tier mit einem bestimmten Herrscher des römischen Reiches zu identifizieren. Es stellt sich von daher die Frage, welcher römische Kaiser mit dem Tier gemeint ist.

Die Lösung dieser Frage bietet die Legende vom wiederkehrenden Nero. Dieser hatte 68 n. Chr. Selbstmord begangen. Der Legende nach ist er nicht wirklich tot gewesen, sondern unbemerkt zu den Parthern geflüchtet, um bald an der Spitze von parthischen Reiterheeren zurückzukehren, um seine alte Herrscherstelle wieder einzunehmen. Es stellt sich aber noch die Frage, wer der zurückgekehrte Nero ist: Domitian, der zur Zeit der Abfassung der Offb regiert, oder ein späterer Kaiser, wie sich von Offb 17,8.11 her nahelegen könnte? Da Johannes den Glaubenden seiner Zeit Trost und Zuversicht zusprechen will, spricht alles dafür, daß er an Domitian denkt. Er ist der Stellvertreter Satans auf Erden, der gegen die Christen zu Felde zieht. Trotz 17,8.11 ist hier wohl nicht der zukünftige Antichrist gemeint. Dafür spricht auch, daß das Tier aus der Erde, das im Dienst des Tieres aus dem Meer Statuen aufstellen läßt (13,14–17), nur als gegenwärtige Größe verstanden werden kann, mit dem die Christen in den kleinasiatischen Gemeinden täglich ihre Erfahrungen machen.

Die Menschen auf der Erde reagieren auf die Gewalt des Tieres und auf das Wunder, das an ihm geschehen ist, mit bewunderndem Staunen. Sie schenken ihm göttliche Verehrung (13,3b.4). Wie die Anbetung des Lammes zugleich zur Anbetung Gottes führt, so führt die Anbetung des Tieres gleichzeitig zur Anbetung des Drachen, der ihm ja seine Macht geliehen hat. Die Anbetung findet ihren Höhepunkt in der gotteslästerlichen Frage: »Wer ist dem Tier gleich?« Das erinnert an den Lobpreis Gottes im Alten Testament: »Wer ist wie du unter den Göttern, Herr...« (Ex 15,11; vgl. Ps 89,7.9; 113,5). Die Verehrer des Tieres stellen ihre ganze Vermessenheit unter Beweis, wenn sie die Unbesiegbarkeit des Tieres feierlich beschwören: »Wer kann mit ihm Krieg führen?« Das weist schon voraus auf Vers 7, wonach dem römischen Reich die Macht gegeben ist, mit den Heiligen, d. h. den Christen, Krieg zu führen und sie zu besiegen. Der römische Staat und insbesondere sein Kaiser an der Spitze hat nach Auffassung seiner Anhänger unbegrenzte göttliche Macht.

Vom Verhalten, von der Wirksamkeit und vom Erfolg des Tieres spricht 13,5–8. Dabei wird deutlich, daß das Tier letztlich alle Macht von Gott selbst hat, wie es in der Umschreibung göttlichen Handelns im Passiv zum Ausdruck kommt: »Es wurde ermächtigt...«, »Es wurde ihm Macht gegeben.« Diese Macht wird zugleich auf zweiundvierzig Monate beschränkt. Das entspricht 3½ Jahren (vgl. 11,2; 12,6.14), also der Zeit, in der die Kirche sich in der Bedrängnis zu bewähren hat.

Mit seinem Maul spricht es Gotteslästerungen aus, womit nichts anderes gemeint ist, als sein überheblicher göttlicher Machtanspruch (vgl. 13,1). Der Verfasser orientiert sich hier wiederum an Dan 7, wo vom kleinen Horn gesagt wird, daß es Lästerungen ausspricht (Dan 7,8.20.25). Dabei werden Gottes Wohnung und die im Himmel wohnen mit eingeschlossen, d. h. alles, was zum Bereich der himmlischen Welt gehört.

Nach 13,7f. ist es Ziel der widergöttlichen Macht, die Christen zu verfolgen. Das entspricht der göttlichen Anmaßung des römischen Reiches, die solche Menschen nicht ertragen kann, die zur Heilsgemeinde gehören. Die Wendung »mit den Heiligen kämpfen und sie besiegen« erinnert an Dan 7,21. Wenn es vom römischen Reich heißt, ihm sei Macht »über alle Stämme, Völker, Sprachen und Nationen« (13,7b) gegeben, ist das wiederum ein bewußter Kontrast zum Lamm, das Menschen »aus allen Stämmen und Sprachen, aus allen Nationen und Völkern« für Gott erkauft hat (5,9; 1,6). Aus Vers 8 erfährt der Leser, daß sich der Machtanspruch des römischen Reiches weltweit durchsetzen wird. Dem Christen, an den sich die Offb richtet, wird damit deutlich gemacht, daß sich die Situation noch verschlechtern wird. Es gibt für ihn kein Entrinnen. Er kann nur dann bestehen, wenn er sich als solcher erweist, der »in das Lebensbuch des Lammes eingetragen ist«. Deshalb ist von ihm eine Entscheidung verlangt, die nicht darauf baut, daß in Kürze alles überstanden sein wird.

Mit einem Weckruf (13,9) leitet der Seher eine Mahnung an die Christen in Kleinasien ein, die deren aussichtslose Situation angesichts der übermächtigen Gewalt des römischen Reiches als im Ratschluß Gottes begründet deutet. In Anlehnung an Jer 15,2 (vgl. Jer 43,11) soll eindringlich gesagt werden, daß niemand dem Martyrium entgehen kann, wenn es ihm bestimmt ist (13,10). Die Christen werden zu einer Standhaftigkeit und einer Glaubenstreue herausgefordert, die sich auch durch das Martyrium nicht einschüchtern lassen (13,11). Aktiver Widerstand gegen die sich religiös verstehende Staatsmacht ist dadurch ausgeschlossen. Er wäre auch nicht mehr als ein ohnmächtiges Sichaufbäumen einer Minderheit.

Die Christen sind somit vor die Entscheidung gestellt: Entweder sie stehen zu ihrem Gott und seinem Christus oder sie sind bereit, den totalitären Anspruch des römischen Reiches anzuerkennen, der in der Forderung der göttlichen Verehrung des Kaisers gipfelt. Was die Entscheidung für Gott für die Christen bedeutet, ist allerdings nicht zweifelhaft: Sie müssen bereit sein zum Martyrium, das sie im Vertrauen auf Gott auf sich nehmen.

Das Tier aus der Erde oder die Propagandamaschinerie für den Kaiserkult (13,11–18)

Johannes sieht in seiner Vision ein zweites Tier, das aus dem Festland heraufstieg. Es hat zwei Hörner wie ein Lamm und könnte deshalb mit Christus, dem Lamm, verwechselt werden. Der Seher schreibt jedoch bewußt, daß es *wie* ein Lamm aussieht, da er »das Lamm« als Christustitel reserviert hat. Die Sprache des Tieres verrät bereits seine Herkunft und sein Ziel: es spricht wie ein Drache. Und so ist es auch nicht mehr verwunderlich, daß es alle seine Macht vor dem Drachen ausübt und die ganze Erde wie ihre Bewohner dazu bringt, das erste Tier göttlich zu verehren (13,12). Es steht somit ganz zu Diensten des ersten Tieres, dem es seine Macht verdankt. Später nennt der Seher das zweite Tier mit vollem Recht einen Falschpropheten (16,13; 19,20; 20,10). Denn es spricht anstelle des ersten Tieres und setzt sich mit ganzer Kraft dafür ein, daß sich seine göttliche Verehrung weltweit durchsetzt. Damit nimmt es eine ähnliche Funktion ein wie die urchristlichen Propheten, die sich ganz der Verkündigung der Botschaft Christi verschrieben haben. Gemeint ist offenbar keine Einzelperson, sondern ein Kollektiv, das sich überall in Kleinasien für den Kaiserkult einsetzt und Andersdenkende in große Bedrängnis bringt, die es zwingt, die Statuen des römischen Kaisers zu verehren. Gemeint ist also die gesamte Propagandamaschinerie für den Kaiserkult, die das alltägliche Leben durch und durch bestimmt.

Das zweite Tier hat auch die Befähigung, große Wunderzeichen zu vollbringen. Das gehört zur Erwartung des endzeitlichen Gegenspielers Gottes und seines Gesalbten (vgl. Mk 13,22; 2 Thess 2,9). Wie gefährlich das Tier werden kann, beweist der Umstand, daß es sogar das Feuerwunder, das vom Propheten Elija berichtet wird (1 Kön 18,38), bewirken kann (13,13). Aufgrund der Wunderzeichen werden die Erdenbewohner in die Irre geführt und dazu gebracht, dem antichristlichen ersten Tier ein Standbild zu errichten. Die Charakterisierung des ersten Tieres (das mit dem Schwert erschlagen worden war und doch wieder zum Leben kam) ist einerseits Hinweis auf den in Domitian wiedergekehrten Nero und andererseits ein Zerrbild des getöteten und auferstandenen Lammes (13,14).

Die Wunderkräfte des zweiten Tieres reichen sogar aus, dem Standbild des Tieres Lebensgeist zu verleihen, so daß das Bild sprechen kann (13,15). Zugleich zwingt es dazu, das Standbild anzubeten. Das erinnert an die Situation des jüdischen Volkes unter Antiochus IV. Epiphanes, der alle seine Untertanen unter Androhung der Todesstrafe nötigte, sein Standbild göttlich zu verehren (Dan 3,5 f.15, wo allerdings für Antiochus der Deckname Nebukadnezzar steht). Die Christen von Kleinasien befinden sich in einer ähnlich gefährlichen Lage wie die Juden in der Zeit von 167–164 v. Chr.

Zugleich denkt Johannes zweifellos an den verbreiteten Wunderglauben, um auch von daher die Gefährlichkeit des zweiten Tieres zu demonstrieren. Vor allem aber weiß er um den Erfolg, den der äußere Zwang bei den Christen bereits hatte und noch haben wird. Später berichtet der Statthalter Plinius an den Kaiser Trajan, daß er solche Christen, die leugneten, Christen zu sein oder gewesen zu sein, freigelassen hat, wenn sie die heidnischen Götter anriefen und vor dem Bild des Kaisers Weihrauch und Wein opferten (Briefe X, 96). Ein solches Verfahren dürfte mit Sicherheit in die Zeit des Kaisers Domitian zurückreichen. Die Verlockungen des Kaiserkultes sind also groß.

Der Kaiserkult fordert alle Menschen ganz, egal ob sie aus der Oberschicht oder aus niederen sozialen Verhältnissen kommen. Als äußeres Kennzeichen müssen sie ein Mal an der rechten Hand oder an der Stirn tragen. Gemeint ist damit wohl das Siegel des römischen Kaisers, das Soldaten und Sklaven, insbesondere Tempelsklaven eingebrannt wurde. Das gilt als Zeichen dafür, daß sie ganz dem Kaiser gehören. Nun wird man nicht annehmen dürfen, daß die Anhänger des Kaiserkults tatsächlich ein solches Mal getragen haben. Es wird vielmehr wie das Siegel, das die Christen auf ihrer Stirn tragen, als Symbol verstanden werden müssen. Deutlich aber ist, daß diejenigen, die sich dem römischen Reich und dem Kaiserkult unterwerfen, große Vorteile haben. Nur sie können Handel treiben oder ein Handwerk ausüben. Das hängt mit dem damaligen Gildenwesen zusammen. Die notwendige Mitgliedschaft eines Geschäftsmannes in einer Gilde zwang ihn auch zur Teilnahme an religiösen Feiern, darunter wohl auch zum Kaiserkult. Das Zeichen, das die Anhänger des Tieres tragen müssen, besteht in seinem Namen oder in der Zahl seines Namens (13,17b).

Nach 13,18 ist der Zahlenwert des Namens 666. Der Leser wird eigens dazu aufgefordert, ihn zu berechnen. Nur wer die entsprechende Weisheit hat, dem ist es möglich, die durch die Zahl bezeichnete Person zu identifizieren. 666 ist somit als eine Symbolzahl zu verstehen, die nur Eingeweihte entschlüsseln können.

Im Laufe der Auslegungsgeschichte hat die Zahl 666 (eine andere Lesart nennt 616) unterschiedliche Deutungen erhalten. Luther deutete sie z.B. auf den Papst als den Antichristen. Richtig kann jedoch nur eine Identifizierung mit einer zeitgenössischen Persönlichkeit sein. Wenn wir aufgrund des zeitgeschichtlichen Zusammenhanges Domitian in dem Tier aus dem Meer erkennen konnten, dann liegt dieselbe Identifizierung auch für die Zahl 666 nahe. Die meisten Fachleute sind heute deshalb mit guten Gründen der Meinung, die Zahl 666 sei die Quersumme des hebraisierten Namens »Kaiser Nero«. Die Zahl sei nicht auf den historischen Kaiser Nero, sondern auf den wiederkehrenden Nero, d.h. Domitian, zu beziehen. Hintergrund für diese Deutung ist die Nerolegende (vgl. zu 13,3).

Der Einwand, die Quersumme eines hebräischen Namens sei in einem griechischen Text unmöglich, ist nicht zwingend. Denn der Textzusammenhang mit seiner Aufforderung zur Berechnung des Namens macht schon auf eine Besonderheit aufmerksam. Zudem muß man damit rechnen, daß der Überbringer der Offb an die Gemeinden zusätzliche Informationen mitbrachte. Der Seher glaubt offenbar, nur auf diese Weise verhindern zu können, daß der Text, sollte er einmal in falsche Hände geraten, die Christen noch zusätzlich gefährdet. Johannes fordert zwar zur Martyriumsbereitschaft auf, aber nirgendwo erweckt er den Eindruck, daß die Christen das Martyrium erstreben sollen.

Der Sieg der Christen angesichts der massiven Bedrohung durch den Kaiserkult (14,1–5)

Die Schilderung des übermächtigen Gegners der Christen (Offb 13) muß zur bangen Frage führen: Wer kann den ständigen Unterdrückungen und Bedrohungen gegenüber überhaupt bestehen? Dazu weiß unser Seher Ermutigendes zu sagen: Im bewußten Kontrast zu den Anhängern des Kaiserkultes (13,16) werden die Christen als die Einhundertvierundvierzigtausend bezeichnet, die den Namen des Lammes und seines Vaters auf der Stirn tragen (14,1). Wenn 14,1–5 auch in die Zukunft blickt und die Gegenwart der Gemeinde aus der Rückschau in der Vollendung sieht, so kann es dennoch nicht zweifelhaft sein, daß es dem Seher um die Bewältigung der Gegenwart geht. Mit Christus, dem Lamm, werden sie den Sieg erringen, wenn sie sich jetzt weigern, den Kaiser göttlich zu verehren.

Die unzählbar große Zahl (vgl. 7,1–17) der Geretteten befindet sich zusammen mit dem Lamm auf dem Berg Zion (14,1). Das knüpft an eine Anschauung an, wonach der Messias die Heilsgemeinde in der Endzeit auf dem Berg Zion um sich sammeln werde (4 Esr 13,35 f.; syrBar 40,2). Gemäß Joël 3,5 gilt der Zion als der Berg, auf dem es Rettung gibt. Wer zum wahren Israel (vgl. 7,1–8) gehört, hat die Chance, endzeitlich gerettet zu werden.

Die Stimme, die Johannes nach 14,2 f. hört, ist gleich einem gewaltigen Chorgesang, der aus dem Himmel zu vernehmen ist: Das zeigen die Vergleiche mit dem Rauschen vieler Wasser (vgl. 1,15; 19,6) und mit dem Dröhnen des Donners (6,1; 19,6). Es ist ein Lobgesang, wie der Vergleich mit dem Zitherspiel (vgl. 5,8; 15,2) beweist. Wir erfahren nicht, wer nach 14,3 das neue Lied singt (vgl. 5,9). Wahrscheinlich werden es Engelscharen sein. Auch den Inhalt verschweigt uns die Audition. Doch es wird sich um den Lobpreis auf die Erlösungstätigkeit des Lammes handeln (vgl. 5,9; 15,3). Ausdrücklich wird betont, daß nur die Vollzahl der Geretteten das neue Lied erlernen kann. Offb 14,1–5 ist ein Vorausverweis auf Offb 19,1–10, wo die 144 000 Vollendeten das Siegeslied bereits mitsingen, es also schon gelernt haben.

In den Versen 4 f. wird erläutert, wer die 144 000 Vollendeten sind. Dabei gelingt es Johannes, den Blick auf die Gegenwart der Christen zu lenken. Es sind solche, »die sich nicht mit Weibern befleckt haben; denn sie sind jungfräulich« (V. 4a). Nun könnte man meinen, Johannes denke hier an Jungfräulichkeit oder Ehelosigkeit im wörtlichen Sinn. Das scheitert aber daran, daß man kaum annehmen kann, die 144 000 Geretteten seien nur ein herausgehobener Kreis innerhalb der Heilsgemeinde. Auch die These,

Johannes habe mit der Jungfräulichkeit ein Ideal vor Augen, ohne zu fordern, daß alle Christen es verwirklichen, hat keinen Anhalt am Text. Wir müssen deshalb davon ausgehen, daß der Seher alle Christen als jungfräulich beschreibt, Jungfräulichkeit also im übertragenen Sinn zu verstehen ist.

Im übertragenen Sinn sind die Jungfrauen z. B. in der Parabel von den zehn Jungfrauen (Mt 25,1–13) alle Christen. In Offb 14,4a sind die Jungfrauen jene Christen, die bereits im Himmel sind, wo sie das neue Lied lernen (14,3). In 14,4b geht es entsprechend um die Gemeinschaft der Vollendeten mit Christus, nicht um die Nachfolge Jesu im irdischen Leben, wie oft unter Berufung auf Mt 10,37–39; Mk 8,34 u. a. behauptet wird. Für diese Auffassung spricht auch, daß es auch von den Heeren des Himmels heißt, daß sie Christus »auf ihren weißen Pferden« folgen (19,14). Wenn die Vollendeten als Jungfrauen vorgestellt werden, dann bedeutet das nach allem, daß sie Christus im irdischen Leben treu geblieben sind und deshalb nun im Himmel in enger Gemeinschaft mit ihm leben.

Der Verfasser knüpft für dieses Verständnis an einen alttestamentlichen Sprachgebrauch an, wonach Ehebruch und Unzucht zu einem Bild für den Abfall von Gott geworden ist (vgl. z. B. Hos 2,4–25; Jer 2,2–6). Dazu kommt, daß Johannes selbst mit »Hurerei« den Abfall von Gott symbolisch darstellen kann (14,8; 17,2.4; 18,3.9; 19,2). Gemeint sind nach allem jene, die den Verlockungen des Kaiserkultes nicht nachgegeben haben und deshalb in engster Gemeinschaft mit dem Lamm sind, mit dem sie nach anderen Texten der Offb herrschen (5,10; 20,6; 22,5).

Die Christen in der Vollendung konnten ihr Ziel aber nur erreichen, weil sie durch den Erlösertod des Lammes (vgl. 5,9) von den Menschen erkauft worden sind. Nur so können sie eine Opfergabe für Gott und das Lamm sein (V. 5c), d. h., sie sind Gottes Eigentum geworden. Dies wiederum war nur möglich, weil in ihrem Mund keine Lüge gefunden wurde (V. 6a). Das bestätigt die vorgetragene Deutung der »Befleckung mit Weibern« (V. 4a) auf den Götzendienst des Kaiserkultes; denn Lüge meint hier nicht nur soviel wie die Unwahrheit sagen, sondern bedeutet die Zugehörigkeit zum Widergöttlichen und deshalb Gefolgschaft des Lügenpropheten (16,13; 19,20; 20,10). Johannes bleibt aber nicht bei der negativen Charakterisierung der Vollendeten stehen, sondern sagt dann positiv, daß sie ohne Makel seien (V. 5b). Damit ist gesagt, daß sie ganz zu Gott gehören und von ihm geheiligt sind. Der Ausdruck »ohne Makel« kommt aus der alttestamentlichen Opfersprache (Ex 12,5; Lev 23,12f.).

Offb 14,1–5 verfolgt somit einen einheitlichen Gedanken: Der Abschnitt will die Christen in ihrer Verfolgung infolge des Kaiserkultes im Blick auf ihre Vollendung trösten und ihnen zugleich Mut machen, an ihrer Entscheidung für Gott und das Lamm festzuhalten, da sie nur so ihr ewiges Ziel erreichen können. Die Christen werden damit wieder vor die Alternative gestellt: Gott oder sein Widersacher.

Das Gericht über die gottwidrigen Mächte (14,6–20)

Ein negatives Gegenbild zur Beschreibung des künftigen Geschicks der getreuen Christen zeichnet 14,6–20 in der vorwegnehmenden Schilderung des Gerichts über die Gottlosen. Das Gericht über alle Völker, das ein erster Engel (14,6f.) ankündigt, findet in Kapitel 19 seinen Abschluß. Der von einem zweiten Engel ausgerufene Fall Babylons (14,8) wird in Kapitel 18 als vollendet beschrieben. Das Gerichtswort eines dritten Engels über die Anhänger des Kaiserkults (VV. 9–11) blickt ebenfalls auf Kapitel 18 voraus. Schließlich hat 14,14–20 eine Parallele in 19,11–21. Wenn Christus in 14,14 nur unscharf als der Menschensohnähnliche zum Gericht erscheint, so tritt er in 19,11–21 als der »König der Könige und Herr der Herren« in Erscheinung, der das Tier wie die Könige der Erde besiegt.

Doch die Schilderung des Gerichts über die Völker verfolgt keinen Selbstzweck. Immer bleiben die eigentlichen Adressaten, die Christen in Kleinasien, im Blick. Aus diesem Grund spricht der Seher in 14,12f. die Christen persönlich an, um ihnen das Heil zuzusagen. Das ist ein literarisches Verfahren, das wir schon wiederholt beobachten konnten und dem wir noch häufiger begegnen werden, um den Christen Mut zu machen: Sie trifft das Gericht nicht, wenn sie Christus treu bleiben.

Ankündigung des Gerichts (14,6–11)

Ein hoch am Himmel fliegender Engel (vgl. 8,13) hat eine »ewige Botschaft zu verkünden«. Die Botschaft geht an die »Bewohner der Erde«, d.h. an die gottwidrige Welt (3,10; 6,10; 8,13; 11,10) überall auf Erden (vgl. 5,9; 7,9; 10,11; 11,9; 13,7; 17,15). Das Wort »Evangelium«, das hier verwendet wird, ist nicht die Botschaft von der Herrschaft Gottes (vgl. Mk 1,15 u.ö.), auch nicht das paulinische Evangelium von Kreuz und Auferstehung Jesu, das für die Menschen Heil bedeutet (vgl. 1 Kor 15,1–5; Gal 1,7; Röm 1,16f. u.ö.), sondern die ewig geltende Botschaft vom anbrechenden Gericht Gottes. Das entspricht jüdischem Sprachgebrauch, wonach Evangelium die prophetische Heils- und Unheilsbotschaft zum Inhalt haben kann.

Der Engel ruft die Erdenbewohner dazu auf, Gott zu fürchten und ihm die Ehre zu geben (V. 7b). Dabei ist nicht an eine letzte Chance zur Umkehr zu denken; denn die Stunde des Gerichtes ist schon da. Wie in 11,13 hat das Motiv der Gottesfurcht auch sonst seinen Sitz im Leben in der Gerichtsdoxologie. Im Alten Testament kann zwar auch von der Umkehr des Betroffenen die Rede sein (vgl. Jos 7,19; Jer 3,16), an den meisten Stellen wird jedoch nicht über eine Umkehr nachgedacht (vgl. Ps 29,1 f.; 96,7f.; Jes 42,12; auch äthHen 62,6; 63,2ff.). Gottes erhabene Größe erzwingt die lobpreisende Anerkennung. Weil die gottlose Menschheit sich weigert, umzukehren und Gott die Ehre zu geben (vgl. 16,9), sind sie gezwungen, dem mächtigen Richter in der Stunde des Gerichts zu huldigen und so die Rechtmäßigkeit ihrer Bestrafung anzuerkennen. Am Ende müssen die Erdenbewohner nicht das Tier, sondern ihren Schöpfer anbeten.

Ein zweiter Engel proklamiert in 14,8 den Fall Babylons. Babylon ist entsprechend jüdischem und christlichem Sprachgebrauch nach dem Ende des Jüdischen Krieges (70 n. Chr.) apokalyptischer Deckname für Rom (vgl. 17,9; 1 Petr 5,13). Der Seher lehnt sich in seiner Formulierung an alttestamentliche Prophetenworte (Jes 21,9; Jer 51,8) an, die den Untergang der Stadt als schon vollendet verkünden. Der Fall Roms, von dem 18,2 spricht, ist hier also bereits vorausgesetzt. Babylon hat im Alten Testament den Ruf der Stadt des Götzendienstes und damit der Gottlosigkeit. Als Zentrum des Götzendienstes versteht auch die Offb die Stadt Rom, wenn sie vom Wein ihrer Unzucht spricht. Unzucht steht hier als Metapher für den Abfall von Gott und für den Götzendienst. Zum Götzendienst hat Rom alle Völker verführt (17,2; 18,3). Der Unzuchtswein ist aber zugleich der Wein des Zornes Gottes. Die Verführung zum Götzendienst hat die Völker nämlich zugleich dem Zorn Gottes, d. h. seinem Gericht, ausgeliefert. Das erinnert an Jer 51,7, wo allerdings Gott selbst den Wein des Zornes den Völkern reicht.

Ein dritter Engel warnt die Menschen eindringlich vor dem Kaiserkult (14,9–11). Wer aus welchem Beweggrund heraus auch immer sich dem Kaiserkult verschreibt, verfällt dem göttlichen Strafgericht. Dieses ist unter Aufnahme des Bildes von Vers 8 als Zornesbecher Gottes dargestellt. Der Wein ist unverdünnt, d. h., der Gerichtszorn Gottes wird die Anhänger des Kaiserkultes in voller Schärfe treffen. Sie werden durch Feuer und Schwefel gequält werden (vgl. Offb 19,20; 20,10), wie einst die Gottlosen in Sodom und Gomorra (Gen 19,24; Jes 34,9; Lk 17,29). Die Engel, vor denen der Strafvollzug geschieht, stehen wahrscheinlich für die Gegenwart Gottes, die im Judentum zur Vermeidung seines Namens so umschrieben werden kann; d. h., Gott selbst und das Lamm sind als anwesend gedacht.

Nach Vers 11 ist die Qual, die die Gottlosen zu erleiden haben, ohne Ende (vgl. Jes 34,9f.). Am Ende werden nochmals die Anhänger des Kaiserkultes betont als jene hervorgehoben, die dem Endgericht verfallen. Auch wenn der Seher die Feinde der Christen im Blick hat, so bleiben auch hier die Christen die eigentlichen Adressaten. Sie gilt es, vor der Gefahr des Kaiserkultes zu warnen, damit sie nicht die ewigen Qualen wie diese zu erleiden haben. Der Verfasser bleibt allerdings nicht bei der indirekten Mahnung stehen, sondern wendet sich nun an die Christen direkt, um ihnen in einer Seligpreisung das Heil anzusagen.

Heilszusage an die standhaften Christen (14,12f.)

Wie bereits in 13,10 fordert der Seher die Christen auf, gegenüber dem Kaiserkult und seinen Zwängen standhaft zu sein sowie an den Geboten Gottes und an der Treue zu Christus festzuhalten (vgl. 1,3; 12,17). Die Heilszusage an die Christen, die durch einen Schreibbefehl aus dem Himmel als absolut zuverlässig gekennzeichnet ist (vgl. 19,9; 21,5), soll ihre Standhaftigkeit nachhaltig motivieren. Seliggepriesen werden die Christen, die von jetzt an im Herrn sterben. »Von jetzt an« meint offenbar den Beginn der christlichen Kirche, die eine veränderte Lage gebracht hat, zumal die Kennzeichnung der Christen in 14,12 der in 12,17 entspricht. Eine Einengung der von nun an Sterbenden auf die Märtyrer ist nicht angezeigt, wohl aber ist von jedem Christen Martyriumsbereitschaft gefordert. Wer »im Herrn« stirbt, d.h. ihm bis in den Tod die Treue hält, wird sich einst um das Lamm scharen (14,1–5), weil er schon jetzt zu ihm gehört.

Vom Geist wird den Christen zugesichert, daß sie von ihren Mühsalen ausruhen werden. Das ist in bewußter Antithese zu Vers 11 gesagt, wo es von den Gottlosen heißt, daß sie Tag und Nacht keine Ruhe haben werden. Begründet wird ihre ewige Ruhe damit, daß ihnen ihre Werke folgen. Die »Werke« sind hier nichts anderes als die Standfestigkeit der Christen angesichts ihrer Glaubensbedrohung. Sie haben die Weigerung, den Kaiser göttlich zu verehren (14,9–12), und ihre Treue zu Christus zum Inhalt (14,1–5). Das Heil wird in 14,13 nur negativ dargestellt: Es wird nur gesagt, daß die Christen nach ihrer Bewährung in der Zeit frei sein werden von allen Bedrängnissen, die sie jetzt besonders seitens des Kaiserkultes und dessen Propagierung auf sich nehmen müssen.

Zwei Gerichtsbilder (14,14–20)

In einer neuen Vision spricht Johannes nun über das Geschick der Anhänger des Kaiserkultes. Die Bilder von der Ernte und dem Keltertreten, die aus Joël 4,13 stammen, machen eine Gerichtsaussage. Im ersten Gerichtsbild ist der Menschensohnähnliche (vgl. Dan 7,13; Offb 1,13), also Christus – kein Engel –, die handelnde Person. Die Szene ist wie eine Christuserscheinung gestaltet (VV. 14–16). Dadurch, daß der Menschensohnähnliche nicht kommt (Dan 7,13), sondern auf einer Wolke sitzt, ist seine Funktion als Richter betont. Noch stärker zeigt sich sein Richteramt darin, daß er wie die Ältesten (4,4) einen goldenen Kranz trägt und eine scharfe Sichel in der Hand hat. Das entspricht im übrigen auch Joël 4,12, wonach Gott im Tal Joschafat über die Völker Gericht halten wird.

Wenn »ein anderer Engel« den Menschensohnähnlichen dazu auffordert, »seine Sichel auszusenden und zu ernten«, bedeutet das keine Unterordnung des Menschensohnähnlichen unter den Engel, da er wie die übrigen Engel als Bote Gottes handelt, der Befehl somit auf Gott selbst zurückgeht (V. 15). Der Menschensohnähnliche kommt der Aufforderung sofort nach und vollzieht das Gericht an den Ungläubigen (V. 16). An eine Sammlung der Erwählten wie in Mk 13,27 ist hier nicht gedacht. Dagegen sprechen die aus Joël 4,13 aufgenommene Tradition, die Parallelaussage in den Versen 17–19 und schließlich die sachlich gleichbedeutende Aussage in 14,7.

Zu Beginn des zweiten Gerichtsbildes erscheint ein Engel, der wie der Menschensohnähnliche eine scharfe Sichel hat (V. 17). Ein weiterer Engel, der vom Brandopferaltar im Himmel kommt, erteilt ihm den Befehl, die Trauben zu ernten (V. 18). Seine Herkunft läßt an die Seelen der Märtyrer unter dem Brandopferaltar denken, die um die Vollstreckung des Gerichts an den Feinden Gottes flehen (6,9–11; vgl. auch 8,3–5). Wie die Plagen, die in den Posaunenvisionen beschrieben werden, so ist auch hier die Gerichtsvollstreckung als Gebetserhörung der Glaubenden zu verstehen. Im Gericht über die Gottlosen erweist sich, daß Gott sich letztlich gegen seine Feinde durchsetzt, so daß ihm allein alle Macht und Ehre zukommt.

Der Engel mit der Sichel erntet die Trauben von dem Weinstock, der Bild für die gottfeindliche Menschheit ist. Er wirft sie in die große Zorneskelter Gottes (V. 19). Die Kelter aber wird von Gott selbst getreten, wie es in passivischer Umschreibung des Gottesnamens heißt (V. 20); es ist ja auch die Kelter des Gotteszornes (V. 19). Die Szene erinnert an Jes 63,1–3, wonach Gott die Völker in seinem Zorn in der Kelter zertreten hat. Die Folge ist, daß eine Unmenge Blut aus der Kelter fließt, »bis an die Zügel der Pferde« (V. 20c; vgl. äthHen 100,3 ff.), 1600 Stadien weit; das sind etwa 32 km. Durch dieses Bild weist der Seher auf die Vernichtungsschlacht in 19,17–21 voraus. Die Vernichtung findet »außerhalb der Stadt« statt (V. 20a). Das schließt an Joël 4,2.12 (vgl. äthHen

53,1) an, wonach die Vernichtung im Tal Joschafat, also außerhalb Jerusalems, geschieht.

Die Vernichtung der Feinde Gottes außerhalb der Stadt (vgl. auch 22,15) steht im bewußten Kontrast zur Rettung der Heilsgemeinde auf dem Zionsberg (14,1; vgl. Joël 3,5; 4,16), also im neuen und endgültigen Jerusalem (21,1–22,5; 22,14). Die Zahlenangabe 1600 Stadien ist wahrscheinlich die mit 100 multiplizierte Quadratzahl von vier, die Symbol für die Welt ist (vgl. 7,1 und den Exkurs zur Zahlensymbolik). Sie unterstreicht die weltweite Vernichtung der Gottesfeinde.

Wenn die Gerichtsaussagen auch zweifellos allein jene treffen, die Feinde Gottes und der Christen sind, so darf nicht übersehen werden, daß der Seher nicht für diese, sondern für die Christen in Kleinasien schreibt. Mit seiner Gerichtsbotschaft will er indirekt erreichen, daß die Christen zu ihrem Glauben stehen. Vor allem will er sie davor bewahren, den Verlockungen des Kaiserkultes nachzugeben; denn dann werden auch sie zu denen gehören, die im Endgericht vernichtet werden.

Die Szene weist in manchen Zügen auf die Parusieschilderung in 19,11–21 voraus, wo Christus nicht – wie hier – in verdeckter Weise handelt, sondern offen die Szene beherrscht. Während nach 14,20 Gott der Keltertreter ist, wird es nach 19,15 Christus sein, dem ja nach Offb 5 alle Macht über die Welt und ihre Mächte übertragen wurde.

4. Beauftragungsvision und die sieben Schalenvisionen (15,1–16,21)

Wie wir zu 11,15–19 beobachten konnten, blickt der Seher bei seiner Ankündigung des dritten Wehe (11,14) am ehesten auf die Schalenvisionen voraus, da sich in ihnen der Zorn Gottes vollendet (15,1). Offb 15f. setzen wiederum die Situation voraus, die in Offb 13 beschrieben wird: die dort vorgestellten irdischen Helfershelfer des Satans (vgl. auch 16,2.10.19) sind ihrerseits die Feinde der Christen, deren Situation in Offb 12 kurz beschrieben ist. Nimmt man noch hinzu, daß 12,12 auf die Plagen vorausweist, wird deutlich, daß sowohl Offb 12f. wie Offb 15f. zum dritten angekündigten Wehe gehören. Unterstrichen wird das zudem dadurch, daß zu Beginn der beiden Abschnitte jeweils ein großes Zeichen am Himmel erscheint (12,1; 15,1). Die Blickrichtung der beiden Zeichen ist allerdings unterschiedlich: Während 12,1 die Heilsgemeinde im Blick hat, das große Zeichen also heilbringend ist, ist das große Zeichen in 15,1 unheilbringend. Beide Zeichen aber dienen dem einen Ziel: der Durchsetzung der Herrschaft Gottes in der ganzen Schöpfung.

Schließlich gehört auch der Abschnitt 17,1–19,10 zum dritten Wehe, insofern dort die in der siebten Schalenvision geschilderten Ereignisse breit entfaltet werden.

Vorbereitung im Himmel (15,1–8)

Offb 15,1–8 hat eine ähnliche Deutefunktion für die Schalenvisionen in Offb 16 wie 8,1–6 für die Posaunenvisionen. Vergleichbar ist auch 4,1–5,14, das freilich nicht nur die Siegelvisionen, sondern darüber hinaus alle anderen Geschehnisse im voraus deutet. 15,1 kann als Überschrift für 15,2–16,21 gelten. Von daher versteht man auch, warum schon jetzt die sieben Plagenengel vorgestellt werden, obwohl sie erst später aus dem himmlischen Tempel kommen (VV. 6–8).

15,2–4 singen die Überwinder des Kaiserkultes das Lied des Mose und des Lammes. Sie preisen darin Gottes Werke, durch die er sich allen Völkern als mächtig erwiesen hat. Die Deutung der gegenwärtigen Situation, die hier wiederum aus der Zukunftsperspektive gegeben wird, hat auch diesmal den Sinn, die Christen zu ermuntern, im Kampf um ihren Christusglauben nicht zu erlahmen.

Ein anderes großes Zeichen (15,1)

Johannes bezeichnet die sieben Engel mit den sieben Plagen als ein anderes großes und wunderbares Zeichen am Himmel. Auf diese Weise macht er deutlich, daß das endzeitliche Geschehen auf seinen Höhepunkt zusteuert. Das Zeichen ist groß und wunderbar wie Gottes Werke (15,2). So wird das Gerichtshandeln der sieben Engel von vornherein als Vollstreckung von Gottes Willen gekennzeichnet, insofern er sich in ihm gegen seine Feinde durchsetzt. Mit der Vollendung des Zornes Gottes ist somit die größte Intensivierung seines Gerichtshandelns erreicht, weshalb die Plagen auch »die letzten« genannt werden. Bevor die sieben Gerichtsengel näher vorgestellt werden (VV. 6–8) und ihren Gerichtsauftrag durchführen, werden in Vers 2 die über den Kaiserkult Siegreichen eingeführt, die dann den Lobpreis auf Gott singen.

Der Lobpreis auf Gottes Macht durch die Überwinder (15,2–4)

Johannes sieht zunächst etwas, was einem gläsernen Meer gleicht (vgl. 4,6). Gemeint ist damit das Himmelsgewölbe, das sich vor Gottes Thron ausbreitet. Das Meer ist mit Feuer vermischt. In diesem Bild wird man am ehesten Blitze sehen dürfen, die das nahe Gericht ankündigen. Es könnte aber auch signalisieren, daß die Überwinder dem Gericht entgangen sind. Wie die Israeliten einst sicher durch das Schilfmeer zogen, während die Ägypter in ihm umkamen, so haben die Überwinder die Gefahrenzone durchschritten und sind nun auf der »anderen Seite«: auf dem gläsernen Meer. Dieser Gedanke liegt nahe, da das Lied, das die Überwinder anstimmen, ausdrücklich das Lied des Mose genannt wird (V. 3). Die Sieger über den Kaiserkult sind zweifellos die Christen, die kraft des Blutes des Lammes den Drachen besiegt haben (12,11) und sich nicht dem Anspruch des Kaisers beugten, sondern den Namen des Lammes und seines Vaters auf der Stirn tragen (14,1).

Die Schar der Vollendeten singt mit Zithern in der Hand den Lobpreis Gottes. Wenn der Seher nicht nur vom Lied des Lammes, sondern auch vom Lied des Knechtes Gottes Mose spricht, dann will er das Erlösungshandeln des Lammes bewußt in Parallele setzen zur Errettung Israels unter Mose. Die Rettungstat Gottes, der Israel durch das Rote Meer geführt hat, besingen Mose und die Israeliten in einem Danklied in Ex 15. Das Heilshandeln Gottes zugunsten seines Volkes gilt als Vorausdarstellung für das Handeln Gottes in der Endzeit. Wie einst die Ägypter besiegt wurden, so wird in der Endzeit der Feind Gottes mit seinen Anhängern besiegt. Das gläserne Meer bietet den Vollendeten Schutz und Geborgenheit.

Der Hymnus ist im Stil des beschreibenden Gotteslobes gefaßt. Er deutet das Gerichtshandeln Gottes als Durchsetzung des göttlichen Heiles zugunsten seines Volkes. Deshalb nennt er die Werke Gottes parallel zum Zeichen groß und wunderbar. Gott als der Allherrscher (vgl. 4,8; 11,17; 16,7) ist dazu in der Lage, weil er alles letztlich in der Hand hat. Die Wege Gottes sind gerecht und zuverlässig (vgl. Ps 145,17 LXX; Dtn 32,4). Der Gottestitel »König der Völker« (vgl. Jer 10,7) macht nochmals deutlich, daß Gott sich gegen alle Völker durchsetzen wird, weil er geschichtsmächtig ist. So ist es Gott, der letztlich alle Widersacher dazu bringt, ihm die Ehre zu geben und ihn wie seine Herrschaft anzuerkennen, wie die rhetorischen Fragen in Vers 4 nachdrücklich betonen.

Begründet ist das zunächst darin, daß Gott allein heilig ist (vgl. Dtn 32,4; Dan 3,45 LXX). Darum werden alle Völker kommen, um vor ihm anzubeten (vgl. Ps 85,9 LXX). Johannes nimmt hiermit die alttestamentliche Erwartung auf, gemäß der am Ende die Völker zum Zion wallfahren (vgl. Jes 2,2–4; Jer 16,19). Anders als in dieser Erwartung, nach der die Völker auf dem Zion ihr Heil finden, geht es hier allerdings darum, die Völker zur Anerkennung des göttlichen Gerichts zu bringen. Die Unterwerfung der Völker dient der Verherrlichung Gottes und ist darin die Kehrseite seines Heilshandelns an der Heilsgemeinde. Der Sieg Gottes über seine Feinde ist so gewiß, daß er bereits vor dem Ausgießen der Schalen als geschehen proklamiert werden kann.

Der Lobpreis der Vollendeten ist im Blick auf die bedrängte Gemeinde geschrieben, die darin Trost und Zuversicht finden kann. Ihr ist zugleich auch der Sinn der folgenden Plagen erschlossen: Der Sieg über die Gottesfeinde bedeutet Heil für die Überwinder.

Ausrüstung der sieben Engel mit den Zornesschalen (15,5–8)

Nun werden die Zornesschalen den Engeln übergeben, die sie nach 16,1 auf die Erde ausgießen sollen. Die Tore des himmlischen Tempels öffnen sich (vgl. auch 11,19). In ihm sieht Johannes das »Zelt des Zeugnisses«, d. h. die Wohnstätte Gottes inmitten seines Volkes (vgl. Ex 25,9.40; 40,34; Hebr 8,5). Die feierliche Kleidung der sieben Engel charakterisiert sie als Lichtgestalten und ihren Auftrag, der Verherrlichung Gottes zu dienen, indem sie sein

Gericht vollstrecken. Eines der vier Wesen, die in besonderer Nähe zu Gott stehen (vgl. Kap. 4), überreicht den Engeln die Schalen, die mit dem Zorn Gottes angefüllt sind. Wie schon in 11,19 folgt hier eine Gotteserscheinung; denn im Rauch, der den Tempel erfüllt, offenbart sich die Herrlichkeit und Machtfülle Gottes (vgl. Jes 6,4; Ex 19,18; 40,34f.; 1 Kön 8,10f.). Da in 15,8 an die Gegenwart von Gottes Zorn gedacht ist, kann niemand den Tempel betreten, bis sich der Zorn dort entladen hat.

Die Vollstreckung des Gerichtes (16,1–21)

Wie die Posaunenvisionen sind die Schalenvisionen nach dem Vorbild der ägyptischen Plagen (Ex 7–10) gebildet. Doch ist bei aller Gemeinsamkeit deutlich eine Steigerung des Ausmaßes des Schadens gegenüber den Posaunenvisionen zu beobachten. Nun treffen die Plagen nicht mehr nur ein Drittel des Festlandes (8,7), des Meeres (8,8f.), der Gewässer (8,10f.) wie der Gestirne (8,12), sondern jeweils den gesamten Bereich, so daß kein gottwidriger Mensch den Bestrafungen entgehen kann. Dabei ist noch zu beachten, daß die gottwidrigen Menschen in Vers 2 insbesondere auf die Anhänger des Kaiserkultes konzentriert werden. In den Versen 10f. wird der Herrschaftsbereich des Tieres, also des römischen Reiches, ausdrücklich als Adressat des Gerichtsgeschehens benannt. Und schließlich ist das große Babylon das Ziel des göttlichen Gerichtes schlechthin (16,17–21). Dadurch wird der Übergang zu den Kapiteln 17f. geschaffen, wo von der großen Hure Babylon die Rede sein wird. Im allgemeinen sind die Gerichtsaussagen in den Schalenvisionen konkreter als in den Posaunenvisionen. Das steht offenbar im Dienst des Übergangs zu Offb 17f.

Die Absicht von Offb 16 ist es zu zeigen, daß die gottlose Menschheit allgemein keine Bußgesinnung zeigt (VV. 9.11.21). Die Folge ist das gesteigerte Ausmaß des angerichteten Schadens. In der sechsten Vision erfahren wir von der Sammlung zur endzeitlichen Schlacht, die unter Anführung des römischen Reiches die Könige der ganzen Erde zusammenführt (VV. 12–16). Die letzte Plage trifft schließlich Rom, das – wie dann auch die heidnischen Städte – vernichtet wird (VV. 17–21).

Das endzeitliche Geschick der Anhänger des Kaiserkultes (16,1–9)

Nach dem Auftrag durch eine gewaltige Stimme aus dem himmlischen Tempel an die sieben Engel, das Gericht zu vollstrecken, treten die einzelnen Engel in Aktion, um ihre Schale voll des Gotteszornes auf die Erde auszugießen (vgl. Ps 69,25; Jer 10,25; 42,18; 44,6; Zef 3,8). Die Plage des ersten Engels bringt Geschwüre für alle Anhänger des Kaiserkultes. Gegenüber der sechsten ägyptischen Plage trifft diese die gottfeindlichen Menschen überall auf der Erde (vgl. Ex 9,10f.). Durch die zweite Plage (V. 3) wird das ganze Meer zum todbringenden Blut (vgl. die erste ägyptische Plage: Ex 7,17–21). Eine ähnliche Folge hat die dritte Plage, die nunmehr alle Gewässer außerhalb des Meeres trifft, so daß kein Leben im Wasser mehr möglich ist.

Die in den Versen 5 f. eingefügte Gerichtsdoxologie deutet die geschehenen Plagen und die noch kommenden als gerechte Antwort Gottes an seine Gegner. Wenn in der Gottesanrede »der ist und der war« das dritte Glied »der kommen wird« (vgl. 1,4.8; 4,8) fehlt (vgl. auch 11,17) und durch »heilig« ersetzt wird, dann macht der Seher deutlich, daß das Gericht Gottes nicht mehr zukünftig ist, sondern sich schon jetzt vollzieht. Vers 6 begründet den Lobpreis Gottes: Die Anhänger des Kaiserkultes haben das Blut der Heiligen, d. h. der Christen, und von christlichen Propheten vergossen; deshalb haben sie zu Recht das todbringende Blut zu trinken bekommen, wie die zweite und dritte Plage ausgeführt haben. Wie bereits in Vers 2 gilt auch hier der Grundsatz der gleichwertigen Vergeltung (vgl. Jes 49,26; Röm 1,22–32; Apg 7,42). Während die Christusgläubigen des Heiles wert sind, verdienen die Gottlosen die Vernichtung. Der personifiziert vorgestellte Altar bestätigt den Lobpreis Gottes ausdrücklich (V. 7). Der Altar ist Sprecher für die Märtyrer unter ihm, die im Gerichtsgeschehen ihre ungeduldige Bitte, daß Gott sich seinen Feinden gegenüber durchsetze (6,9–11), nun erfüllt sehen. Anders als in alttestamentlichen Gerichtsdoxologien (vgl. Jos 7,19–23; Ps 119,75.137–144) geben hier die Gottlosen Gott nicht die Ehre (16,9.11.21), sondern ein Engel (V. 5 f.) bzw. die Seelen der Märtyrer (V. 7).

Das zeigt die Reaktion auf die vierte Plage (V. 8 f.) zum erstenmal innerhalb der Schalenvisionen ausdrücklich (V. 9). Die Sonne, die doch geschaffen war, um den Menschen zu dienen (vgl. Gen 1,14–18), erhielt nun eine vernichtende Kraft, die (gottlosen) Menschen durch Feuer zu versengen, während es in 7,16 ausdrücklich heißt, daß über die Christen weder die Sonne noch irgendeine Glut fallen werde. Die ersten vier Plagen haben wie die ersten vier Posaunenplagen (8,7–12) die ganze Schöpfung (Land, Meer, Flüsse und Gestirne) getroffen. Der Seher versteht sie offensichtlich als eine Einheit, weshalb er erst nach der vierten Plage feststellt, daß sie keinen Umkehrerfolg bei den Betroffenen hatten, sondern daß sich diese verstockten. Den Christen wird allerdings schon in der Form der Gerichtsdoxologie (VV. 5–7) bekannt gemacht, daß die Feinde Gottes sich am Ende ihm unterwerfen müssen.

Strafaktion gegen den Sitz des Kaisers (16,10 f.)

Die fünfte Schalenplage richtet sich gegen die Herrschaft des Tieres, d.h. gegen den römischen Kaiser als den Repräsentanten des Satans. Sein ganzes Reich wird in Finsternis getaucht. Das entspricht der neunten ägyptischen Plage (Ex 10,21–23) und der vierten Posaunenplage (8,12). Daß die Bewohner seines Reiches vor Schmerz auf die Zunge beißen, erklärt sich am besten dadurch, daß die ersten vier Plagen hier vorausgesetzt sind, wie im übrigen Vers 11 bestätigt: Sie lästerten nämlich Gott wegen ihrer Schmerzen und Geschwüre. Die Finsternis im Reich scheint in diesem Zusammenhang ebenfalls symbolische Bedeutung zu haben: Sie bereitet die Verstockung vor: »Sie kehrten nicht um von ihren Werken« (V. 11). Gemeint sind offenbar wie in 9,20 f. die Werke, die mit dem Götzendienst des Kaiserkultes zusammenhängen. Darin liegt im übrigen auch ihre Gotteslästerung.

Vorbereitung der endzeitlichen Schlacht (16,12–16)

Die sechste Schalenvision, die die Entscheidungsschlacht in Harmagedon vorbereitet, wird durch eine Seligpreisung (V. 15) unterbrochen, deren Adressat die Christen sind. Ihnen wird das Heil zugesprochen, wenn sie ihrem Glauben treu bleiben.

Die Folge der sechsten Schalenplage ist das Austrocknen des Euphrat (vgl. Jes 11,15; 44,27; Sach 10,11; 4 Esr 13,43–47), so daß die Partherkönige heranrücken können (vgl. 9,13–16). Geführt und damit zugleich verführt werden die Könige des Ostens vom Teufel, der hier wieder Drache genannt wird, und von seinen beiden irdischen Verbündeten, dem Tier (Römisches Reich) und dem falschen Propheten, der mit dem zweiten Tier von Offb 13 gleichzusetzen ist (V. 13). Die drei unreinen Geister, die mit Fröschen verglichen werden, sollen offenbar an die Froschplage in Ägypten erinnern (Ex 7,26 – 8,11). Diese antigöttliche Trinität vollbringt Wunderzeichen, um alle Könige der Erde für die Entscheidungsschlacht »am großen Tag Gottes, des Allherrschers«, zu sammeln (V. 14). An diesem Tag, der schon von den Propheten vorausgesagt ist (vgl. Joël 2,11; 3,4; Zef 1,14f.; Nah 1,6; Jes 13,4–22), wird Gott über seine Feinde triumphieren. Der Sieg Gottes steht schon fest; denn er ist ja als der Allherrscher Herrscher über die ganze Schöpfung.

Für die Christen wirkt sich die Herrschergewalt Gottes positiv aus. Um das zu betonen, fügt Johannes an dieser Stelle eine Seligpreisung ein. Er leitet sie mit einem Bild ein, das er schon in 3,2f. benutzt hat und das aus der synoptischen Tradition bekannt ist: »Siehe, ich komme, wie ein Dieb« (vgl. Mt 24,43; Lk 12,39; auch 1 Thess 5,2.4; 2 Petr 3,10). Das Bild vom Dieb meint nicht so sehr das plötzliche, sondern das unerwartete Kommen des Christus. Deshalb sollen die Christen wachsam sein, d. h. bereit sein, um nicht überrascht zu werden. Die Bereitschaft aber besteht in einem lebendigen Glauben. Denn wachsam sein heißt: sein Kleid anbehalten (vgl. 3,4). Wenn Christen so handeln, stehen die Christen nicht nackt da, weil ihnen ihre Werke folgen (vgl. 14,13).

Nach der Unterbrechung durch die Seligpreisung führt der Seher seine Ausführungen über die Sammlung zur letzten Schlacht fort, indem er den Ort namhaft macht, an dem sie stattfinden wird: Harmagedon. Auf welchen Ort hier näherhin angespielt ist, läßt sich letztlich nicht mehr klären. Wörtlich übersetzt heißt er »Berg bzw. Gebirge von Megiddo«; Megiddo aber liegt in einer Ebene. Zudem lassen sich im Gebirge nur schwierig Schlachten schlagen. Deshalb ist wohl kein geographischer Ort gemeint, so daß mit einem Decknamen zu rechnen ist.

Das Gericht über Babylon/Rom (16,17–21)

Die siebte Schalenplage ist das Gericht über Rom, das den Decknamen Babylon hat (vgl. schon 14,8). Offb 17 behandelt dieses Thema dann ausführlich und abschließend. Der siebte Engel gießt die Zornesschale aus über die Luft. Die Wirkungen (Blitze, Stimmen und Donner, ein gewaltiges Erdbeben) sind traditionelle Phänomene der Gotteserscheinungen (vgl. 4,5; 8,5; 11,19). Hier sind sie Zeichen des Gerichts und nicht Begleiterscheinungen Gottes, der zum Gericht kommt. Denn das Erdbeben, das gegenüber 6,12 erheblich heftiger ist (vgl. Dan 12,1), hat zur Folge, daß die »große Stadt« in drei Teile zerfällt und die heidnischen Städte einstürzen. Berge und Inseln suchen das Weite (vgl. 6,14; AssMos 10,4; äthHen 1,6). Der Hagel, der ursprünglich ebenfalls zur Gotteserscheinung gehört, erinnert in der Art und Weise der Darstellung an die siebte ägyptische Plage (Ex 9,22–30) und dient der Bestrafung der gottfeindlichen Menschen (V. 21).

Die gewaltige Stimme, die vom Thron Gottes aus proklamiert: »Es ist geschehen« (V. 17), erinnert an die Stimme in 16,1, die den Auftrag an die Plageengel gab, das Gericht zu vollstrecken. Die Vollzugsproklamation bezieht sich auf die Geschehnisse der Schalenplagen als ganze, da sie nun feierlich feststellt, daß der »Zorn Gottes« sich erfüllt hat (15,1). Gott hat das Zentrum der Gottlosigkeit nicht übersehen, sondern an ihm das Gericht vollzogen, »ihm den Becher mit dem Wein seines rächenden Zornes gegeben« (V. 19). Aber dennoch lästern die Menschen Gott, d. h., sie halten an ihrem götzendienerischen Verhalten fest.

Der Sinn der Gerichtsschilderungen

Wir konnten immer wieder feststellen, daß das Gericht Gottes nur über seine Feinde hereinbricht, nicht aber über die Christen. Deshalb stellt sich die Frage, warum Johannes in einem Schreiben, das an Christen in der Bedrängnis gerichtet ist, daran interessiert ist. Der Sinn der Gerichtsandrohungen und der Schilderung der Strafaktionen kann somit nicht in der Warnung an die Adresse der Gottlosen liegen. Allenfalls könnte man noch eine Argumentationshilfe für die Christen in

> der Auseinandersetzung mit den Gegnern annehmen. Doch das ist allein schon unwahrscheinlich, weil immer wieder betont wird, daß diese verstockt sind. Von daher bedeutet eine Auseinandersetzung mit ihnen Gefahr für die Christen.
>
> Es bleibt darum nur eine Lösung der Frage: Der Verfasser will die Christen mit Hilfe der Gerichtsschilderungen davor bewahren, ihren Glauben aufzugeben und dem Kaiserkult anzuhangen; denn dann würden sie den Bestrafungen entgegengehen, die den Feinden angedroht sind. Die Gerichtsaussagen stehen somit im Dienst der eindringlichen Ermahnung und Ermunterung. Sie wollen wie die Heilszusagen – wenn auch auf andere Weise – die Christen dazu bewegen, ihren Heilsstand nicht aufzugeben, sondern die anfängliche Gemeinschaft mit Gott und Christus dereinst im neuen Jerusalem zu vollenden.

5. Das Geschick der großen Hure Babylon/Rom (17,1 – 19,10)

Die sieben Schalenvisionen haben das Gericht über die ganze Welt am Ende auf das Gerichtshandeln Gottes an der großen Stadt Babylon, d. h. Rom, zugespitzt (16,17–21). Da von dort die große Bedrängnis der Christen in Kleinasien ausgeht, ist dem Seher die Bestrafung der Zentrale der Gottlosigkeit von größter Bedeutung. Deshalb wundert es nicht, wenn er das Thema nunmehr weiter entfaltet (17,1 – 19,10). Offb 17 spricht zwar von der Hure Babylon, die als das römische Weltreich gedeutet wird; das Gericht, das ihren Untergang zur Folge hat, wird allerdings erst in 18,1–24 geschildert. In Offb 17 steht dagegen das Tier aus dem Abgrund im Vordergrund, um deren Identität es in der Deutung der Vision (17,6b–18) geht. Offb 19,1–10 bietet dann einen Triumphgesang der Christen in der himmlischen Vollendung, dem sich die Glaubenden auf der Erde anschließen. So steht auch in diesem Zusammenhang die Heilszusage an die Glaubenden als bewußter Kontrapunkt zur Verurteilung der Gottlosen.

Die Vision von der Hure Babylon und dem Tier (17,1–6a)

Die Visionseinleitung (VV. 1–3a) verbindet das folgende deutlich mit den Schalenvisionen, insofern einer der Schalenengel mit dem Seher spricht. Zugleich weist sie auf die Gerichtsvollstreckung in Offb 18 (vgl. auch 17,16–17) voraus. Auch die eigentliche Vision (VV. 3b–6a) zielt schon auf Aussagen in Offb 18 hin; denn die dort eingeführte Frau mit dem Decknamen Babylon für Rom (vgl. 14,8) spielt in Offb 17 nur noch in Vers 18 eine Rolle, während sie in 18,1–24 im Mittelpunkt des Interesses steht.

Wenn die römische Weltmacht als die große Hure dargestellt wird, dann ist das für den Bibelkundigen nichts Überraschendes; denn Hure bzw. Hurerei sind Ausdrücke alttestamentlicher Propheten für Götzendienst und Abfall vom wahren Gott (vgl. vor allem Hos 1–3). Die Propheten Jesaja (Jes 1,21) und Ezechiel (Ez 16,15–63; 23,1–49) klagen Jerusalem an wegen ihrer Hurerei und bezeichnen die Stadt als Hure, weil sie von Gott abgefallen ist und anderen Göttern anhängt. Auch Tyrus (Jes 23,15–18) und Ninive (Nah 3,4) gelten aus demselben Grund als Huren. Entsprechend sind in 17,2 die Verführungskünste Roms gegenüber den Königen der Erde und den Bewohnern des Erdkreises gemeint.

Um Rom mit dem gottlosen Babylon in Verbindung zu bringen, fügt Johannes die Ortsangabe »die an vielen Wassern sitzt« (Jer 51,13) hinzu, obwohl das für Rom gar nicht paßt. Wenn der Seher seine Vision in der Wüste empfängt, kann das möglicherweise schon ein Hinweis auf die Verwüstung der Stadt sein, die in 17,16 berichtet wird. Die Wüste wird nämlich nicht nur als Stätte der Geborgenheit und Nähe Gottes (Offb 12) verstanden, sondern auch als der Wohnbereich der Dämonen, die die Menschen bedrohen. Dennoch ist dieses Verständnis unwahrscheinlich, da die Verwüstung der Stadt nicht vom Satan ausgeht, sondern Folge des Gerichtshandelns Gottes ist. Eher soll der Offenbarungsort Wüste einen Kontrast zum Offenbarungsort Berg (21,9) darstellen, von dem aus Johannes das himmlische Jerusalem sieht: In der Wüste sieht er die gottlose Stadt und deren Verwüstung, und auf dem Berg sieht er die heilige Stadt als den Ort Gottes und die Stätte, die für die Heilsgemeinde bestimmt ist.

In der Vision erscheint die Frau auf einem scharlachroten Tier, das mit Lästernamen übersät ist und sieben Häupter und zehn Hörner hat (V. 3b). Auf diese Weise stellt Johannes die Beziehung zwischen der Frau und dem Tier aus dem Meer her (Offb 13), das 17,8 (wie schon 11,7) das Tier aus dem Abgrund heißt. Die scharlachrote Farbe des Tieres ist Zeichen des Luxus und der Pracht des römischen Reiches. Der Verfasser versteht das Tier konkret als den römischen Kaiser; denn er schließt bei der näheren Beschreibung des Tieres mit einem Partizip im Masculinum (statt eines Partizips im Neutrum, das von dem griechischen Wort »Tier« gefordert wäre) an: Die Lästernamen sind wohl – wie schon in 13,1 – die göttlichen Titel, die der Kaiser in Anspruch nimmt. In der Vision ist das Tier zunächst noch Bild für den göttlichen römischen Kaiser überhaupt. In der anschließenden Deutung geht es dann um die Identifizierung mit einem bestimmten römischen Kaiser (VV. 6b–11), unter dem die Schreckensherrschaft ihren Siedepunkt erreicht.

Die purpur- und scharlachrote Farbe der Kleidung der Frau sowie ihr Schmuck zeigen die Prachtentfaltung Roms an (V. 4). In Anlehnung an Jer 51,7 hält sie einen goldenen Becher in der Hand, der gefüllt ist mit Greueltaten und den Praktiken ihrer Unzucht (V. 4c). Gemeint sind damit ihre Erfolge bezüglich des Kaiserkultes. Auf der Stirn trägt sie offen ihren Namen, der allerdings nur Eingeweihten verständlich ist und deshalb als Geheimnis bezeichnet wird (V. 5a). Sie wird das »große Babylon« genannt, ein Deckname für Rom, der wohl zuerst im Judentum nach 70 n. Chr. benutzt wurde (vgl. syrBar 67,7 u. ö.). Im jüdischen Bereich sollte mit Hilfe des Decknamens die Zerstörung Jerusalems durch Rom im Jahre 70 n. Chr. mit der Zerstörung der Stadt durch das babylonische Reich (587/586 v. Chr.) in Verbindung gebracht werden.

Rom ist nicht nur die große Hure, sondern »die Mutter der Huren und der Greuel der Erde« (V. 5b). Die Stadt ist Urquell jeglichen Götzendienstes. Rom trägt auch die Verantwortung für die Christenverfolgungen (V. 6; vgl. 6,10; 16,6; 18,24; 19,2). Das vom Seher benutzte Bild spricht für sich selbst: Sie macht die Bewohner der Erde trunken mit ihrer Verführung zum Götzendienst (V. 2) und berauscht sich am Blut der Christen (V. 6). Der Bericht schließt mit der Reaktion des Sehers (vgl. Dan 7,15; 10,8;

4 Esr 12,3–5), der staunend das Geheimnis der Hure (V. 5) zur Kenntnis nimmt.

Vers 7 leitet dann zur Deutung der Vision über, die durch einen Deuteengel gegeben wird. Die Deutung beschäftigt sich hauptsächlich mit den Attributen des Tieres, den sieben Köpfen und den zehn Hörnern, während das Geschick der Hure erst in 18,1–24 beschrieben wird.

Die Deutung der Vision (17,6b–18)

Der Seher bringt nun zum zweiten Mal eine Deutung einer vorausgehenden Vision (vgl. 7,13–17). Was für die jüdisch-apokalyptische Literatur gängig ist, bleibt in der neutestamentlichen Apokalypse eine Ausnahme. Dabei geht der Verfasser so vor, daß es für den heutigen Leser nicht einfach ist, genau zu erfassen, was er meint. Die Visionsdeutung in den Versen 6b–18 hat deshalb in der Exegesegeschichte eine Vielzahl von Interpretationen erhalten. Das gilt vor allem für die Identifizierung der sieben bzw. acht Könige, die symbolhaft in den sieben Köpfen dargestellt sind. Im zweiten Teil der Deutung der Vision werden die zehn Hörner des Tieres auf die Könige der Erde gedeutet.

Wer ist der achte König? (17,6b–11)

Im ersten Teil der Visionsdeutung spitzt sich die Frage auf die Identität des achten Königs zu, der einer der sieben ist (V. 11). Zunächst aber charakterisieren die Verse 7d.8 das Wesen des Tieres in umfassender Weise, worauf dann Vers 11 im Sinne eines literarischen Einschlusses zurückkommt. Daraus erhellt, wie wichtig Johannes die Wesensbeschreibung des Tieres und dessen Identifizierung ist. Das Tier kommt aus dem Abgrund (vgl. 11,7), d. h. aus der Unterwelt. Damit ist es mit dem Tier aus dem Meer (13,1–10) identisch. Es ist deutlich, daß der Verfasser die Aussagen der Nerosage aufgreift, der nach seiner Flucht unter dämonischer Gestalt wiederkommen soll.

Der Seher übernimmt aber nicht einfach die Nerosage, sondern gestaltet sie so um, daß der wiederkehrende Nero eindeutig gestorben und wiedererstanden ist, um so ein Gegenbild zum Geschick

Christi zu erhalten. In Offb 13,1–10 hatte Johannes ja bereits mit anderen Mitteln das Tier aus dem Meer als Antichristen gezeichnet. Wie der Drache (12,12) und das Tier aus dem Meer (13,5), mit dem es ja identisch ist, hat das Tier aus dem Abgrund nur eine kurze Frist, um Verderben über die Menschheit zu bringen. Es wird ausdrücklich festgehalten, daß der Erfolg nicht ausbleibt: Die gottlosen Erdenbewohner (vgl. 13,8) können nur staunen, wenn sie das Tier sehen. Ausgenommen sind hier wiederum die Christen, wie es in der Umschreibung der gottlosen Bewohner heißt: Sie sind anders als die Christen nicht im Buch des Lebens eingeschrieben und können deshalb das Leben nicht erben. Es fällt nun auf, daß das Tier jetzt einen Namen trägt, der im deutlichen Kontrast zum Gottestitel »der ist und der war und der kommt« (1,4.8 u.ö.) steht. Anders als Gott wird das Tier nicht immer dasein, da seine todbringende Herrschaft begrenzt ist.

Vers 9a weist ähnlich 13,18, wo es um die Deutung der Zahl 666 geht, durch einen Aufmerksamkeit erregenden Appell den Leser darauf hin, daß es nicht einfach ist, das Tier historisch einzuordnen. Es bedarf dafür Verstand und Weisheit. Es geht dem Verfasser also unzweifelhaft um die Identifizierung der dämonischen Gestalt. Man muß bei der Interpretation allerdings darauf achten, daß die Apokalypse an eine Gemeinde in der Verfolgung gerichtet ist. Es mußte dem Verfasser deshalb darum gehen, daß er die Christen nicht unnötigerweise in Schwierigkeiten bringt. Denn bei aller Ermunterung, für den Glauben einzustehen, erweckt die Offb an keiner Stelle den Eindruck, daß das Martyrium ein erstrebenswertes Ziel sei.

In Offb 13,1–10 haben wir den Antichristen in der Person des Kaisers Domitian erkannt. Diese Deutung muß sich nun bewähren. Die sieben Häupter werden zunächst mit den sieben Bergen identifiziert, womit die Ortsbestimmung (Rom) gesichert ist. Schwieriger und von größerer Bedeutung zugleich ist die zweite Deutung der sieben Häupter auf sieben Könige. Klar ist, daß die Könige die römischen Kaiser meinen, die im Osten des Reiches, wo man griechisch spricht, üblicherweise Könige genannt werden (vgl. 1 Petr 2,13.17; 1 Tim 2,2).

In Vers 10 werden die sieben Kaiser in Gruppen aufgeteilt: fünf sind gefallen, einer ist und ein anderer ist noch nicht gekommen, und wenn er kommt, verbleibt ihm nur kurze Zeit. Vers 11 nennt noch einen weiteren König, der als der achte einer aus den sieben ist. Das Interesse der Identifizierung des Tieres mit einem bestimmten Kaiser ist damit überdeutlich. Wer aber ist der achte Kaiser, der einer von den sieben ist? Darauf gibt es verschiedene Antworten.

Ein Problem entsteht dadurch, daß nach 17,8 vorausgesetzt wird, daß das Tier als Symbol für den wiederkehrenden Kaiser Nero als eine zukünftige Größe anzusehen ist. Nach glaubwürdiger Überlieferung (vor allem bei *Irenäus,* adv. haer. V, 30,3) ist die Offb am Ende der Regierungszeit Domitians geschrieben worden. Ist die Aussage in den Versen 8.10 wörtlich zu nehmen, dann kann Domitian nicht der wiederkehrende Nero sein. Von daher nehmen viele Autoren an, es handle sich um den künftigen Antichristen, der nach einer kurzen Regierungszeit des Nachfolgers Domitians kommen werde. Diese Lösung scheint aber zu einfach zu sein, als daß der Verfasser sich genötigt sehen mußte, darauf hinzuweisen, daß nur, wer Verstand und Kenntnis (V. 9a) hat (vgl. 13,18), das Rätsel lösen kann. Wenn bisher schon alles auf Domitian als den Antichristen hindeutet, so läßt sich das auch noch mit gutbegründeter Zählweise der Kaiser aufzeigen. Die Siebenzahl ist zweifellos als Zahl der Vollständigkeit vorgegeben. Rechnet man die Kaiser von Augustus an, dann ist der siebte Kaiser unter Auslassung der drei Interimskaiser im Jahre 69 Kaiser Titus (79–81 n. Chr.). Auf diese Weise ist es Johannes möglich, Kaiser Domitian als den achten (81–96 n. Chr.) zu bezeichnen, der aufgrund der Symbolzahl sieben einer der sieben ist.

Dagegen könnte man einwenden, daß die Apokalypse dann unter Vespasian geschrieben worden sein müsse; denn die ersten fünf Kaiser, die gefallen sind, wären: Augustus, Tiberius, Caligula, Claudius und Nero. Der eine, der jetzt da ist, wäre nämlich Vespasian und der nur kurze Zeit regierende Titus. Doch ein solcher Einwand ist nicht zwingend. Einmal muß Johannes behutsam zu Werke gehen, damit Außenstehende nicht leicht erkennen können, wer der Antichrist ist, weil das das Geschick der Christen eher noch unerträglicher gemacht hätte. Zum anderen ist damit zu rechnen, daß die Erwartung eines wiederkehrenden Nero am Ende der durch die Zahl sieben gekennzeichneten Vollständigkeit der

Kaiser dem Verfasser eine günstige Gelegenheit bot, Domitian – zugegebenerweise auf für unsere Vorstellungen komplizierte Weise – als den dämonischen Schreckensherrscher schlechthin zu charakterisieren. Nimmt man die übrigen Indizien hinzu, die wir immer wieder wahrnehmen konnten, sprechen die besseren Gründe wohl für die Identifizierung des Tieres mit Domitian. Im übrigen sollen die Christen zur Zeit der Abfassung der Offb in die Lage versetzt werden, ihren gefährdeten Glauben angesichts der religiös-politischen Bedrohung durch den Kaiserkult zu bewahren. Der Offb geht es um die Bewältigung einer von außen und innen (Offb 2–3) gefährdeten Christenheit in der Gegenwart. Das alles spricht dafür, daß der achte König niemand anders ist als Domitian.

Wer sind die zehn Könige? (17,12–18)

In Anlehnung an Dan 7,24 werden die zehn Hörner des Tieres nun auf zehn Könige gedeutet (V. 12a). Die zehn Könige können keine römischen Kaiser sein; denn einmal sind sie nebeneinander regierend vorgestellt, zum anderen wird gesagt, daß ihnen ihre Macht in der Zukunft vom Tier zukommt (V. 12b). Wenn sie mit dem Tier die Macht teilen, müssen es also Parteigänger des Kaisers sein. Die Zehnzahl ist Symbol für die Vollständigkeit der Alliierten des Kaisers. Die Frage nach ihrer Identifizierung liegt nicht im Blickwinkel des Sehers. Die Zeit ihrer Machtausübung ist kurz, nur »eine Stunde«. Sie sind eines Sinnes mit dem Kaiser und ordnen sich ihm voll unter (V. 13).

Sie treten an zum Kampf gegen das Lamm und seine Getreuen. Gemeint ist die Verfolgung der Christen. Doch steht von vornherein fest, wer der Sieger sein wird, nämlich das Lamm, weil es »der Herr der Herren« und »der König der Könige« ist. Dieser Doppeltitel ist als Titel orientalischer Herrscher bekannt. Er wird gelegentlich im Judentum auch für Gott verwendet (vgl. grHen 63,4; 84,2; 2 Makk 13,4). Die Christen, die hier »Berufene, Auserwählte und Treue« genannt werden, sind auf der Seite des siegreichen Lammes. Das erinnert an 14,1–5, wo es heißt, daß sie auf dem Zion um das Lamm versammelt sind. Der Seher nimmt in den Versen 12–14 die Schilderung der Vernichtung des Tieres und der

Könige der Erde (19,11–21) vorweg. Der Grund für die Vorwegnahme ist einleuchtend: Nachdem die zehn Hörner auf zehn Könige gedeutet wurden, liegt es nahe, auch von deren Machtausübung zu sprechen und deren Erfolglosigkeit zu betonen, um so den Christen in der Verfolgung Mut zu machen.

In 17,1 hatte einer der Schalenengel dem Seher versprochen, ihm das Geschick der Hure Rom zu zeigen. Doch zunächst beschäftigte er sich mit der Identifizierung der sieben Häupter und zehn Hörner. Deshalb muß die große Hure nun nochmals eingeführt werden. Das geschieht, indem die Gewässer, an denen sie sitzt (17,1), als Symbol für die Nationen und Völker erklärt werden (17,15), um so die weltweite Macht der Hure zu demonstrieren. Doch trotz all ihrer Pracht und Macht geht sie bald ihrem Ende entgegen. Mit eindrucksvollen Gerichtsbildern, die aus Ez 16,15–41 und 23,11–35 (vgl. auch Mi 3,3; Ps 27,2) stammen, schildert Johannes das Vernichtungsgericht über die Stadt (V. 16). Wie nach Ezechiel die Hure Oholiba, die Symbol für Israel ist, von ihren einstigen Liebhabern schonungslos erniedrigt und vernichtet wird, so wird auch die Hure Babylon/Rom vernichtet.

Nun ist es auffällig, daß dieselben zehn Könige und das Tier die Stadt Rom vernichten werden, von denen zuvor gesagt worden ist, daß sie mit dem Lamm kämpfen und von ihm besiegt werden (V. 14). Auf den ersten Blick ist das ein Widerspruch: Wie können das Lamm und die gottlose Hure dieselben Feinde haben? Auf dem Hintergrund biblischen Denkens ist das jedoch vereinbar. Gott kann auch die Macht des Bösen dafür benutzen, damit es sich selbst vernichtet. Die Helfershelfer des Teufels werden so unwissend Gerichtsvollstrecker Gottes. Darauf weist Vers 17 ausdrücklich hin. Erst wenn die widergöttlichen Mächte Gott gedient haben, werden sie selbst vernichtet. Johannes macht durch die beiden Gerichtsbilder (VV. 14.17) deutlich, daß es ihm nicht auf den konkreten Gerichtsvollzug ankommt, sondern darauf, daß das Gericht nicht abzuwenden ist. Denn nur so versteht man, daß dieselben gottfeindlichen Mächte – das Tier als der Repräsentant der römischen Macht und seiner Vasallen –, die nach Vers 14 vom Lamm besiegt werden, nunmehr das Vernichtungsgericht an der Hure Babylon/Rom vollziehen (V. 17). Zugleich macht er klar, daß Gott immer die Oberhand behält, so daß er auch gottfeindliche Mächte in seinen Dienst nehmen kann. Denn es geht allein darum, daß Gottes Wille erfüllt wird (10,7; 15,1).

Vers 18 identifiziert die Hure ausdrücklich mit der großen Stadt, deren Geschick in Offb 18 im Bild des Untergangs einer Stadt beschrieben wird, das im Alten Testament seine Vorbilder hat.

Das Gericht über die grosse Stadt Babylon/Rom (18,1–24)

Das Thema von 18,1–24 ist der Vollzug des Vernichtungsurteils an der großen Stadt. Johannes schildert die Gerichtsvollstreckung nicht, sondern läßt auf die Proklamation des Falles der Stadt (VV. 1–3) die Reaktionen der Betroffenen folgen (VV. 4–20). In den Versen 21–24 bietet er eine Zeichenhandlung eines Engels, deren Folgen ebenfalls beschrieben werden.

Die Proklamation des Untergangs der Stadt (18,1–3)

Eine neue Vision beginnt, die aufgrund der Engelerscheinung bereits eine Überbietung der vorausgegangenen Visionen erahnen läßt: Der Engel ist mit einem Lichtglanz umgeben, der nach Ez 43,2f. zur Gotteserscheinung gehört. Die Gerichtsansage (V. 2; vgl. 14,8) hat Jes 21,9 zum Vorbild. Das Gericht wird in prophetischer Weise als schon vollzogen angesagt. Darin drückt sich die Gewißheit des kommenden Gerichts aus: Der Fall Roms ist so sicher, daß er als bereits geschehen verkündet werden kann. Wenn man eine Totenklage schon zu Lebzeiten anstimmt, ist ein gewisser spöttischer Unterton nicht zu überhören. Die einstmals Große (vgl. Dan 4,27) kann jetzt nur noch als Behausung von Dämonen und unreinen Lebewesen dienen, die in ihren Trümmern Unterschlupf finden (vgl. Jes 13,21f.; Jer 50,39: Babel; Jes 34,11.14: Edom; Jer 9,10: Jerusalem).

Vers 3 begründet die Gerichtsansage: Die Hauptschuld Roms ist seine weltweite Verführung zum Götzendienst des Kaiserkults. Das ist ein Vorwurf, der auch schon Babylon (Jes 47,10 LXX), Tyrus (Jes 23,15–17) und Ninive (Nah 3,4) gemacht wurde, wobei ebenfalls die Metapher Unzucht verwendet wurde. Wenn die Verführung zum Herrscherkult im Bild vom »Zorneswein« dargestellt wird, dann ist die Kehrseite des Herrscherkultes bereits namhaft gemacht: Die Gottlosigkeit, die die Völker trunken macht, hat die Strafe Gottes zur Folge. Die Kaufleute werden nun eingeführt, um auf diese Weise 18,11–16 vorzubereiten, wo die Kaufleute hauptsächlich wegen des Verlustes ihres Reichtums, also aus egoistischen Motiven, den Untergang der Stadt beklagen. Wenn Götzendienst und Handel nebeneinander erwähnt werden, erinnert das an alttestamentlich-prophetische Aussagen, die den Götzendienst und den Gewinn aus Handel mit dem Lohn einer Dirne vergleichen (Jes 23,17f.; Nah 3,4 LXX). Die Wirtschaftsmacht Rom steht im Dienst des Götzendienstes.

Aufforderung an die Heilsgemeinde, Babylon/Rom zu verlassen (18,4f.)

Die Aufforderung an das Gottesvolk, die gottlose Stadt zu verlassen, hat ihre nächste Parallele in Jer 51,45: »Zieht aus von ihr, mein Volk, und rettet ein jeder sein Leben vor der Glut des Zornes Gottes« (vgl. auch Jer 50,8; 51,6; Jes 48,20; 52,11). Das Volk Gottes soll die Stadt Rom verlassen, um nicht in deren Sünden und Strafen hineingezogen zu werden. Das erinnert an Jer 51,9: »Denn sein (= Babels) Gericht reicht bis zum Himmel hinauf, ragt bis zu den Wolken empor« (vgl. Gen 18,20). Der Sinn der Aufforderung ist nicht, daß die Christen Roms die Stadt verlassen sollen. Dagegen spricht schon allein, daß das Buch sich nicht an die römische Christengemeinde, sondern an die Christenheit in Kleinasien wendet. Die Christen sollen sich vielmehr von der Sünde und damit von der ihr folgenden Strafe entfernen; sie sollen sich also von der Gottlosigkeit der Stadt distanzieren. Es geht letztlich um die Treue der Christen zu ihrem Herrn.

Aufforderung zur Vergeltung (18,6–8)

In den Versen 6–7a fordert der Engel die Strafengel dazu auf, die Freveltaten Babylons zu vergelten. Wiederum benutzt der Seher hier Prophetenworte: »Ja, das ist die Rache des Herrn. Nehmt Rache an Babel! Was es selber getan hat, das tut jetzt an ihm« (Jer 50,15). Babylon/Rom soll doppelte Strafe treffen, d.h., das ihm drohende Gericht wird unnachsichtig sein (vgl. Jes 40,2 LXX; Jer

16,18; 17,18). Im Bild vom Trinken des Bechers kommt zum Ausdruck, daß die Stadt göttlichen Zorn erleidet.

Grund dafür ist die falsche Selbsteinschätzung der Stadt, wobei sich Johannes an das an Babel gerichtete Wort in Jes 47,7f. anlehnt: »Du dachtest: Ich bin und bleibe für immer und ewig die Herrin. Du hast dir dies alles nicht zu Herzen genommen, hast nie an das Ende gedacht. Nun aber höre, du üppiges Weib, die du in Sicherheit lebst und in deinem Herzen denkst: Ich und sonst niemand! Niemals sitze ich da als Witwe, Kinderlosigkeit kenne ich nicht.« In seinem Anspruch ist Rom nach eigenem Bekunden nicht anfechtbar. Wie kann da ein Christ sich weigern, dem Kaiser göttliche Ehren zu zollen? Dem widerspricht der Seher energisch, wenn er in Vers 8 das Gericht ankündigt und das wahre Geschick der Stadt aufdeckt (vgl. Jes 47,9; 14,15). Plötzlich auftretende Plagen bewirken ihren Tod. »Tod« in Vers 8 ist eine der Plagen, nämlich die Pest wie bereits in 2,23 und 6,8. Die Vernichtung des neuen Babel geschieht durch Feuer, wie bereits in 17,16 vorausgesagt (vgl. Jer 50,32; 51,25.30.58). Der richtende Gott ist – das wird zum Trost der Christen gesagt – so stark, daß er sein Gericht auch vollstrecken kann (vgl. Jer 50,34). Johannes beschreibt den Brand Roms nicht näher, wohl auch deshalb nicht, weil er keine persönlichen Kenntnisse der Lage der Stadt hatte.

In den Versen 9–19 folgen drei Totenklagen, wobei vor allem die Klagen über den Fall der wohlhabenden phönizischen Hafen- und Handelsstadt Tyrus (Ez 26,15–27,36) als Vorbilder gelten dürfen. In den Klageliedern erfahren wir vom plötzlichen und unerwarteten Untergang der sich unbesiegbar gebärdenden Stadt.

Das Klagelied der Könige der Erde (18,9f.)

Die Könige der Erde, die mit Rom den Kaiserkult betrieben haben (vgl. 17,2; 18,3) und deshalb in Luxus schwelgen konnten, stimmen als erste ein Klagelied über die vernichtete Stadt an. Den Königen der Erde schließen sich zwei weitere Gruppen Klagender an: die Kaufleute (VV. 11–17a) und die Seeleute (VV. 17b–19). Die Frage, wie man sich das Zusammenkommen der Gruppen vorstellen könne (vgl. etwa 16,14.16; 17,16f.), würde der Seher als unsachgemäß zurückweisen. Denn in den Klagen steht allein das Gericht über die Stadt im Mittelpunkt, die das Gerichtshandeln Gottes als ganzes beschreibt. Um das Schicksal der Stadt zu beschreiben, benutzt Johannes die literarische Gattung der Totenklage (vgl. Ez 26f.). Der einleitende Weheruf findet sich häufig in dieser Gattung (vgl. 1 Kön 13,30; Jer 22,13; 34,5). In Offb 18 soll offenbar auch daran erinnert werden, daß die drei »Wehe« (8,13; 9,12; 11,14) nun ihrem Höhepunkt entgegengegangen sind. Auffällig steht das Eigeninteresse der Könige wie auch der beiden anderen Gruppen der Klagenden im Vordergrund. Die Könige beklagen den Verlust der Macht Babylons, weil sie damit auch ihre eigene Macht verloren haben.

Das Klagelied der Kaufleute (18,11–17a)

Bevor die Kaufleute ihr Klagelied anstimmen (VV. 15–17a), wird dieses eingehend begründet (VV. 11–14). Bereits Ez 27,12–36 hebt die Kaufleute als eigenständige Gruppe hervor, die über den fehlenden Absatzmarkt in der reichen Handelsstadt Tyrus klagen. Die biblische Vorlage dürfte auch den Seher dazu bewegt haben, die Kaufleute als gesonderte Gruppe auftreten zu lassen. Daß die tatsächliche wirtschaftliche Situation der Kaufleute, die hier Großhändler sind, bei ihrer Auswahl eine Rolle spielt, ist selbstverständlich.

Die Großhändler klagen darüber, daß nach der Zerstörung der Stadt niemand mehr da ist, der ihre Fracht erwirbt (V. 11). Die Warenliste in den Versen 12f. enthält nur Gebrauchsgegenstände und Nahrungsmittel für den gehobenen Bedarf. Dadurch soll der verderbliche Luxus der Weltstadt Rom hervorgehoben werden. Zu den Importwaren Roms gehören auch Sklaven, die als »Menschen mit Leib und Seele« bezeichnet werden (V. 13). Vers 14 gibt das eigentliche Motiv der Klage an: Die Kaufleute waren durch den Handel mit der Stadt reich geworden. Sie beklagen also ihren eigenen Verlust. Die eigentliche Klage der Kaufleute (VV. 15–17a) ist ähnlich wie die der Könige der Erde aufgebaut. Ihr beklagenswerter Verlust ist in der Vernichtung des Reichtums und der Pracht Roms gegeben. Auf diese Weise unterstreichen sie das göttliche Gericht über Rom.

Das Klagelied der Seeleute (18,17b–19)

Anders als die Klagen der Könige der Erde und der Kaufleute ist die der Seeleute nicht durch 18,3 vorbereitet. Wahrscheinlich hat Johannes die dritte Klage eingeführt, weil in Ez 27,27–33 ausdrücklich Seeleute genannt werden. Er hebt diese dritte Gruppe wohl auch von den Kaufleuten ab, die für ihren Handel die Marine in Anspruch nehmen mußten, um so eine Trilogie von Klageliedern zu erhalten. Die Klagen über die Stadt bilden eine Einheit und sind vollständig.

Auch die Leute von der Handelsmarine beklagen den Verlust ihres Einkommens. Gegenüber den anderen Klageliedern unterstreicht das dritte die vormalige Größe der Stadt: »Wer war der großen Stadt gleich?« (Ez 27,32). Wie in Ez 27,30 streuen sich die Seeleute Staub auf den Kopf, um ihre Klage rituell zu begleiten.

Aufforderung zum Jubel (18,20)

Der Untergang der Stadt ist nicht nur Anlaß zur Klage über eigenen Verlust, sondern auch Grund zur Freude. Deshalb ruft der Engel (V. 4 ff.) die Himmelsbewohner auf, sich über den Sturz Babylons zu freuen. Die Jubelnden sind die Heiligen, d. h. die Christen, insbesondere die Apostel und die Propheten, die wohl besondere Funktionsträger der Gemeinde waren. Unter den Heiligen Christen zu verstehen, die noch leben, und unter den Aposteln und Propheten Gestalten der Vergangenheit, ist geradezu ausgeschlossen. Alles spricht dafür, daß alle Christen gemeint sind, die nach ihrer Bewährung auf Erden sich bereits in der Gemeinschaft mit Gott im Himmel befinden. Eine Eingrenzung auf Märtyrer ist nicht angezeigt, wenngleich sie in der Gruppe selbstverständlich miteingeschlossen sind. Gott – so begründet Vers 20 c – hat ihr Urteil an der Stadt vollstreckt. Darin wird deutlich, daß das Strafgericht Gottes als Rache für die Unterdrückung der Christen verstanden wird. Was die Märtyrer in 6,9–11 von Gott forderten, ist nun erfüllt. Gott hat seine Herrschaft auch seinen Feinden gegenüber durchgesetzt.

Es ist nicht zufällig, wenn Johannes den Jubelruf nach der Katastrophe in Rom erschallen läßt. Denn es entspricht seiner seelsorglichen Einstellung, Heilsaussagen zu machen, wenn das Unheil auf seinem Höhepunkt angelangt ist. Die Christen müssen das Strafgericht Gottes nicht nur nicht fürchten; es ist für sie sogar ein Anlaß zum Lob Gottes. Denn auch wenn die Christen in der Vollendung angesprochen sind, so soll deren Haltung sich doch auch abfärben bei den Christen in der Bewährung. Sie sollen schon jetzt erkennen: Gott setzt seine Weltherrschaft letztlich gegenüber jedermann durch.

Eine Zeichenhandlung und deren Folgen (18,21–24)

Die plötzliche Vernichtung der Metropole des römischen Reiches wird nun nochmals mit Hilfe einer wirkmächtigen Zeichenhandlung betont. Die Formulierung orientiert sich an Jer 51,63 f.: »Sobald du diese Buchrolle zu Ende gelesen hast, binde sie an einen Stein, und wirf sie in den Eufrat! Sprich dabei: So soll Babel versinken und nicht wieder hochkommen, wegen des Unheils, das ich über die Stadt bringe.« Wie in Jer 51,63 f. folgt auch an unserer Stelle die Deutung (V. 21b) der Zeichenhandlung (V. 21a).

Die Wendung »man wird sie nicht mehr finden« (V. 21d) unterstreicht, daß die Vernichtung der Stadt endgültig ist (vgl. Ez 26,21). Verse 22 f. beschreiben diese Folgen der Zerstörung näher: Lebensfreude, wie sie der Klang der Musik und Gesang hervorrufen (vgl. Ez 26,13; Jes 24,8), wird es niemals mehr in der Stadt geben. Totenstille ist eingetreten. Auch die Hoffnung auf Handwerker, die die Stadt wieder aufbauen könnten, wird enttäuscht werden. Selbst das Geräusch des Mühlsteins hört man nicht mehr in der Stadt, da die Frauen nicht mehr morgens für die Lebensmittel eines Tages sorgen; sogar das Licht leuchtet nicht mehr in ihr. Das Leben in der Stadt ist total erloschen, so daß man auch nicht mehr die Stimme von Braut und Bräutigam hört. Die Stadt hat keine Zukunft mehr (vgl. Jer 25,10; 33,11).

Die Schuld der großen Stadt wird abschließend nochmals in Erinnerung gerufen (VV. 23b–24). Die Kaufleute, die dem Handel mit Rom ihren Reichtum verdanken, werden mit den Großen der Erde gleichgestellt (vgl. Jer 27,35 LXX; 32,15; 32,15 ff. LXX). Die verführerische Zauberei Babylons ist – wohl wie die Hurerei (vgl. 17,2; 18,3) – als ihre Propaganda für den Götzendienst, insbesondere für den Kaiserkult, zu verstehen (vgl. Nah 3,4). Die Handelstätigkeit ist damit in engste Verbindung gebracht mit dem Götzendienst (vgl. auch Jes 23,17f.). Denn dadurch, daß Rom den Handel ermöglichte und damit zu Reichtum verhalf, zog es die Völker so an sich, daß sie der Forderung des Kaiserkultes folgten.

Rom machte sich schuldig durch seinen verführerischen Reichtum und seine Machtgier. Aber das ist nur die eine Seite der Medaille. Die andere ist die Blutschuld, die Rom auf sich geladen hat; denn alle, die sich weigerten, dem Druck der Propaganda für den Kaiserkult zu weichen, hat es umgebracht. Hier ist die Erfahrung des Martyriums in den christlichen Gemeinden Kleinasiens deutlich ausgesprochen. Im griechischen Text wird der Gegensatz der Verse 21d–23a noch deutlicher als in der Einheitsübersetzung: Während man keine Lebensfreude, keine Festfreude und tägliche Arbeit, ja die Stadt überhaupt nicht mehr findet, findet man in der Stadt das Blut der Christen. Daß hier das Bild gesprengt ist, ist offenkundig. Aber die Aussagerichtung ist deutlich: Wenn die Stadt von Gott schon vergessen ist, dann erinnert er sich dennoch der dort um ihres Glaubens willen Getöteten. Die Christen werden auf diese Weise zur Martyriumsbereitschaft aufgerufen. Ihre Treue wird Gott überreich belohnen.

ÜBERSCHWENGLICHER LOBPREIS IM HIMMEL UND AUF ERDEN (19,1–10)

Nach 18,24 wurde das Blut der Christen in der zerstörten Stadt gefunden. Sie sind von Gott nicht im Stich gelassen worden. Doch unser Seher bleibt nicht bei dieser Aussage stehen. Er unterrichtet seine Leser und Hörer zunächst noch nicht über die Stellungnahme der Märtyrer zur Vernichtung der Stadt. Das holt er nun in 19,1–3 nach: Die Christen in der Vollendung, die nun allerdings anders als in 18,24 nicht auf die Märtyrer eingegrenzt werden dürfen, stimmen ein Loblied auf Gott an, der gerechterweise sein Gericht an Rom vollstreckt hat. In Vers 4 stimmen auch die himmlischen Wesen in den Lobgesang ein, der dann seine Fortsetzung unter den Christen auf Erden findet (VV. 5–8). Vers 9 muntert die Christen mit Hilfe einer Seligpreisung dazu auf, sich für die himmlische Vollendung der Gemeinschaft mit dem Lamm bereit zu machen, während Vers 10 einem Mißverständnis des Sehers wehrt, der dem Deuteengel göttliche Verehrung entgegenbringen will.

Der vielfache Lobgesang auf Gottes Gerichtshandeln muß als Gegenstück zu den Wehklagen über das Geschick der Stadt durch jene gesehen werden, die ihre Existenz ihr verdanken (18,9–19). In den Versen 7f. blickt der Hymnus in seiner Begründung zugleich voraus auf die Vollendung der Christen, wovon dann in Offb 21, wenn auch unter anderen Bildern, ausführlich die Rede sein wird.

Himmlischer Lobgesang der Vollendeten (19,1–3)

Danach, d. h. nach Abschluß des Gerichts an Babylon, hört der Seher »eine große Schar im Himmel«. Damit sind wie in 7,9 (vgl. auch 11,15; 12,10) eindeutig die vollendeten Christen gemeint. Mit »Halleluja« (= »Preist Jahwe«) fordern sie sich selbst zum Lobpreis Gottes auf. Das Halleluja ist aus dem Psalterium bekannt (vgl. Ps 104,35; 105,45; 106,1.48 u. ö.); dort ist es zu einer Formel erstarrt. Johannes verwendet es dagegen als echten Aufruf zum Lobpreis (VV. 1.3.4.6). Das Halleluja ist in Offb 19 zum erstenmal in christlicher Literatur bezeugt. Dem Halleluja folgt ein Siegesruf, der dem in 11,15 und 12,10 ähnlich ist. Gegenüber 11,15 und 12,10 ist hier von dem schon errungenen Sieg Gottes über seine Feinde die Rede, die er durch den Sturz Babylons erreicht hat.

Der Lobpreis Gottes wird in Vers 2 begründet: Gottes Gericht ist grundsätzlich wahrhaftig und gerecht (vgl. 15,3f.; 16,7). Gott hat sein gerechtes Handeln konkret darin erwiesen, daß er die Hure Rom vernichtet und damit auch der Unzucht (= Götzendienst) ein Ende bereitet hat (vgl. Kap. 18). Das aber heißt, daß er nun seine Herrschaft über jedermann angetreten hat. In bezug auf die verfolgten Christen bedeutet das, daß er Rache genommen hat. Das Blut der christlichen Märtyrer ist nicht vergeblich vergossen worden (vgl. Dtn 32,43; 2 Kön 9,7 LXX).

Die Christen in der Vollendung stimmen ein zweites Loblied (V. 3) an. Darin bestätigen sie einmal ihre Aussagen in den Versen 1 f. und stellen inhaltlich darüber hinausgehend die Endgültigkeit der Vernichtung Roms heraus. Der Rauch der Stadt steigt für immer auf (vgl. Jes 34,10; vgl. Offb 14,11). Der Widerstand gegen Gott ist also unwiderruflich gebrochen.

Der Lobgesang der himmlischen Wesen (19,4)

Der himmlische Hofstaat, die vierundzwanzig Ältesten und vier Lebewesen (vgl. 4,1–11), fallen vor Gottes Thron nieder (vgl. Jes 6,1) und stimmen in den Lobgesang ein, nachdem sie zuerst den Lobgesang der Christen im Himmel mit einem »Amen« bekräftigt haben. Nur an dieser Stelle beten die Ältesten und die vier Lebewesen gemeinsam zu Gott, der als Richter auf dem Thron sitzt. Damit ist sicher ein Höhepunkt erreicht, zumal wenn man bedenkt, daß die beiden Gruppen des himmlischen Hofstaates im Zusammenhang mit der Machtübertragung an das Lamm (5,14) schon einmal gemeinsam gehandelt haben, wenn auch auf andere Weise.

Der Lobgesang der Christen auf Erden (19,5–8)

Das Halleluja des himmlischen Hofstaates setzt nun auch einen Lobgesang auf Erden in Gang. Doch Vers 5 beginnt nochmals mit einer ausführlichen Einleitung, die zum Lob Gottes auffordert. Die Stimme aus der Umgebung des Thrones Gottes wendet sich an die Glaubenden auf Erden: »Preist unsern Gott« (V. 5; vgl. Ps 33,2; 105,1; 106,1; 107,1 u. ö.). Die angesprochenen Knechte sind hier, wie meistens in der Offb, die Christen überhaupt, nicht eine besondere Gruppe innerhalb der christlichen Gemeinde (vgl. etwa 1,1; 2,20; 7,3). Anders als in Vers 2 ist hier nicht von Märtyrern die Rede, sondern von den Christen auf Erden in der Bewährung. »Alle, die ihn fürchten, Kleine und Große« ist aus Ps 115,13 übernommen (vgl. Offb 11,18); damit sind die Christen insgesamt gemeint. Der Ausdruck erläutert demnach näher, was es heißt, Knecht Gottes zu sein: Ihn voll anerkennen und sich deshalb ganz von ihm in Dienst genommen wissen.

Wenn die Zahl der Lobpreisenden in drei verschiedenen Ausdrücken umschrieben wird (V. 6a), dann zielt das offenbar auf die unüberschaubar große Menge, die dann den endzeitlichen Lobgesang (VV. 6b–8) anstimmt. Das Halleluja wird zur Selbstaufforderung, Gott zu loben (V. 6a), wie Vers 7 dann bestätigt. Vers 6b begründet den Lobgesang damit, daß Gott als der Herrscher über die ganze Schöpfung (Pantokrator) sein königliches Herrscheramt angetreten hat. Aus den Versen 1–2 wissen wir, daß er sich als

Richter über die gottfeindliche Macht Rom als siegreich erwiesen hat.

Vers 7 leitet insofern zu einem neuen Lobpreis ein, weil nun eine neue Begründung für ihn gegeben wird. Die Freude und der Jubel gelten Gott, weil die Hochzeit des Lammes gekommen ist. Es wird auch ausdrücklich gesagt, daß die Braut des Lammes sich bereit gemacht hat. Wenn im Text wörtlich Frau steht, dann deshalb, weil nach jüdischem Rechtsverständnis die Ehe bereits bei der Verlobung geschlossen wird. Zugleich aber ist das Bild von der Frau in Offb 12 aufgenommen, wo sie als das Volk Gottes verstanden wird, das durch das Christusereignis zum wahren Volk Gottes wurde. Die Kirche also als das endzeitliche Volk Gottes hat sich bereit gemacht, um mit Christus Hochzeit zu feiern, d.h., in die innige Gemeinschaft mit ihm zu treten, die kein Ende haben wird. Wenn der Seher den Glanz und die Reinheit der Kleider betont, dann erscheint sie als Gegenbild zur »großen Hure«, die sich mit auffälligen Luxusgewändern bekleidet hatte (17,4f.; 18,1.6).

Während die Hure Rom durch das göttliche Vernichtungsgericht untergegangen ist, geht die christliche Gemeinde ein in die himmlische Gemeinschaft mit Christus. Das strahlend weiße Leinen wird auf die Taten der Glaubenden gedeutet (V. 8b). Weil das weiße Gewand in der Offb auf die Christen in ihrer endzeitlichen Vollendung (vgl. 3,5; 6,11; 7,9.14), nicht aber auf ihre Werke bezogen sei, sprechen sich nicht wenige Autoren für einen späteren Einschub von Vers 8b aus. Gegen eine solche Lösung spricht bereits der Umstand, daß die Vollendeten nach 7,14 ihre Gewänder in ihrer irdischen Geschichte im Blut des Lammes gewaschen und weiß gemacht haben. Die Werke, wie das Waschen der Kleider, sind Bild für die Bewährung des christlichen Glaubens angesichts der bedrängenden Situation, in der die Christen leben (vgl. 14,13).

Die Seligpreisung der zum Hochzeitsmahl Geladenen (19,9)

Ein Engel (vgl. V. 10) spricht den Christen das Heil in Form einer Seligpreisung zu (vgl. 1,3; 14,13; 16,15; 20,6; 22,7; 22,14). Der Deuteengel ist nach 1,3 der Bote Jesu. Er spricht also an seiner

Stelle, weshalb die Offenbarung, die Johannes niederschreibt, die Offenbarung Jesu Christi ist (1,1). So ist es letztlich Christus selbst, der den Geladenen zu ihrer Einladung gratuliert. Das Bild von der Hochzeit, das Johannes aus dem vorhergehenden Lobpreis (VV. 6–8) aufnimmt, gilt schon im Alten Testament als Symbol für die Gemeinschaft zwischen Gott und seinem Volk (vgl. Jer 2,2; Ez 16, 1–63; Jes 50,1; 54,5 f.; 62,4). Die Hochzeit ist auch schon bei den Synoptikern Bild für die Gemeinschaft zwischen Christus und den Christen (vgl. Mt 22,1–10 u. a.). Symbol für die Kirche ist die Braut in Eph 5,31 f.; 2 Kor 11,2. Die Hochzeit wird zum Sinnbild für die Heilszeit. Die Heilszeit ist angebrochen, wenn es schon zum Fest Geladene gibt.

Bei näherem Zusehen gibt es einen Unterschied im Gebrauch des Bildes in Vers 7 und Vers 9: Während in Vers 7 von der Hochzeit des Lammes mit der Braut die Rede ist, spricht Vers 9 von der Teilnahme an der Hochzeitsfeier seitens der Geladenen. Die Erklärung dafür dürfte 12,13–17 liefern: Dort wird nämlich die Kirche nicht einfach mit den Christen identifiziert. Nur die Kirche ist vor den Anschlägen des Satans geschützt, nicht aber die einzelnen Christen, die sich bewähren müssen. In Vers 7 ist demnach die Frau die Kirche, während es in Vers 9 um die einzelnen Glaubenden in der Bewährung geht. Wie die Verbform im Griechischen zeigt (Perfekt), erfolgt die Einladung offenbar in der Taufe und bleibt in ihrer Wirkung erhalten. Was hier Einladung zum Hochzeitsmahl heißt, nennt Johannes anderswo Versiegelung (vgl. Offb 7; 14,1–5). Die Christen sind demnach zur engen Gemeinschaft mit Christus gerufen. Deshalb werden sie schon jetzt seliggepriesen. Das Heil ist ihnen zugesagt, aber sie müssen sich noch bewähren. Es liegt an ihnen, ob sie dem vorgängigen Geschenk der Einladung folgen. Darin liegt der ermahnende Charakter der Seligpreisung.

Diese Verheißung ist in der Zuverlässigkeit der Worte Gottes begründet (V. 9b). Diese Betonung zeigt, wie wichtig dem Verfasser unsere Seligpreisung ist. Einleitend hat er die Bedeutsamkeit der Aussage zudem hervorgehoben, indem er den Engel einen ausdrücklichen Schreibbefehl zur Niederschrift der Seligpreisung geben läßt.

Ein Mißverständnis (19,10)

Johannes ist von der Engelsbotschaft so beeindruckt, daß er dem Engel zu Füßen fällt, um ihn anzubeten (vgl. 22,8). Der Engel wehrt sich gegen diese göttliche Verehrung, indem er ihm befiehlt, allein Gott anzubeten. Da es im ganzen Buch der Offb keine Anzeichen für einen Engelkult (vgl. dagegen Kol 2,18f.) in den Gemeinden Kleinasiens gibt, kann Vers 10 sich nicht polemisch gegen einen solchen Kult richten. Der Engel begründet seine Zurückweisung mit dem Hinweis, daß er – wie Johannes und alle Christen überhaupt – Knecht sei. Daß alle Christen gemeint sind, beweist die Charakterisierung der »Brüder« als jene, »die das Zeugnis Jesu festhalten« (vgl. 12,17). Man kann die Brüder nicht aufgrund von 22,9 auf christliche Propheten einengen, da dort anders als hier ausdrücklich zwischen Propheten und den anderen Christen unterschieden wird. Wenn der Engel sich als Mitknecht des Sehers bezeichnet, dann geht es ihm darum zu betonen, daß er als Bote Gottes keine besondere Verehrung verdient, schon gar nicht Anbetung, die allein Gott gebührt. Er stellt sich damit auf dieselbe Stufe wie die Empfänger der göttlichen Botschaft. Als Knecht Gottes weiß sich der Engel ganz von ihm in Dienst genommen, so daß die hymnischen Aussagen in 19,1–8 wie die Heilszusage in 19,9 letztlich auf Gott selbst zurückzuführen sind. Von daher erhält die Heilsbotschaft ihre Gewißheit. Die Christen können auf diese Botschaft ihr Leben bauen.

Abschließend erläutert Vers 10d das Zeugnis Jesu näher: Es »ist der Geist der Prophetie«. Von vielen Erklärern wird diese Erläuterung als spätere Einfügung gedeutet, weil es an den anderen Stellen, wo vom Zeugnis Jesu die Rede ist (1,2.9; 6,9; 12,17; 20,4), eine solche Deutung nicht gebe. Zudem passe diese Erläuterung nicht gut nach einer Aufforderung zur Anbetung Gottes. Ein späterer Redaktor habe den Text eingeschoben, um ihn mit einer ähnlichen Aussage in 22,8f. zu harmonisieren. Wenn man den Einschub zuweilen so begründet, daß auf diese Weise das Zeugnis Jesu nur jenen zugesprochen werde, die im Dienst prophetischer Offenbarung stehen, übersieht man, daß alle Christen als Propheten zu verstehen sind. Für die Ursprünglichkeit der Erläuterung läßt sich auch 11,1–7 anführen: Für die »zwei Zeugen« werden

»prophetisch reden« (11,3), »Wirken als Propheten« (11,6) und Handeln »als Zeugen« (11,7) gleichsinnig verwendet. Wenn in Offb 11,1–7 Zeugnis und Prophetie wechselweise verwendet werden können, ist dem Verfasser kaum abzusprechen, daß er das Zeugnis Jesu als »Geist der Prophetie« bezeichnet. Dafür spricht schließlich auch, daß in den Sendschreiben der Geist zu den Gemeinden spricht. So könnte 19,10 d Erinnerung daran sein, daß die vom Engel vermittelte Heilsbotschaft geistgewirkte Botschaft ist.

In 19,1–10 wird den Christen das Heil, das sie einmal in der Vollendung erwartet, vor Augen gestellt. Er benutzt dabei das Bild vom Hochzeitsmahl, ohne näher auszumalen, wie dieses vonstatten geht. Das liegt nicht nur daran, daß sich eine solche Schilderung nicht nahelegte, sondern daran, daß der Seher ja noch nicht zum Abschluß seines Buches gekommen ist. Erst wenn er in seiner Schlußvision die Heilsgemeinde in ihrer himmlischen Vollendung schaut, führt er dem Leser vor Augen, wie das Dasein der Frau des Lammes und die Teilhabe am Hochzeitsmahl aussehen. Die dabei verwendeten Bilder vom neuen Jerusalem und vom wiederkehrenden Paradies sind überdies weitaus geeigneter als die von der Frau und der Teilhabe am Hochzeitsmahl (vgl. 21,1–22,5).

6. Endgültiges Gericht über die gottwidrigen Mächte und Heilsvollendung der getreuen Christen (19,11–22,5)

Den Christen in Kleinasien wurde immer wieder zugesichert, daß Gott sich einmal ganz und gar gegen seine Feinde durchsetzen wird. Im letzten Abschnitt des Buches wird nun geschildert, wie Gott sein Gericht an seinen Feinden vollzieht. Dabei ist eine Steigerung zu beobachten: Zunächst werden die beiden Tiere, die Helfershelfer Satans auf Erden, vernichtet (19,20). Dabei ist es nicht ohne Belang, daß das Tier mit den Königen der Erde gegen Christus, den Reiter auf dem weißen Pferd, zu Felde zieht. Denn es war ja wiederholt als Antichrist charakterisiert worden (vgl. vor allem 13,1–10). Dasselbe gilt von dem falschen Propheten, dem Tier aus der Erde (vgl. 13,11–15). Doch wie beim Kampf Michaels gegen den Drachen (12,7–12) so ist es auch hier Gott, der den beiden Gehilfen Satans den Todesstoß versetzt.

Gott setzt sich jedoch nicht nur gegen die irdischen Verbündeten

Satans durch, sondern auch gegen den Satan selbst. Zunächst wird er für tausend Jahre gefesselt (20,2), um dann dasselbe Geschick zu erleiden wie das Tier und der falsche Prophet (20,10). Schließlich besiegt Gott auch den Tod und die Unterwelt, die wie der Satan und seine Genossen vernichtet werden (20,14), nachdem die nichtchristliche Welt nach ihren Werken gerichtet wurde (20,13).

Wenn die Vollstreckung des Gerichts in verschiedenen Phasen dargestellt wird, dann soll das nicht die Vorstellung nähren, es gebe tatsächlich gesonderte Gerichte. Der Seher hat anderes im Sinn: Er will zeigen, wie sich Gott mehr und mehr gegen seine Feinde durchsetzt, bis der letzte von ihnen ausgeschaltet ist.

Für die Christen in Kleinasien sind diese Bilder keine theoretischen Spielereien, sondern Beweis dafür, daß Gott zu ihnen steht und sie von ihren Feinden, die ja zugleich die Feinde Gottes sind, befreit. Doch Johannes spricht über die zukünftige Befreiung der Christen nicht nur so, daß er den Sieg Gottes über ihre Feinde schildert, sondern auch positiv dadurch, daß er ihnen die Vollendung ihres Heiles vor Augen stellt.

Der tausendjährigen Fesselung Satans stellt der Seher die tausendjährige Herrschaft der vollendeten Heilsgemeinde mit Christus gegenüber (20,4–6), um ihnen dann im großen Finale des Buches ihre neue Heimat, den neuen Himmel und die neue Erde, insbesondere das neue Jerusalem, in grandiosen Bildern vor Augen zu führen. Das neue Jerusalem ist der Ort der unmittelbaren Gottbegegnung und deshalb der Ort des uneingeschränkten Glückes.

Das Gericht über das Tier und über den falschen Propheten (19,11–21)

Der Jubel über den Fall der Hauptstadt des Imperiums ist gerade verklungen (19,1–10), da schaut Johannes erneut eine Gerichtsszene. Gottes Herrschermacht setzt sich nicht nur gegen die große Hure (Offb 17) durch, sondern auch gegen die Hauptrepräsentanten Satans auf Erden, den römischen Kaiser und den falschen Propheten, der anderswo das Tier aus der Erde heißt (13,11–15). Daß sie gegen Christus zu Felde ziehen, ist nicht verwunderlich, wenn wir uns erinnern, daß das Tier aus dem Meer und das

Tier aus der Erde als antichristliche Gestalten gezeichnet wurden (Offb 13).

Nach mehrfachem Zeugnis des Alten Testaments wird Jahwe, der Gott Israels, die Feinde seines Volkes in einer großen Schlacht vernichtend schlagen. Ps 2,9 (vgl. Offb 19,15) überträgt die Macht, die Feinde Gottes zu besiegen, auf den Messias. Von daher ergibt sich die Möglichkeit, daß die antichristlichen Kräfte gegen Christus zum Kampf antreten. Ihm gegenüber können sie jedoch nicht bestehen.

19,11–21 läßt deutlich drei Visionen erkennen, die jeweils mit »ich sah« (19,11.17.19) eingeleitet sind. Sie stehen jedoch in einem inneren Geschehenszusammenhang. In 19,11–16 wird Christus als der Reiter auf dem weißen Roß eingeführt, der von den Seinen begleitet wird. Er ist als Richter vorgestellt, an dessen Sieg über die Feinde nicht zu zweifeln ist. In der Zwischenvision (19,17f.) ergeht die Einladung zum Leichenschmaus an die Vögel. Diese Szene bereitet 19,21 vor, wo die Vögel den an sie ergehenden Befehl ausführen. Auch diese Vision zeigt die unerschütterliche Überzeugung von dem bevorstehenden Sieg. Zugleich ist damit ein Gegenbild zur Einladung der getreuen Christen zum Hochzeitsmahl (19,1–10) gegeben: Die gottfeindlichen Mächte werden nicht nur nicht zum Hochzeitsmahl des Lammes geladen, sondern sie werden selbst von den Aasgeiern gefressen. Die Vision (19,19–21) berichtet schließlich die Vollstreckung des Urteils.

Christus als Richter über die gottfeindlichen Mächte (19,11–16)

Der Seher erhält Einblick in den Himmel. Nun öffnet sich nicht nur eine Tür im Himmel (4,1), sondern der Himmel öffnet sich ganz. Nur so kann Christus mit seinem großen Gefolge aus dem Himmel heraustreten (vgl. auch Mt 3,16; Joh 1,51; Apg 10,11f.). Wie es auch anderswo seine Gewohnheit ist (1,12f.; 4,2; 14,14), nennt Johannes nicht zuerst den Reiter, sondern das Pferd, offenbar, um die Bedeutung des Reiters zu unterstreichen. Wenn das Reittier hier nicht der Esel ist (Sach 9,9; vgl. Mk 11,1; Joh 12,14–16), sondern ein weißes Pferd, dann geschieht das wohl einer Steigerung wegen: Der Messias Christus kommt nicht in seiner Erniedrigung, sondern in seiner königlichen Machtfülle.

Denn das Pferd gilt als zugleich königliches und kriegerisches Tier (Est 6,8–11; vgl. Ez 23,6.12). Die weiße Farbe ist Symbol himmlischer Reinheit (vgl. 3,4f.; 6,11 u. a.).

Christus wird »treu und wahrhaftig« genannt. Das soll kaum an die Bezeichnung Christi als des »treuen und wahrhaften Zeugen« (1,5; 3,14) erinnern, der zugunsten der Christen eintritt; denn in 19,11–21 geht es nicht um das Heil der Christen, sondern um das Gericht über die gottfeindlichen Mächte. Deshalb ist es wahrscheinlicher, in der Bezeichnung des Reiters die Übertragung eines Gottesprädikats (3 Makk 2,11) auf Christus zu sehen. Christus richtet unbestechlich und führt einen gerechten Krieg. Der Umschwung gegenüber den früheren Berichten über die Kriegsführung in der Offb ist offenkundig: Während bislang die widergöttlichen Mächte gegen die Christen kämpften und sie besiegten (11,7; 12,17; 13,7), kämpfen sie hier wie bereits in 17,14 gegen Christus und werden von ihm besiegt.

Die Beschreibung der Augen des Reiters – »wie eine Feuerflamme« (V. 12) – identifiziert ihn mit dem Menschensohnähnlichen (1,14; vgl. 2,18). Die vielen Diademe auf seinem Kopf sollen ihn offenbar von vornherein als überlegen vorstellen, da der Drache (12,3) und das Tier (13,1) nur zehn Diademe haben. Seine unüberwindliche Macht kommt auch dadurch zum Ausdruck, daß niemand außer ihm selbst seinen Namen kennt. Denn nach antiker Vorstellung ist die Kenntnis des Namens gleichbedeutend mit dem Wissen um das Wesen des Namensträgers, der dadurch verwundbar wird (vgl. 12,9). Christus ist somit als der unüberwindbare Krieger gezeichnet, der Macht in Fülle hat.

Er trägt ein Gewand, das in Blut getaucht ist. Es ist das Blut der Feinde Gottes. Das vermag Jes 63,1–6 zu zeigen, worauf der Seher hier anspielt. Gott ist nach dem Propheten Jesaja aus dem Kampf gegen seine Feinde zurückgekehrt: »Ihr Blut spritzte auf mein Gewand und befleckte meine Kleider« (Jes 63,3c). Der Sieg Christi gilt als von vornherein sicher.

Christus ist sodann als »das Wort Gottes« bezeichnet (V. 13b). Das scheint ein Widerspruch zu Vers 12 zu sein, wonach niemand außer ihm selbst seinen Namen kennt. Manche Erklärer wollen Vers 12 deshalb als eine spätere Hinzufügung streichen. Das ist allerdings gar nicht notwendig; denn wie der Titel »König der

Könige und Herr der Herren« (11,16) dürfte auch der Titel »das Wort Gottes« kein echter Name sein, sondern die Beziehung Christi zu Gott kennzeichnen. In Vers 13b wird ein Einfluß von Vers 15 her vorliegen: Aus Christi Mund wird ein scharfes Schwert hervorgehen. Das aber heißt, daß Vers 13b die folgende Aussage vorbereiten soll: Christus als »das Wort Gottes« ist der Vollstrecker des göttlichen Willens.

Christus als dem Reiter auf dem weißen Pferd folgen die Heere im Himmel ebenfalls auf weißen Pferden. Die Reiter sind in weiße, reine Leinwand gekleidet (V. 14). Die Heere im Himmel werden in der Regel auf Engel gedeutet. Näher dürfte jedoch liegen, an die Christen in der Vollendung zu denken. Denn »das weiße, reine Leinen« ruft »das strahlend reine Leinen« in Erinnerung, das die Frau trug, die sich zur Hochzeit des Lammes bereit gemacht hat, und das auf die gerechten Taten der Christen gedeutet wird (19,7f.). Zudem spricht die Offb nirgendwo davon, daß Engelheere im Gefolge Christi sind. Dagegen heißt es in 14,4, daß die Christen in der Vollendung dem Lamm folgen. Auch Ps 2,9, der in Vers 15b auf Christus angewendet und in 2,26 von Christen in der Vollendung ausgesagt wird, weist in diese Interpretationsrichtung. Schließlich läßt sich noch 17,14 anführen, weil dort die Christen eindeutig auf der Seite des kriegführenden Lammes stehen. Dieser Zusammenhang ist auch deshalb so naheliegend, weil Christus in 17,14 wie in 19,15 der Titel »Herr der Herren und König der Könige« zugelegt wird. Wenn die Heerscharen im Hintergrund bleiben und nicht mit Christus in den Kampf ziehen, entspricht das genau dem Sachverhalt, um den es in unserem Abschnitt geht, nämlich um das Gericht über die gottfeindlichen Mächte, nicht aber um das Heil der Glaubenden.

Folgerichtig heißt es dann, daß ein scharfes Schwert aus dem Munde des Reiters auf dem weißen Pferd kommt, das die Völker vernichtet (V. 15a). Diese Aussage knüpft frei an Jes 49,2 (»Er machte meinen Mund zu einem scharfen Schwert«) und an Jes 11,4b an (»Er schlägt die Gewalttätigen mit dem Stock seines Wortes und tötet den Schuldigen mit dem Hauch seines Mundes«). Auf diese Weise ruft Johannes beim Leser die Vorstellung eines messianischen Kriegers hervor, der die gottlosen Völker vernichtet (vgl. Jes 11,4; äthHen 62,2; 4 Esr 13,5–11). Um sein Ziel zu erreichen, benötigt Christus nur sein richtendes Wort, das unwiderstehlich ist.

In dieses Bild paßt auch die Aussage aus Ps 2,9, demgemäß der Messias-Richter »die Heidenvölker mit eisernem Stab weiden wird«. Hier ist die Ankündigung des messianischen Richterauftrages aus Offb 12,5 aufgenommen. »Weiden«, das für »zerschlagen« im hebräischen Urtext steht, hat seinen ursprünglichen Sinn, Schutz zu gewähren, verloren; denn in unserem Text ist es für die Vollstreckung des Strafgerichtes an den Völkern gebraucht.

Während nach 14,19 Gott selbst die Weinkelter tritt, in der nach Jes 63,2–5 die Heidenvölker zermalmt werden, geschieht das jetzt durch Christus (19,15c). Der Seher vermischt das Bild von der Weinkelter diesmal mit der Vorstellung vom Zornesbecher Gottes (vgl. 14,10; 16,19), aus dem die Gottlosen trinken müssen. Dadurch erreicht er eine erhebliche Steigerung gegenüber seiner Aussage in 14,19f.. Zugleich wird deutlich, in wessen Auftrag Christus das Gericht vollstreckt: Der Auftraggeber ist Gott selbst, der Herrscher über die ganze Schöpfung. Die Beauftragung zum Gericht setzt die Würde dessen voraus, der es vollstreckt. Deshalb wird Christus hier mit dem Titel »König der Könige und Herr der Herren« bedacht (V. 16; vgl. VV. 17.14). Ursprünglich ließen sich die Großkönige des Orients auf diese Weise benennen. In Israel wird der Titel auf den Gott des auserwählten Volkes übertragen (vgl. Dtn 10,17; Ps 136,2f.; 2 Makk 13,4; auch 3 Makk 5,35; äthHen 9,4).

Die römischen Kaiser maßen sich solche und ähnliche Titel als Lästernamen an (13,1; 17,3); Christus trägt ihn dagegen zu Recht. Er hat sich ja aufgrund seines Sühnetodes als würdig erwiesen, Macht und Ehre zu empfangen (vgl. 5,12). Der Name steht nicht nur auf dem Mantel, sondern auch auf dem Schenkel des Reiters. Warum das so ist, ist nicht mehr auszumachen, aber für das Verständnis des Textes auch unbedeutend. Wichtig allein ist es, daß der Träger des machtvollen Titels seinen antigöttlichen Gegenspielern keine Chance mehr einräumt. Wie gewiß der Sieg ist, zeigt die Zwischenvision in Versen 17f.

Einladung zum Leichenschmaus (19,17f.)

Ein Engel steht in der Sonne und lädt die Vögel dazu ein, sich mit den Leichnamen der toten Feinde zu sättigen, bevor sie überhaupt getötet wurden. Da der Engel sich in der Sonne befindet, kann er von weitem gesehen werden; er kann also eine große Zahl an Vögeln erreichen. Das Bild stammt aus Ez 39,17–20. Gott fordert dort den Propheten auf, die Vögel und wilden Tiere zu versammeln, damit sie sich an den Reitern und Pferden sättigen, die beim Untergang Gogs getötet wurden.

Johannes benutzt die Szene als ein großartiges Gegenbild zum Hochzeitsmahl des Lammes, zu dem die Christen gerufen sind (19,9). Während die treuen Christen an einem Mahl teilnehmen, werden die Feinde der Christen und Gottes von den Vögeln gefressen (vgl. noch V. 20). Dem Seher ist das grausame Bild nicht an sich wichtig; er betont mit ihm vielmehr die Gewißheit der Niederlage der Feinde und dadurch die unüberwindliche Macht Christi. Das ist die eigentliche Aussage. Verse 19–21 berichten dann den Vollzug des Gerichtes.

Endgültiger Sieg Christi über die gottfeindlichen Mächte (19,19–21)

Der Leser ist zunächst überrascht, daß nicht Christus mit seinem Heer den Kampf aufnimmt, sondern daß das Tier und die Könige der Erde gegen ihn zu Felde ziehen. Doch das entspricht genau der Aussage von Offb 17,12–14, dergemäß die Initiative zur Kriegsführung von den Gegnern des Lammes ausgehen wird. Dieser Kampf kann jedoch kaum mehr sein als ein ohnmächtiges Aufbäumen der gottwidrigen Kräfte und ihres Anhangs. So ist vom Kampf überhaupt nicht die Rede. In Vers 20 ist die Niederlage schlicht vorausgesetzt: Die beiden Hauptrepräsentanten des Bösen auf der Erde, das Tier und der falsche Prophet, können einfach ergriffen und in den See von brennendem Schwefel geworfen werden.

Der Verfasser hebt diese beiden Unheilsgestalten eigens heraus, da sie es ja waren, die die Menschen verführt haben. Das gilt vor allem für den falschen Propheten, der überall im römischen Reich den Kaiserkult durchzusetzen versucht hat. Der See, der von

Schwefel brennt, ist der endgültige Strafort, der auch für den Satan (20,10) und für alle Verdammten (20,14) bestimmt ist. Die Bezeichnung »See, der von Schwefel brennt« könnte von Gen 19,24 beeinflußt sein. Dort heißt es, daß Gott auf Sodom und Gomorra Schwefel und Feuer regnen ließ. Es können aber auch Vorstellungen im Hintergrund stehen, die den Strafort im Toten Meer sehen (vgl. äthHen 67,4 ff.). Was gemeint ist, ist jedenfalls klar: Es ist derselbe Ort, der anderswo »Feuerhölle« (Mt 5,22; 18,9; Mk 9,43) oder das »ewige Feuer« heißt, »das dem Satan und seinen Engeln bereitet ist« (Mt 25,41).

Es fällt auf, daß es nicht heißt, daß der Reiter auf dem weißen Pferd, also Christus, das Tier und den falschen Propheten in den See geworfen hat, sondern daß sie in den See geworfen wurden. Das dürfte göttliches Passiv sein: Wie der Satan von Gott aus dem Himmel auf die Erde gestürzt wurde (12,9.10), so werden jetzt die irdischen Helfershelfer Satans ebenfalls von Gott in ihren ewigen Strafort geworfen.

Die übrigen, d. h. die Anhänger des Kaiserkultes, wurden auf wunderbare Weise durch das Schwert, das aus dem Mund des himmlischen Reiters kommt (vgl. schon V. 15), getötet (V. 21). Sie werden nicht an den ewigen Strafort verbannt, sondern von den beauftragten Vögeln gefressen. Ihnen steht das endgültige Gericht noch aus (vgl. 20,13.15).

Am Ende dieses Gerichtsgeschehens sind zwei aus dem Triumvirat der antigöttlichen Mächte endgültig ausgeschaltet. Nur der Satan selbst ist noch übrig. Sein endgültiges Geschick läßt allerdings nicht mehr lange auf sich warten.

TAUSENDJÄHRIGE HERRSCHAFT DER CHRISTEN UND GERICHT ÜBER DEN SATAN (20,1–10)

Nachdem die beiden mächtigen Helfershelfer des Satans endgültig ausgeschaltet sind, stellt sich nun dringend die Frage nach dem Geschick der glaubenstreuen Christen. Für sie ist bisher klar, daß ihnen von den irdischen Vasallen Satans ebenso keine Gefahr mehr droht wie von denen, die sich von ihnen haben verführen lassen (19,19–21). Doch der Satan, der eigentliche Drahtzieher, ist noch nicht entmachtet. Der Seher zerstreut die Sorgen, die die Christen deshalb beunruhigen könnten, dadurch, daß er ihnen in einer ersten Vision sagt, daß der Satan für tausend Jahre gefesselt wird, um dann noch eine kurze Zeit für sein verführerisches Wirken zu erhalten (VV. 1–3). Während dieses Zeitraums von tausend Jahren haben die treuen Christen an der Herrschaft Christi teil (VV. 4–6). Danach wird der Satan endgültig vernichtet (20,7–10).

Die Fesselung Satans für tausend Jahre (20,1–3)

Ein Engel steigt vom Himmel herab, um den Satan an seiner Machtausübung zu hindern. Der Sturz Satans auf die Erde war bereits ein Beweis dafür, daß seine Macht grundsätzlich gebrochen ist, weshalb ihm nur noch kurze Zeit verbleibt, um die Menschen zu verführen (12,7–12). Jetzt werden ihm die Hände völlig gebunden, allerdings nur für tausend Jahre.

Der Schlüssel zum Abgrund (vgl. 9,1 f.) und eine große Kette in der Hand (V. 1) sind die Symbole dafür, daß der Engel die Vollmacht hat, seine Aufgabe durchzuführen. Das Wesen des Drachen wird hier ebenso durchschaut wie in 12,3, indem seine Namen aufgeführt werden. Er ist nach altorientalischer Auffassung schon deshalb grundsätzlich überwindbar. Deshalb heißt es auch schlicht, daß er überwältigt und gefesselt wurde (V. 2). Der Kontrast zum Messias-Richter in 19,11–21 ist offenkundig: Dieser kannte allein seinen Namen (19,12b), weshalb sein Sieg von vornherein feststeht.

Der Satan wird in den Abgrund, d. h. in die Unterwelt geworfen und so eingeschlossen, daß er seine verderbenbringende Tätigkeit nicht mehr fortsetzen kann (vgl. 13,14; 16,13), bis ihm nochmals für kurze Zeit Macht gegeben ist (V. 3).

Die Vorstellung, daß eine Unheilsmacht gefesselt wird, ist alt (vgl. Jes 24,21 f.; äthHen 18,13–16; 21,6–10; TestLev 18,12; syrBar 40). Nach einem alten iranischen Mythus wird die Schlange Azhi Dalaka gefesselt, am Ende aber wieder frei gelassen, um schließlich endgültig überwunden zu werden. Möglicherweise hatte dieser Mythus Einfluß auf das Alte Testament und das Judentum. Johannes ist jedenfalls nicht an diesem Mythus interessiert, sondern benutzt die Vorstellung von der Fesselung der

Unheilsmacht, um einen Kontrast zur tausendjährigen Herrschaft der Christen mit Christus zu erreichen.

Der Satan ist zwar in die Unterwelt verbannt, aber noch nicht endgültig bestraft. Die Erde aber ist frei von ihm, wie sie zuvor befreit wurde von seinen gottfeindlichen Helfershelfern und deren Anhängern (vgl. 19,19–21).

> **Zur Vorstellung des tausendjährigen Reiches**
> Zur Vorstellung eines tausendjährigen Reiches kommt es durch die Verbindung von zwei ursprünglich selbständigen apokalyptischen Endzeiterwartungen. Nach der einen Endzeiterwartung besiegt der Messias die Feinde Israels und errichtet für das Volk ein Friedensreich, das nie enden wird (vgl. PsSal 17,21 ff.). Neben dieser nationalen Erwartung gibt es die universale Vorstellung vom Weltgericht, das über den Eintritt in die neue Welt Gottes entscheidet.
>
> Die nationale Erwartung eines Messiasreiches wird dann zu einem begrenzten Zwischenreich, das der allgemeinen Totenerweckung und dem universalen Gericht vorausgeht. Diese Konzeption wird eindeutig nur in 4 Esr 7,26–33 bezeugt. Hier ist nicht von tausend Jahren die Rede, sondern von vierhundert Jahren. Nach dieser Zeit stirbt sogar der Messias.
>
> Die frühen rabbinischen Schriften setzen dagegen die Messiaszeit mit der kommenden Weltzeit in eins. Das ist auch nach Offb 20,4–6 der Fall; denn die Herrschaft des Messias und seiner Getreuen hört keineswegs nach tausend Jahren auf (vgl. auch 22,5). Tausend ist somit eine symbolische Zahl; ihr liegt das Schema der Weltwoche aus siebenmal tausend Jahren zugrunde. Nach diesem Schema sind die siebten tausend Jahre gleich der Sabbatruhe (vgl. slavHen 33,1 f.). Der Verfasser macht sich dieses Schema zunutze, um die privilegierte Stellung der getreuen Christen zu betonen. Das Bild von der Sabbatruhe wird auch schon hinter 14,13 stehen, wonach die Toten im Herrn von ihren Mühen ausruhen.

Wenn der Verfasser der Johannes-Apokalypse die Verurteilung im Gericht und die Erfüllung der Heilszusage an die Christen in einem zeitlichen Rahmen darstellt, dann will er dennoch keine Aussagen über zeitlich aufeinander folgende Szenen machen, sondern den Christen vor Augen führen: Gott setzt sich mit seiner Herrschaft durch. Wer sich ihm nicht freiwillig beugt, den trifft das Strafgericht. Wer sich ihm gehorsam unterstellt, dem gehört das vollendete Glück in der Gemeinschaft mit Gott und Christus. Es gibt dann keine Beherrschten mehr; denn es wird ja nicht gesagt, daß Christus und die Christen über jemanden herrschen werden. Die Herrschaft der vollendeten Christen ist nichts anderes als der Ausdruck ihrer unendlichen Glückseligkeit. Um das darzustellen, benutzt Johannes die ihm von der Tradition zur Verfügung stehenden bildhaften und literarischen Mittel. Es geht ihm aber in keiner Weise um die Lehre von mehreren Gerichten, die man dann eventuell gegen Aussagen in anderen Schriften des Neuen Testaments ausspielen könnte (vgl. etwa Mt 25,31–46).

Die tausendjährige Herrschaft der Christen mit Christus (20,4–6)

Indem Johannes mit »und ich sah« neu einsetzt, wird deutlich ein Szenenwechsel markiert. 20,4–6 kann als Zwischenstück gelten. Wie anderswo (7,1–17; 11,1–14; 14,1–5 u. a.) dient es der Absicht, das endzeitliche Geschick der Christen zur Sprache zu bringen. Johannes schaut zunächst Throne und Gestalten, die sich auf die Throne setzen, ohne diese namhaft zu machen. Die meisten Ausleger denken hier an Richtersitze. Das Bild sei an Dan 7,9f. orientiert, wo vom Aufstellen von Thronen und davon die Rede sei, daß sich ein Richterkollegium darauf setze. Auch Dan 7,22 spreche für diese Deutung, da dort von der Übergabe des Gerichts gesprochen werde.

Gegen diese Deutung kann man jedoch anführen, daß der Thron in der Offb zuerst und vor allem Symbol der Macht ist; Richterstuhl wird er erst durch den Kontext (vgl. 20,11). Zudem wird das Gericht letztlich immer von Gott gesprochen. Das gilt selbst von Offb 19,11–21, da dort durch das göttliche Passiv klargemacht wird, wer der eigentliche Richter ist (V. 20 f.). Für ein Richterkollegium scheint es in der Offb keinen Raum zu geben. Dan 7,22 spricht nicht von der Übergabe richterlicher Vollmacht, sondern davon, daß den Heiligen des Höchsten Recht verschafft wurde und die Zeit kam, in der die Heiligen das Königtum erhielten. Von daher liegt auch in Offb 20,4 nahe, von einer Rehabilitierung der bedrängten Christen zu sprechen: Gott verschafft denen ihr Recht, die sich in der Bedrängnis bewährt haben.

Wenn es heißt, daß die bedrängten Christen auf dem Thron Platz nehmen und ihnen Recht verschafft wird, dann ist hier bereits bildhaft ausgedrückt, was später ausdrücklich gesagt wird: Sie werden mit Christus herrschen. Diese Deutung wird auch von der Aussage in dem Überwinderspruch (Offb 3,21) gestützt, wonach dem Überwinder zugesagt ist, daß er sich auf den Thron Christi setzen werde, wie dieser sich auf den Thron Gottes gesetzt hat. Das aber bedeutet nichts anderes als Anteilhabe an der Herrschaft Christi.

Die dritte Aussage in Vers 4 nennt ausdrücklich die Christen, die treu zu ihrem Glauben gestanden haben. Der erste Teil »Ich sah... die Seelen der Enthaupteten...« erinnert an Offb 6,9: »Ich sah... die Seelen der Geschlachteten«. Der Verfasser scheint durch seine teilweise sogar wörtlichen Anklänge an 6,9–11 bewußt eine Verbindung zwischen diesen beiden Texten herstellen zu wollen. Die Märtyrer in 6,9–11 aber fordern ihre Rehabilitation.

Schließlich ist noch ein formales Argument anzuführen: Wir haben wiederholt beobachtet, daß der Verfasser erst die Requisiten sieht (so zuletzt noch 19,11), dann erst die eigentlich handelnden Akteure. Diese Beziehung zwischen den Thronen und den dann genannten Märtyrern und Bekennern ist zwar nicht so klar wie in anderen Fällen. Aber als ergänzendes Argument verdient sie dennoch Beachtung.

Aus all dem folgt: 20,4a spricht davon, daß Gott den treuen Christen Recht verschafft. Nur so hat die Aussage auch einen inneren Zusammenhang zum Folgenden, wo den Christen die tausendjährige Herrschaft mit Christus zugesagt ist. Die Übersetzung: »ihnen wurde das Gericht übertragen« (EÜ) ist somit durch »ihnen wurde Recht verschafft« zu ersetzen. Auch die Frage, ob nur den Märtyrern – wie meistens angenommen wird – oder allen Christen die Mitherrschaft mit Christus zukommt, ist umstritten.

Teilhabe an der »ersten Auferstehung« nur für Märtyrer?
Wie die meisten Neutestamentler entscheidet sich auch die Einheitsübersetzung eindeutig dafür, daß nur Märtyrer an der »ersten Auferstehung« teilhaben. Das dürfte jedoch kaum richtig sein. Wörtlich müßte man Vers 4b übersetzen: »Ich sah die Seelen der wegen des Zeugnisses Jesu und des Wortes Gottes Enthaupteten und (auch) die, die das Tier und sein Standbild nicht angebetet und auf ihrer Stirn und auf ihrer Hand nicht das Kennzeichen empfangen hatten.« Es sind deutlich zwei Gruppen zu unterscheiden: Die Märtyrer und darüber hinaus alle jene, die sich dem Kaiserkult verweigerten, also Bekenner und Märtyrer.

Bestätigt wird dieses Verständnis durch Offb 1,7, wo eine ähnliche Satzkonstruktion wie in 20,4b vorkommt: »Jedes Auge wird den sehen, der mit den Wolken kommt, und (auch) die, die ihn durchbohrt haben.« Die beiden Gruppen in 1,7 kommen darin überein, daß sie den mit den Wolken Kommenden sehen, unterscheiden sich aber darin, daß nicht alle ihn durchbohrt haben. Genau so verhält es sich in 20,4b: Die Märtyrer treffen sich mit den Bekennern darin, daß sie den Kaiserkult verweigerten, aber nicht alle, die den Kaiserkult verweigerten, wurden auch getötet.

In der Seligpreisung (20,6) kommt Johannes auf die Teilnehmer an der ersten Auferstehung zurück. Indem er – nur hier – dem »Selig« noch ein »Heilig« hinzufügt, will er offenbar klarstellen, daß nicht nur die Märtyrer an der ersten Auferstehung teilhaben, denn Heilige werden in der Offb alle Christen genannt.

Schließlich ist die Herrschaft mit Christus (20,4b; 20,6c) nicht nur Märtyrern, sondern allen Christen zugesagt (vgl. 5,10; 22,5). Die Deutung von Vers 4b auf alle getreuen Christen entspricht zudem dem Anliegen des Sehers, der nicht dazu auffordert, sich in das Martyrium zu stürzen, sondern Gott und seinem Gesalbten treu zu bleiben. Das schließt selbstverständlich die Martyriumsbereitschaft ein. Diese Auffassung des Verfassers läßt sich allein schon durch seine Symbolsprache belegen, die ja gerade als Schutz für die

> Mitchristen gedacht ist, so daß deren Feinde nur schwer verstehen können, was den Christen in ihrer Bedrängnis gesagt wird.

Wenn der Schluß von Vers 4 davon spricht, daß die treuen Christen zum Leben kamen, bestätigt das die Deutung von Vers 4a auf die Rehabilitierung der Christen. Denn die Neubelebung ist offenbar Wirkung des Urteilsspruches Gottes. Ihnen ist die Herrschaft mit Christus geschenkt, die niemals aufhört, da die tausend Jahre keine zeitliche Begrenzung, sondern eine Betonung des Lohnes für die Treue der Christen bedeuten (vgl. den Exkurs zum tausendjährigen Reich).

Die übrigen Toten kamen nicht vor dem Ende der tausend Jahre zum Leben (V. 5). Auch hier ist keine rein zeitliche Aufeinanderfolge gemeint, sondern eine qualitative Aussage: Zuerst wird den Christen das Heil zuteil (VV. 5b.6), dann erst ergeht das Gericht über die übrigen Menschen (VV. 11–15).

Die negative Folge der ersten Auferstehung, wie das vollendete Heil der Christen heißt, ist, daß der zweite Tod keine Macht mehr über sie hat (V. 6b). Sie können also nicht mehr den endgültigen Tod sterben, der denen droht, die nicht in das Buch des Lebens eingeschrieben sind (V. 12f.) und in den Feuersee geworfen werden (V. 14f.); denn das ist der zweite Tod (vgl. V. 14b).

Positiv folgt aus der ersten Auferstehung, daß die Christen in der Vollendung Priester Gottes und Christi sind, d.h. unmittelbaren Zugang zu ihnen haben, und mit Christus herrschen werden (vgl. V. 4). Die Seligpreisung lenkt den Blick auf die Notsituation der Christen in Kleinasien zurück. Sie spricht denen, die sich in der Bedrängnis bewähren, die aus dem gesellschaftlichen Zwang kommt, den Kaiser göttlich zu verehren, das Heil zu. In der ersten Auferstehung werden die Christen für das erlittene Unrecht rehabilitiert. Die aktive Herrschaft der Christen mit Christus ist schon im Symbol des Thrones, auf den die Christen sich setzen (V. 4), zum Ausdruck gebracht.

Die endgültige Überwindung Satans (20,7–10)

Die Entfesselung Satans war bereits in Vers 3b angekündigt worden. Seine Wut über die Fesselung ist nun das Motiv für den letzten Angriff Satans auf die Völkerwelt.

Da die Anhänger des Tieres und damit die Bewohner des römischen Reiches überhaupt vernichtet sind (19,18.19–21), muß sich der Satan nun gegen die Völker der vier Ecken der Erde wenden, die Gog und Magog genannt werden (V. 8), um sie zum Kampf gegen das Lager der Heiligen und gegen Gottes geliebte Stadt zu verführen (V. 9).

Wenn der Seher nach der Schilderung des messianischen Reiches die Völker Gog und Magog einführt, dann läßt er sich von Ez 37–39 anregen. Nach dem Propheten Ezechiel folgt nämlich dem messianischen Reich (Ez 37) der Ansturm der Heere des Fürsten Gog aus dem Land Magog gegen Israel und deren Vernichtung (Ez 38f.). In Ez 40f. schließt sich die Vision des neuen Jerusalem an, was bereits auf Offb 21,9–22,5 vorausweist.

Zur Zeit der Offb waren die beiden Namen Gog und Magog längst zu mythischen Völkerheeren geworden (vgl. OrSib, 3,319.512), die nach rabbinischer Auffassung (TargJerusch II Num 11,26) gegen Jerusalem zu Felde ziehen. Der Seher schließt sich dieser Deutung an und läßt Gog und Magog im Auftrag Satans gegen das Lager der Heiligen und gegen die geliebte Stadt (vgl. Ez 38,12) ziehen (V. 9). Die Stadt wie das Lager der Heiligen aber werden auf wunderbare Weise verschont, da Feuer vom Himmel fällt und die anstürmenden Feinde verzehrt (vgl. 2 Kön 1,10.12; Ez 38,22; 39,6; OrSib 3,663 ff.).

Man darf natürlich die Völkerheere Gog und Magog nicht zu identifizieren versuchen. Johannes zeigt den Christen vielmehr, daß ihnen nichts mehr passieren kann, wenn sie einmal in der Heilsvollendung sind, da Gott ihnen Schutz gewährt. Wer ihnen dennoch Leid antun will, wird jämmerlich scheitern.

Wenn Jerusalem nun als geheiligte Stadt bezeichnet wird, dann liegt das allein an ihren Bewohnern, den standhaften Christen, die die Stadt als geheiligt qualifizieren. Deshalb ist es kein Widerspruch, wenn Jerusalem in 11,8 wegen des Kreuzestodes Jesu, der dort stattfand, als »Sodom und Ägypten« bezeichnet wird. »Das

Lager der Heiligen« ist eine Parallelaussage zur »geheiligten Stadt«. Der Ausdruck hat seinen Ursprung in der Wüstenwanderung der Israeliten, die in Lagern wohnten. Die Kriegsrolle in Qumran kennt »die Lager der Heiligen«, die im endzeitlichen Krieg gegen die Söhne der Finsternis eine große Rolle spielen (vgl. 1 QM 3,5; 4,9). Am »Lager der Heiligen« kann der Satan nur scheitern. Sein Ansturm gegen die Christen in der Vollendung ist absolut aussichtslos. Das Feuerwunder bestätigt das zusätzlich.

Nachdem die Ohnmacht Satans offenbar ist, bleibt nur noch seine endgültige Vernichtung zu berichten (V. 10). In aufsteigender Linie werden zunächst seine Helfershelfer (19,20) zur ewigen Verdammnis verurteilt; nun muß er selbst mit ihnen das Schicksal teilen und wird nun Tag und Nacht gequält, und das eine ganze Ewigkeit lang (vgl. schon 14,10, wo dieselbe Strafe den Anhängern des Kaiserkultes angedroht ist, während den standhaften Christen gerade das Ausruhen von ihren Mühen zugesichert wird [14,13]).

Das Gericht über die Toten, den Tod und die Unterwelt (20,11–15)

Nach Offb 20,4 sind die standhaften Christen bereits zum Leben gekommen und nehmen an der tausendjährigen Herrschaft Christi teil (vgl. 20,5b–6). Dagegen heißt es von den übrigen Toten ausdrücklich, daß sie nicht vor dem Ende der tausendjährigen Herrschaft zum Leben kommen werden (20,5b). Das Endgericht wird somit in zwei Teilen berichtet. Das entspricht der Absicht des Verfassers, der nach dem Vorbild anderer apokalyptischer Schriften eine bestimmte Dramaturgie des Geschehens verfolgt: Nachdem der gottwidrigen Welt zunächst in absteigender Weise Macht über die Christen gegeben wurde: Satan (12,7–12) und seinen irdischen Helfershelfern (vor allem Kap. 13 und 17), ergeht das Gericht in genau umgekehrter Reihenfolge von den irdischen Helfershelfern (19,11–21) über den Satan (20,7–10) bis hin zum personifizierten Tod und zur personifizierten Unterwelt (20,15). Wichtiger ist noch, was nun mit den übrigen Menschen geschieht. Zu ihnen zählen auch die Anhänger des Tieres, die zwar schon getötet (19,21), aber noch nicht ihrer endgültigen Bestrafung zugeführt wurden.

In der Vision sieht Johannes wiederum wie in 4,2 (vgl. Dan 7,9) zuerst den Thron, dann erst den darauf Thronenden (vgl. auch 20,4). Der Thron wird als groß, d. h. erhaben, beschrieben (vgl. Ez 1,26; Jes 6,1). Weiß ist die Farbe himmlischer Reinheit. Das alles weist auf die ehrfurchtgebietende Größe des göttlichen Richters. Dem entspricht, daß die personifiziert vorgestellten Erde und Himmel vor seinem Angesicht fliehen. Gottes Richtermacht ist so unwiderstehlich, daß ihr das Universum nicht standhalten kann. »Es gab keinen Platz mehr für sie« erinnert daran, daß für den Satan und seine Engel kein Platz mehr im Himmel gefunden wurde (12,8), während Gott dem wahren Volk Gottes im Symbol der Frau einen Platz in der Wüste bereitet hat (12,5). Wem Gott keinen Platz bereitet, der ist im Grunde schon vernichtet und trägt den Todeskeim in sich. Da die Erde und der Himmel nach 20,11 nirgendwo einen Platz gefunden haben, bedeutet das ihre endgültige Vernichtung. Der Seher will mit dieser Aussage nichts darüber aussagen, wie die Welt einmal untergehen wird, sondern allein die überwältigende Größe des zum Gericht gekommenen Gottes unterstreichen. Versteht man diese Aussage in dieser Weise, dann ist es kein Widerspruch, wenn nach Vers 13 das Meer und die Unterwelt, die im Erdinnern vorgestellt wird, ihre Toten herausgeben müssen.

Nun fällt auf, daß nach Vers 12 die Toten vor dem Thron stehen. Eigentlich müßte man aufgrund der jüdischen Tradition, die in die Gerichtsszene aufgenommen ist, erwarten, daß die Toten erst auferstehen. Doch scheint mir die Redeweise des Verfassers bewußt so zu sein; denn auf diese Weise macht er überdeutlich, daß nicht alle vor Gericht stehen, sondern nur jene, die nach 20,5b noch nicht zum Leben gekommen waren. Es geht somit nicht mehr um das Gericht über die Christen, sondern um das allgemeine Gericht über alle anderen Menschen, wozu auch die abtrünnigen Christen gehören. Die Redewendung »die Großen und die Kleinen« (vgl. 11,18; 13,16; 19,5; 19,18) bringt die Universalität des Gerichts zum Ausdruck. Die Toten werden nach dem gerichtet, was in den Büchern über sie aufgeschrieben ist. Nach jüdischer Tradition sind in den Büchern vor allem die Taten der Gottlosen festgehalten (vgl. Dan 7,10; äthHen 90,20; 104,7; 4 Esr 6,20; syrBar 24,1). Im »Buch des Lebens« (vgl. Dan 12,1; äthHen 47,3;

103,2; 108,3) sind dagegen die Namen derer verzeichnet, die für das künftige Leben erwählt sind (3,5; 13,8; 17,8). Das Gericht erfolgt nach den Werken (VV. 12.13), wie sie in den Gerichtsbüchern eingetragen sind. Die Szene macht den Eindruck, als ob das Urteil immer negativ ausgehen müsse. Doch die doppelte Erwähnung des Buches des Lebens in 20,12 und 20,15 macht deutlich, daß unter den zu Richtenden auch solche sind, die zum ewigen Leben bestimmt sind.

Bevor es von denen heißt, die nicht im Buch des Lebens eingeschrieben sind, daß sie in den Feuersee geworfen werden (V. 15), hält Vers 14 fest, daß den beiden letzten Unheilsmächten, dem Tod und der Unterwelt (vgl. 1 Kor 15,26.54f.), dasselbe Schicksal zuteil wird. Dort befinden sich ja schon der Satan (V. 10) und seine Helfershelfer (19,20). Der Feuersee wird ausdrücklich als der endgültige ewige Tod charakterisiert. Da die Unheilsmächte allesamt vernichtet sind, kann nun die neue Welt beginnen, die nicht mehr durch den verderbenbringenden Tod bedroht ist.

An der Frage, wie viele Menschen den ewigen Tod erleiden werden, ist der Seher nicht interessiert. Ihm steht allein sein Adressatenkreis in Kleinasien vor Augen. Mit seiner Gerichtsaussage will er die Christen zur Glaubenstreue ermahnen: Seht zu, daß ihr zu denen gehört, die im Buch des Lebens aufgeschrieben sind und an der ersten Auferstehung teilhaben.

Die vollendete Heilsgemeinde in Gottes neuer Welt (21,1–22,5)

Gott hat seine Herrschaft gegenüber seinen Feinden durchgesetzt, indem er sie bestraft und vernichtet hat. Folglich gibt es auch keine Feinde des Gottesvolkes mehr. Johannes kann deshalb zu seinem großen Finale kommen: zur Beschreibung der neuen Wirklichkeit, die das Leben der getreuen Christen bestimmen wird. Der Seher verliert auch hier seine eigentlichen Adressaten nicht aus dem Blick. Das kommt besonders im ersten Unterabschnitt zum Ausdruck: Den Christen werden der neue Himmel, die neue Erde und das neue Jerusalem zugesagt. Voraussetzung dafür bleibt allerdings, daß sie mit Christus den Sieg erringen (21,7f.). Im zweiten Unterabschnitt beschreibt Johannes das neue Jerusalem in all seiner Pracht und Herrlichkeit. In der heiligen Stadt leben die vollendeten Christen in Gemeinschaft mit Gott und mit Christus in ewigem Frieden und Glück.

Gottes neue Schöpfung (21,1–8)

In einer erneuten Vision sieht Johannes einen neuen Himmel und eine neue Erde. Wir werden an die Verheißung Jesajas erinnert: »Denn schon erschaffe ich einen neuen Himmel und eine neue Erde. Man wird nicht mehr an das Frühere denken, es kommt niemand mehr in den Sinn« (Jes 65,17; vgl. 66,22). Die frühjüdische Apokalyptik greift diese Verheißung auf und betont, daß die neue Welt Gottes ohne Sünde und ohne Übel sein wird. Dabei herrscht die Vorstellung von einer Umgestaltung der vorhandenen Schöpfung vor (vgl. äthHen 45,4f.; syrBar 32,6 u.ö.).

Offb 21,1 spricht dagegen eindeutig von einer Neuschöpfung (vgl. auch 2 Petr 3,4–13); denn die alte Erde und das verderbenbringende Meer sind vergangen. Johannes versteht offenbar das neugeschaffene Universum als den universalen Rahmen für das neue Jerusalem, von dem von Vers 2 an die Rede ist. Auch dafür gibt Jes 65,17f. eine Vorlage, insofern der Prophet die Neuschöpfung mit einer Verheißung über Jerusalem verbindet. Die Stadt nimmt folglich weltweite Ausmaße an.

Die heilige Stadt, das neue Jerusalem, kommt vom Himmel von Gott her. Auch diese Anschauung findet sich schon in der frühjüdischen Apokalyptik. Dabei denkt man in der Regel an ein schon im Himmel existierendes Jerusalem, das herabkommt, um das alte Jerusalem zu ersetzen (vgl. äthHen 90,28–30; 4 Esr 7,26; 10,27–29.50–52; syrBar 4). Nach 21,2 kommt das neue Jerusalem dagegen auf die bereits neu geschaffene Erde. Es ist eine Stadt, die den vormals national-jüdischen Rahmen sprengt. Sie ist der Ort Gottes, an dem die erlösten Christen ihre Heimat gefunden haben.

Die neue Stadt ist bereit wie eine Braut, die sich geschmückt hat für ihren Mann. Damit ist die Beschreibung der Stadt in 21,9–22,5 vorbereitet. Die Stadt wird weder hier noch in 21,9f. mit der Braut identifiziert. Worauf es dem Seher ankommt, ist ihre Bereitschaft, Wohnstätte Gottes und der Heilsgemeinde zu sein.

Eine laute Stimme vom Thron her deutet die Vision: Gott wird eine bleibende Wohnstatt unter den Völkern haben (V. 3), nicht nur inmitten seines Volkes Israel (Lev 26,11f.). Die Mehrzahl der Bundesformel »und sie werden seine Völker sein«, die besser bezeugt ist als die Einzahl (anders die EÜ), dürfte von Sach 2,15 her beeinflußt sein. Dort fügt der Prophet der Zusage »Ich werde in deiner Mitte wohnen« hinzu, daß viele Völker kommen werden. Der Seher erinnert gleichzeitig daran, daß die Erlösten aus allen Völkern erkauft wurden (5,9; vgl. 7,9).

Der Seher behält stets seine Adressaten im Blick. Deshalb betont er, daß alle Leiden und Plagen, die das irdische Leben der Christen bestimmen, aufgrund des neuen Bundes Gottes ein Ende haben. In prophetischer Gewißheit endet Vers 4: »Denn was früher war, ist vergangen.«

Auch die folgenden Verse 5–8 richten sich an die bedrängten Gemeinden und sagen ihnen Heil zu. Nun ergreift Gott selbst das Wort, und zwar das einzige Mal im Hauptteil der Offb. Durch einen Prophetenspruch beglaubigt Gott den Inhalt von 21,1–4: »Denkt nicht mehr an das, was früher war, auf das, was vergangen ist, sollt ihr nicht achten. Seht her, nun mache ich etwas Neues« (Jes 43,18–19a). Gott macht am Ende jedoch nicht nur etwas neu, sondern alles (V. 5a). Das Leben bekommt eine durch und durch neue Qualität.

Gott trägt dem Seher ausdrücklich auf, das Gehörte niederzuschreiben und dessen Zuverlässigkeit als von Gott verbürgt zu verkünden (VV. 5b–6b). Gottes Wesen als Schöpfer und Vollender aller Dinge begründet die Gewißheit seiner Worte. Das beweist seine Selbstvorstellung: »Ich bin das Alpha und das Omega, der Anfang und das Ende« (V. 6b; vgl. 1,8).

Das Verlangen nach Wasser war für den Orientalen ein sprechendes Bild für das Verlangen der Seele nach Gott (vgl. Ps 42,1 u. ö.). Im freien Anschluß an alttestamentliche Weissagungen (vgl. Jer 2,13; Ps 36,10; Jes 55,1) sagt Gott den Dürstenden den Trank aus der Leben spendenden Quelle zu. Damit ist der Geschenkcharakter des Heiles hervorgehoben (vgl. auch 7,16f.; 22,1.17). Nur wer danach dürstet und seinen Durst nicht schon in dieser Welt gestillt hat (vgl. 3,1.17), erhält diese Gabe.

Der Überwinderspruch (V. 7a) nimmt die Verheißungen der sieben Überwindersprüche in Offb 2–3 auf; er versichert den

Christen, daß diese Verheißungen erfüllt und sie all das erhalten werden, was in 21,1–22,5 geschildert wird. Die unabdingbare Voraussetzung dafür ist, daß sie bis zum Ende treu zu Christus stehen (2,26) und mit ihm siegen (3,21). Die größte Gabe, die die Christen empfangen, ist die Gottessohnschaft. Was Natan dereinst als Privileg für den Messias weissagte, trifft jetzt nicht nur für Jesus, den Gesalbten Gottes, ein (vgl. Hebr 1,5), sondern auch für die Glieder der vollendeten Heilsgemeinde. Nun fällt auf, daß Johannes anders als 2 Sam 7,14 Gott nicht Vater nennt. Grund dafür dürfte sein, daß er den Vaternamen Gottes nur für Jesus gebrauchen will (vgl. 1,6; 2,28; 3,5.21; 14,1).

Die Sohnschaft zeigt die enge Gemeinschaft der Christen mit Gott an. Sie ist noch eine Steigerung gegenüber dem Priestersein der Christen (vgl. 1,6; 5,10; 20,6). Diese unmittelbare personale Gemeinschaft mit Gott wird in 21,9–22,5 noch weiter entfaltet.

Der Seher läßt sich von diesem Bild nicht so hinreißen, daß er die Realität der Christen vergessen könnte: Dem Überwinderspruch schließt er eine Warnung an. Sie hat die Form eines Lasterkataloges. Lasterkataloge stellen Verhaltensweisen zusammen, die das Heil der Christen gefährden könnten (vgl. Röm 1,29–32; 1 Kor 5,10; 6,9–11; Gal 5,19–21). Wenn Johannes abweichend von den übrigen uns überlieferten Katalogen die Feiglinge und Treulosen betont an den Anfang stellt, zielt er ganz konkret auf die Situation der kleinasiatischen Christen. Denn wer den Repressalien in der Gesellschaft aus Feigheit aus dem Weg geht und angesichts der Gefahren Gott und seinem Gesalbten untreu wird, gehört auf die Seite der gottfeindlichen Mächte. Das verdeutlichen die heidnischen Laster, die hier aufgeführt werden. Diesen Sachverhalt unterstreicht der Seher noch dadurch, daß er die Täter von Lastern Lügner nennt. Sie sind nicht nur deshalb Lügner, weil sie die Unwahrheit sagen, sondern weil sie auf der Seite des Lügners schlechthin stehen und folglich zum Lager der gottfeindlichen Mächte gehören, weshalb sie dasselbe Los, nämlich der zweite Tod (21,9), wie diese (vgl. 19,20; 20,10.14.15) trifft.

Das neue Jerusalem (21,9 – 22,5)

In der grandiosen Schlußvision wird den Christen vor Augen gestellt, wie herrlich das Erbe ist, das sie einmal antreten werden. Es ist die Welt Gottes, die neues Jerusalem genannt wird, in der die Christen als Braut des Lammes leben werden. In unserem Abschnitt sind immer wieder Anklänge an 21,1–8 zu beobachten. Zudem läßt sich seine Gliederung leicht erkennen: Einer Visionseinleitung (21,9–11a) folgen die Beschreibung des äußeren Aussehens der Stadt (21,12–14), ihrer Maße (21,15–17), der Baumaterialien, mit denen sie errichtet ist (21,18–21), und ihrer inneren Pracht (21,22–27). Die letzte Szene läßt das paradiesische Wesen der Stadt erkennen (22,1–5).

Die Visionseinleitung (21,9–11a)

Einer der Schalenengel tritt als Offenbarungsmittler auf. Das ist kein Zufall. Johannes zeigt schon dadurch an, daß er ein Gegenbild zur gottlosen Stadt Babylon/Rom (17,1–3) zeichnen will. Denn dort kündigt ein Schalenengel das Gericht über die Stadt an. Die »große Hure« findet in der Braut, der Frau des Lammes, ihren Gegenpart. Die Braut des Lammes ist aber niemand anderes als die Gemeinde der endgültig Geretteten (vgl. 19,7–9). Sie gehört wesentlich zum neuen Jerusalem dazu, das der Seher sich anschickt zu beschreiben. Der dem Gericht verfallenen Stadt Babylon/Rom wird nun kontrastreich das neue Jerusalem als die heilige Stadt Gottes gegenübergestellt. Johannes lehnt sich – wenn auch in großer Freiheit – an die große Heilsvision in Ez 40–48 an, um die Stadt in ihrer Pracht darzustellen. Wie der Prophet Ezechiel (Ez 40,1 f.) wird Johannes auf einen hohen Berg versetzt, von dem aus ihm der Engel die heilige Stadt Jerusalem zeigt, die er »aus dem Himmel von Gott herabkommend« sieht (V. 10; vgl. V. 2). Die Herkunft der Stadt von Gott ist dem Seher wichtig. Zugänglich wird die Stadt für die Menschen auf der neuen Erde. Sie ist aber zugleich auch der Herrschaftsbereich Gottes, der mit den Erlösten in enger und beglückender Gemeinschaft wohnt. Die Stadt »ist erfüllt von der Herrlichkeit Gottes« (V. 11a; vgl. Ez 43,2; Jes 60,1). Die Herrlichkeit Gottes wird mit dem Jaspisstein, der wie Kristall glänzt, verglichen (vgl. 4,3).

Das äußere Aussehen der Stadt (21,11b–14)

In der Antike kann man sich eine Stadt ohne Stadtmauern nicht vorstellen. Sie sind wichtig für die Verteidigung ihrer Bewohner. Die Stadtmauer des neuen Jerusalem hat zwölf Tore (vgl. auch Ez 48,30–35). Nach jeder Himmelsrichtung hat sie drei Tore (V. 13). Die Tore tragen die Namen der zwölf Stämme Israels (vgl. Ez 48,30–35). Die als Engel vorgestellten zwölf Wächter, die auf der Stadtmauer Jerusalems Wache halten (vgl. Jes 62,6), machen wie die zwölf Tore und deren Bezeichnung mit den Namen der Stämme Israels deutlich, daß das neue Jerusalem die Stätte für das vollendete Gottesvolk ist. Daß es sich nicht um das empirische Israel handelt, sondern um das wahre Gottesvolk, die Kirche, stellt der Seher dadurch klar, daß auf den zwölf Grundsteinen der Stadtmauer die Namen der zwölf Apostel des Lammes stehen. Die Kirche als das wahre Israel hat ihr endgültiges Ziel erreicht.

Maße und Gestalt der Stadt (21,15–17)

Die Ausmaße der heiligen Stadt sind geradezu unvorstellbar. Sie hat die Form eines Würfels. Ein Engel vermißt die Stadt (vgl. Ez 40,3.5). In allen Richtungen sind die Maße gleich, so daß sich eine perfekte Kubusform ergibt. Das Quadrat, vor allem aber der Kubus, gilt in der Antike als vollkommenes Bauwerk. 12000 Stadien – das sind etwa 2400 km – sind die angegebenen Maße. Dagegen nimmt sich die Mauer klein aus: 144 Ellen, das sind etwa 70 m. Das damit verbundene Problem suchte man zuweilen dadurch zu lösen, daß man meinte, es sei die Dicke der Mauer gemeint. Doch bleibt zu bedenken, daß die Zahlen symbolischen Wert besitzen: Die Zahl 12000 dürfte die Vervielfachung der Zwölfzahl mit 1000 sein, 144 die Quadratzahl von 12. Beide Zahlen weisen somit zusätzlich auf die Bewohner der neuen Stadt: die vollendete Heilsgemeinde. Die Mauern des neuen Jerusalem dienen nicht der Verteidigung, sondern stehen allen Erlösten offen (V. 25).

Die wertvollen Baumaterialien der Stadt (21,18–21)

Die Mauer besteht aus Jaspis, während das Baumaterial für die Stadt reines Gold ist, das mit reinem Glas verglichen wird. Das heißt: Die Reinheit der Stadt ist nicht mehr zu übertreffen. Vers 19a spricht davon, daß die Grundsteine der Stadtmauer, auf denen die Namen der zwölf Apostel stehen (V. 14), mit Edelsteinen geschmückt sind, während man bei der anschließenden Aufzählung der einzelnen Edelsteine den Eindruck bekommt, daß die Grundsteine aus Edelsteinen bestehen (VV. 19b–20). Die zwölf Edelsteine erinnern an den Brustschild des Hohenpriesters (Ex 28,17–20; 39,10–13); denn dort werden ebenfalls zwölf Steine genannt, die jeweils mit einem Stammesnamen Israels beschrieben sind. Die ekklesiale Bedeutung der Stadt ist dadurch erneut betont.

Aber auch ein astraler Bezug der Edelsteine ist unverkennbar. Assoziationen zwischen Edelsteinen und dem Tierkreis gibt es bereits in Schriften jüdischer Schriftsteller (Flavius Josephus, Philo von Alexandrien). Auffällig ist allerdings die unterschiedliche Anordnung der Edelsteine in parallelen Texten. Das läßt darauf schließen, daß Johannes die neue, andersartige Ordnung im himmlischen Jerusalem betonen will. Eine genaue Identifizierung der Edelsteine mit heute gängigen Namen ist nicht mehr möglich, weshalb die Übersetzungen immer nur Annäherungswert haben. Für den Symbolwert der Edelsteine ist das auch unerheblich.

Die Tore bestehen aus einer einzigen großen Perle. Die Straße der Stadt ist wieder aus demselben Material wie die Stadt selbst (V. 21; vgl. V. 18). Daß Perlen in neutestamentlicher Zeit für äußerst wertvoll gehalten werden, zeigt z. B. das Gleichnis von der Perle (Mt 13,45 f.).

Das Innere der Stadt (21,22–27)

Der vom Judentum her kommende Christ muß über die Auskunft in Vers 22 überrascht sein: »Einen Tempel sah ich nicht in der Stadt.« Denn das widerspricht ganz und gar jüdischer Erwartung, die eine Endzeit ohne Tempel nicht denken kann. Entscheidend aber ist die Begründung für das Fehlen des Tempels: Gott, der Herr der Vollendeten und der Herrscher über die ganze Schöpfung, und das Lamm, das die Christen aus allen Völkern erkauft hat (vgl. 5,10), ersetzen den Tempel. Wenn Gott unmittelbar unter den Menschen wohnt, ist eine Vermittlung nicht mehr notwendig. Nun geht die Verheißung an den Überwinder in Erfüllung, er werde zur Säule im Tempel Gottes werden (3,12), da der Tempel Gott selbst ist.

Vers 23 verdeutlicht die unmittelbare Nähe Gottes: Der Seher greift die Verheißung des Propheten Jesaja auf, wenn er feststellt, daß Gott die Sonne und den Mond ersetze (Jes 60,19 f.). Licht und Leben kommen nun unmittelbar von ihrem Ursprung: von Gott. Die Herrlichkeit Gottes und des Lammes sind beständig; deshalb wird es keine Nacht mehr geben (V. 25b).

Im Anschluß an Jes 60,3.11 (vgl. Jes 62,10f.) sieht Johannes die Völker im göttlichen Licht einhergehen. Die Könige der Erde bringen ihre Pracht und ihre Schätze in die Stadt, um ihre Größe noch zu mehren (V. 24). Die den modernen Leser bewegende Frage, woher denn die Völker und die Könige der Erde kommen können, da ja das Universum untergegangen ist, ist nicht die Frage des Verfassers. Ihm dienen die traditionellen Bilder allein dazu, die Pracht und Herrlichkeit der heiligen Stadt hervorzuheben. Das unterstreicht auch Vers 27, wenn dort festgestellt wird, daß kein Unreiner in die Stadt eindringt. Wie meistens ist auch hier nur nach der Funktion der Bilder zu fragen, die die traditionellen Bilder für den Seher haben. Weitere Fragen an den Text sind sachfremd.

Die Tore der Stadt bleiben unverschlossen (V. 25a; vgl. Sach 14,7): dennoch kommt nichts Unreines herein (V. 27a). Das Unreine wird näherhin als Greuel und Lüge bestimmt. Unter Greuel versteht die Johannes-Apokalypse den Götzendienst, näherhin den Kaiserkult (vgl. 17,4f.; 21,8), Lüge ist auch hier mehr als Unwahrheit (vgl. 21,8; 22,15). Gemeint ist das Stehen zum Lügner schlechthin: dem Satan. Der Verfasser sagt jedoch nicht nur, wer nicht in die Stadt hereinkommt, sondern auch, wer zugelassen wird, nämlich jene, die im Buch des Lebens des Lammes eingetragen sind (vgl. auch 3,5; 13,8; 17,8). Das sind wiederum keine anderen als die, die das Lamm aus allen Völkern erkauft hat mit seinem Blut (5,10; 7,9), die sich bewährt haben in den Bedrängnissen des Alltags (vgl. 7,14 u. ö.).

Zum erstenmal in seiner Schlußvision sind die Bewohner des neuen Jerusalem benannt, während zuvor allein die überragende Rolle Gottes und des Lammes beschrieben wurden. Jerusalem ist damit nicht Bild für die vollendete Heilsgemeinde, sondern der Ort der endzeitlichen Herrschaft Gottes und seines Lammes und zugleich die Wohnstätte der Christen in ihrer Heilsvollendung.

Wenn der Seher in Vers 27 nochmals die Eingangsbedingung, nämlich das Eingeschriebensein in das Buch des Lebens, nennt, denkt er wiederum besonders an seine Adressaten in Kleinasien, die er indirekt ermahnt, nicht abtrünnig zu werden, sondern dafür zu sorgen, daß sie zu den Erwählten gehören (vgl. schon 21,7f.).

Das neue Jerusalem – das Paradies der Zukunft (22,1–5)

Die Vision von der guten Zukunft der Christen kommt zu ihrem Höhepunkt, wenn der Verfasser das neue Jerusalem mit Bildern beschreibt, die an den Paradiesesbericht (Gen 2,10–14) erinnern. Johannes schließt sich wiederum der Vision des Propheten Ezechiel (Ez 47,1–12; vgl. Joël 4,18; Sach 14,8) an. Bereits bei den Propheten ist der Paradiesesstrom Bild für die Leben spendende Quelle, die aus dem Tempel kommt. Da es im neuen Jerusalem keinen Tempel gibt, kann das Leben spendende Wasser nur vom Thron Gottes und des Lammes hervorquellen, die den Tempel ersetzen. So erfahren die aus der Bedrängnis Befreiten Gott selbst und das Lamm als die Quelle, die Leben gibt und Leben erhält. Was in 21,6 verheißen wird, ist nun erfüllt.

Zwischen der Straße der Stadt und dem Strom gibt es auf beiden Seiten Bäume des Lebens. Durch dieses Bild verbindet der Seher die Vorstellung der Stadt mit der des Paradiesesgarten. Diese Verbindung findet sich auch in späterer jüdischer Tradition (vgl. 4 Esr 7,26; syrBar 4). Im griechischen Urtext ist die Anspielung auf die Paradiesesgeschichte noch deutlicher, insofern dort vom Baum des Lebens die Rede ist, der allerdings wie bereits in Ez 47,12 kollektiv zu verstehen ist. Die Einheitsübersetzung schreibt deshalb sachgemäß »Bäume des Lebens«.

Dem Seher geht es nicht um die genaue Vorstellung, sondern vor allem um die außerordentliche Fruchtbarkeit der Bäume. Durch ihre Blätter bewirken sie Heilung für die Völker. Deshalb gibt es auch nichts Verfluchtes mehr oder jemand, der den Fluch verdient (V. 3a). Gott und das Lamm üben ihre Herrschaft aus. Das besagt das Symbol des Thrones. Die Erlösten sind Knechte Gottes und werden ihm deshalb dienen (vgl. 7,15). Sie haben es nicht nötig, ihr Angesicht vor Gott zu verbergen, wenn der Tag des Zornes kommt, sondern sie werden sein Angesicht sehen (V. 4a; vgl. Ps 17,15; 42,3). Auf diese Weise variiert Johannes die Aussage, daß es keinen Tempel im neuen Jerusalem gibt (21,22): Die Christen haben unmittelbare Gemeinschaft mit Gott (vgl. auch 4 Esr 7,98; Mt 5,8; Hebr 12,14; 1 Joh 3,2). Sie tragen den Namen Gottes auf ihrer Stirn, d. h., sie sind nun ganz sein Eigentum (vgl. 3,12; 14,1). Das ist mehr als die Versiegelung, die den Christen in der Bedrängnis Schutz gewährte (7,2–8; 9,4).

Die Christen leben in ihrer Heilsvollendung in enger Gemeinschaft mit Gott und mit Christus. Von ihnen erhalten sie alles, was sie brauchen. Das brachten schon die Bilder vom Leben spendenden Wasser und vom Lebensbaum zum Ausdruck. Das besagt auch der Name Gottes, den sie auf ihrer Stirn tragen. Es gibt auch keine Nacht mehr, wie Vers 5 nochmals betont (vgl. 21,25b); denn der Herr, ihr Gott, wird selbst über ihnen leuchten (vgl. Jes 60,19; Offb 21,23). Das erinnert an den Aaronsegen: »Der Herr lasse sein Angesicht über dich leuchten und sei dir gnädig« (Num 6,25; vgl. Ps 80,4; 118,27).

Die persönliche Zuwendung Gottes findet eine nicht zu überbietende Steigerung, wenn es von den Erlösten heißt: »Sie werden herrschen in alle Ewigkeit.« Doch es gibt keine Beherrschten, wie schon in 5,10; 20,6 deutlich wurde. Ein Vergeltungsgedanke ist völlig ausgeschlossen. Was aber deutlich wird, ist dies: Es gibt keine Konkurrenz zwischen der Herrschaft Gottes und des Lammes auf der einen Seite und der der Erlösten auf der anderen Seite. In der Heilsvollendung nimmt jeder jeden so an, wie er ist. Deshalb gibt es eine nie endende Eintracht und Zufriedenheit.

IV. Der Schluß des Buches (22,6–21)

Das Buch endet mit einem Nachwort (22,6–20) und einem Briefgruß (22,21). Wichtigstes Ziel des Schlußteiles ist die Beteuerung der Zuverlässigkeit dessen, was in diesem Buch niedergeschrieben ist. Dieses Anliegen wird bereits deutlich in der häufigen Verwendung der Formel »dieses Buch« (22,7.10.18.19b) bzw. »diese Worte« (22,6). Zugleich geht es auch um die Gegenwart Jesu in der Gemeinde (22,7.12.20). Die Betonung der Zuverlässigkeit des vorliegenden Buches, vor allem aber die Bitte um die Nähe Jesu, weist bereits hin auf den liturgischen Kontext, in dem das Buch gelesen wurde. Auch der briefliche Rahmen, der den frühjüdischen Apokalypsen fremd ist, belegt die Absicht, die Offb in der gottesdienstlichen Versammlung zu verlesen (vgl. auch 1,3).

1. Das Nachwort (22,6–20)

Wenn Jesus, weniger wahrscheinlich ein Engel, dem Seher ausdrücklich einschärft, daß diese Worte zuverlässig und wahrhaftig sind (V. 6a), bezieht sich das nicht nur auf den unmittelbaren Zusammenhang, sondern auf das ganze Buch (vgl. 22,7). Maßgebend für die Gültigkeit des Buches ist sein göttlicher Ursprung (vgl. 1,1). So wird denn Gott als der Herr der Geister der Propheten bezeichnet. Aus der Mehrzahl darf natürlich nicht geschlossen werden, mehrere Propheten seien am Buch beteiligt gewesen und nicht nur Johannes allein. Vielmehr ist nur gesagt, daß Johannes als einer der Propheten seine Befähigungen allein Gott verdankt, der seinen Knechten seinen Engel gesandt hat. Wie 1,1 (vgl. 1,19; 4,1) wird der Inhalt der Botschaft mit den Worten »was geschehen muß in Kürze« zusammengefaßt. Die Christen müssen also auf die bald einbrechenden schrecklichen Verfolgungen gefaßt sein. Dabei sollen die Christen aber zugleich wissen, daß sie nicht allein gelassen sind. Christus sagt ihnen zu: »Siehe, ich komme bald« (V. 7a). Diese Aussage erinnert an das Wort Jesu, der den Christen in der Verfolgung den heiligen Geist als Beistand verheißt (Mk 13,11; vgl. Mt 24,19f.).

Wenn die Bedrängnisse kommen, wird Jesus selbst den Seinen nahe sein, damit sie seine Worte halten und so das Heil erlangen können. Die Seligpreisung in 22,7b erinnert stark an die erste Seligpreisung in 1,3. Hier werden allerdings der Vorleser und die Hörer der prophetischen Worte nicht mehr erwähnt, sondern nur deren Erfüller. Dadurch macht er den Inhalt des Buches für die Christen verpflichtend. Die in der Seligpreisung enthaltene Heilszusage läßt nicht übersehen, daß sie gleichzeitig Mahnung sein will, den Inhalt des Buches ernst zu nehmen.

In der Szene Verse 8 f. kommt es ähnlich wie in 19,10 zu einem Mißverständnis. Es geht auch hier allein um die Bestätigung des Buchinhaltes. Wenn der Offenbarungsengel göttliche Verehrung abwehrt und dazu auffordert, Gott anzubeten, dann kann das letztlich nichts anderes heißen, als daß der Inhalt des Buches auf Gott selbst zurückgeht (vgl. auch 1,1). Der Engel ist nur Bote Gottes und folglich Vermittler der Botschaft und steht deshalb mit Johannes und den anderen christlichen Propheten auf einer Stufe. Der Engel bezeichnet sich sogar als Mitknecht derer, die sich an die Worte dieses Buches halten, also der Christen. Die Botschaft des Buches geht also nicht auf die geniale Erfindung eines Engels zurück, sondern allein auf Gott. Ihm gebührt deshalb allein Anbetung.

Verse 10–16 sind eine Christusrede. Mit der Aufforderung an Johannes, die prophetischen Worte dieses Buches nicht zu versiegeln, weil die Zeit nahe ist, tritt ein bedeutsamer Unterschied zur frühjüdischen Apokalyptik zu Tage. So ergeht an Daniel z. B. ausdrücklich der Befehl: »Du, Daniel halte diese Worte geheim, und versiegle das Buch bis zur Zeit des Endes!« (Dan 12,4; vgl. 12,9; 8,26; 4 Esr 14,6.45 f.). Der Grund für diesen Befehl ist die Pseudonymität der jüdischen Apokalypsen. Deshalb ist es notwendig zu erklären, warum der Inhalt des Buches erst jetzt – zur tatsächlichen – Abfassungszeit bekannt wird (vgl. Einleitung S. 14 f.). Johannes aber schreibt als ein den Gemeinden bekannter Prophet. Er versteht die Jetztzeit wie die übrigen neutestamentlichen Schriftsteller als Endzeit, in der sich der Christ bewähren muß. Auf die Bewährung in der Endzeit, die bis zum Martyrium gehen kann, will der Seher die Gemeinden vorbereiten. Um dieses Ziel zu erreichen, muß der Inhalt des Buches sofort bekannt gemacht werden. Johannes schreibt keine »geheime Offenbarung«.

Nach der Überzeugung des Sehers wird die Scheidung unter den Menschen schon jetzt vollzogen. Die Aufforderung, weiterhin Unrecht zu tun (V. 11a), erinnert an den ironischen Appell der alttestamentlichen Propheten an die Sünderin, weiterhin in ihrem sündhaften Verhalten zu verharren (vgl. Am 4,4f.; Jer 7,21), das sie naturgemäß verwerfen. Die Gerechten dagegen sollen bei ihrem gerechten Tun bleiben (V. 11b).

Nochmals verkündet Jesus sein baldiges Kommen (V. 12). Er wird einem jeden nach seinem Werk vergelten. Das Gericht nach den Werken, das Gott nach 20,12 selbst durchführt, wird hier zur Aufgabe Christi. Entsprechend wird Jesus in Vers 13 auch mit eindeutigen Gottesbezeichnungen benannt: »Ich bin das Alpha und das Omega« (1,8; 21,6), »der Anfang und das Ende« (21,6). Als »der Erste und der Letzte« wird Jesus schon in 1,17; 2,8 bezeichnet. In Jes 44,6 und 48,12 nennt sich Gott selbst »der Erste und der Letzte«. Die drei Doppeltitel wollen offenbar verdeutlichen, daß Christus wie Gott die Welt und deren Geschick in Händen hält.

Nachdem Christus zur Scheidung von Gottlosen und Frommen aufgefordert (V. 11) und das Gericht nach den Werken angekündigt hat (V. 12), spricht er jetzt den treuen Christen das Heil (V. 14) und den Gottlosen die zu erwartende Verurteilung (V. 15) zu. In Vers 14 werden jene selig gepriesen, die ihr Gewand waschen (vgl. 7,14). Das ist ein Bild für die Bewährung in der Bedrängnis. Wer sich bewährt, dem wird ein Anrecht am Baum des Lebens zugesichert, der im neuen Jerusalem steht (vgl. 22,2). Weil der Baum des Lebens in Jerusalem eingepflanzt ist, kann dieses Anrecht nur eingelöst werden, wenn Zutritt zum neuen Jerusalem gewährt wird. Genau das wird den Seliggepriesenen in 22,14c zugesagt.

Anders ergeht es jenen, die draußen sind und nicht in die Stadt hineingehen können (V. 15). Unter ihnen gibt es solche, die als Hunde und als solche bezeichnet werden, die die Lüge lieben und tun. Dazwischen stehen konkrete Täter: Zauberer, Unzüchtige und Mörder. »Hund« gilt in der Antike als ein Scheltwort, wenn man Menschen damit meint. Nach rabbinischer Tradition gehört der Hund zu den starrsinnigen und hartnäckigen Geschöpfen und kann deshalb Bezeichnung für Heiden und Gottlose werden.

Genau so dürften die Hunde in Vers 15 zu verstehen sein: Die Gottlosen müssen außerhalb der Stadt bleiben. Sie stehen als jene, »die die Lüge lieben und tun« (vgl. 21,27b), auf der Seite des Lügenpropheten (16,13; 19,20; 20,10) und Satans und sind deshalb vor dem möglichen Eintritt in die Stadt schon vernichtet worden (20,15). Im Gegensatz zu ihnen wird im Mund der 144000 Erlösten keine Lüge gefunden (14,5). Bestätigt wird die Deutung durch den Ausdruck »draußen«, da diejenigen, die draußen sind (vgl. Mk 4,11; 1 Thess 4,12; 1 Kor 5,12f.; Kol 4,5), rabbinischer Ausdruck für die Heiden und Ungläubigen ist.

Christus steht nun noch einmal für die Zuverlässigkeit des Buchinhaltes ein (vgl. VV. 16a; 6a). Im freien Anschluß an Jes 11,1.10 nennt sich Jesus Wurzel Davids (vgl. 5,5) und Stamm Davids. Auf diese Weise bezeichnet er sich als den Träger der messianischen Verheißungen. Der »helle Morgenstern« (vgl. Num 24,17; Offb 2,28) wird im Judentum ebenfalls auf den Messias gedeutet (vgl. 4 Qtest 9–11).

Unvermittelt treten in Vers 17 drei Personen bzw. Personenkreise auf: Der Geist und die Braut rufen zunächst zu Christus: »Komm!« Der Geist ist hier nicht der heilige Geist, sondern der Geist, der durch den Propheten in der Gemeindeversammlung spricht. Die Braut ist die zum Gottesdienst versammelte Kirche, die schon in 19,7–9 als Braut des Lammes bezeichnet wurde. Wenn dann der einzelne Hörer eigens angesprochen wird, dann ist dieselbe Differenz zwischen der Kirche und ihren einzelnen Gliedern erkennbar, die wir zuvor in 12,17 und 19,9 feststellen konnten. Was ist nun näherhin der Inhalt des Rufes »Komm!«?

Die Gegenwart des Herrn

Der Ruf »Komm!« (V. 17) wird nochmals als sehnsüchtiger Wunsch am Ende des Nachwortes artikuliert: »Amen. Komm, Herr Jesus!« (V. 20). Wie ist dieser Ruf zu verstehen? Ist er Ausdruck der Erwartung einer baldigen Wiederkunft Jesu oder aber drückt sich hier der Wunsch aus, Jesus möge den Christen in ihrer Bedrängnis nahe sein? Hinter dem Anruf »Komm, Herr Jesus« verbirgt sich wahrscheinlich die aramäische Formel »maranatha«, die uns in zwei Texten in der Ursprache erhalten ist (1 Kor 16,22; Did 10,6). Wie diese Wendung zu übersetzen ist, hängt davon ab, wie man das »maranatha« trennt. Denn »maran atha« heißt: »Der Herr ist gekommen« oder »Der Herr ist da«, während »marana tha« mit »Unser Herr, komm!« zu übersetzen ist. Die Einheitsübersetzung schließt sich der von der gängigen griechischen Textausgabe (*Nestle-Aland,* Novum Testamentum Graece, Stuttgart [26]1979) gebotenen Lesart an, die »marana tha« vorzieht, und übersetzt entsprechend in 1 Kor 16,22: »Unser Herr, komm!«

Wie die richtige Übersetzung aussehen muß, darüber kann jedoch letztlich nur der Zusammenhang von 1 Kor 16,22 entscheiden. In 1 Kor 16,21–24 ist dreimal vom Herrn die Rede. Vers 22a spricht von einer fehlenden gegenwärtigen Beziehung zum Herrn: »Wenn jemand den Herrn nicht liebt, sei er verflucht.« Die dritte Aussage über den Herrn steht in Vers 23. Sie wird in der Regel als Wunsch übersetzt: »Die Gnade Jesu, des Herrn, sei mit euch!« Doch ist von der Parallelaussage in Vers 24: »Meine Liebe ist mit euch allen in Christus Jesus« eher die Übersetzung gefordert: »Die Gnade Jesu, des Herrn, *ist* mit euch.«

Dazu paßt bestens die Übersetzung von Vers 22, die die Lesart »maran atha« vorzieht: »Unser Herr ist gekommen«, d.h., »unser Herr ist gegenwärtig«. Denn es ist sehr viel wahrscheinlicher, daß das »maran atha« auf Vers 22a antwortet: Wer den gegenwärtigen Herrn nicht liebt, soll verflucht sein. Paulus bestätigt mit seiner Feststellung die Erfahrung der Gegenwärtigkeit des Herrn.

Für dieses Verständnis spricht noch ein weiterer Gesichtspunkt: Paulus wendet sich in 1 Kor 16,21–24 an die Gemeinde. In Vers 22b würde er sich unvermittelt an den Herrn wenden. Würde Paulus hier den Herrn anrufen, er möge doch kommen, wäre das also im vorgegebenen Kontext ein Stilbruch. Wir können also festhalten: In 1 Kor 16,22b spricht Paulus nach aller Wahrscheinlichkeit von der tatsächlichen Gegenwart des Herrn. Ähnlich verhält es sich auch in der Zwölfapostellehre (Did 10,6). In der Formel »maran atha« wird die urchristliche Erfahrung von der Gegenwart des Herrn festgehalten.

Anders als in 1 Kor 16,22 und Did 10,6 ist in Offb 22,17.20 eindeutig der Wunsch ausgesprochen, der Herr möge kommen. Hier liegt folglich das aramäische »marana tha« zugrunde. Das ist eine deutliche Akzentverschiebung. Wie aber ist der Wunsch zu verstehen? Oft wird er geradezu selbstverständlich auf die Wiederkunft Christi in Herrlichkeit bezogen. Doch der liturgische Kontext sollte vor einer solchen Annahme bereits warnen. Sollte es nicht um die Bitte gehen, der Herr möge unter den zum Gottesdienst versammelten Christen gegenwärtig sein? Eine solche Bitte ist verwandt mit unseren Bitten zu Beginn von Gottesdiensten: »Herr, komm in unsere Mitte!« oder »Komm, Heiliger Geist!« Das erinnert uns auch an das Herrenwort im Matthäusevangelium: »Denn wo zwei oder drei in meinem Namen versammelt sind, da bin ich mitten unter ihnen« (Mt 18,20). Der Auferstandene versichert den Glaubenden am Ende des Matthäusevangelium: »Seid gewiß: Ich bin bei euch alle Tage bis zum Ende der Welt« (28,20).

Wenn die Gemeinden der Apokalypse um das Kommen Jesu bitten, dann bringen sie ihre christliche Überzeugung zum Ausdruck, daß Jesus ihr Herr ist, über den sie nicht verfügen können. Sie können ihm nur begegnen, wenn sie sich für ihn bereit machen. Er selbst hat ihnen ja bereits zuvor zugesagt: »Ja, ich komme bald« (Offb 22,20a). Der Herr ist ihnen immer voraus und kommt ihnen entgegen.

Dieses Glaubenswissen ist für eine Gemeinde in der Verfolgung von ganz besonderer Bedeutung. Die Kirche ist nach dem Verständnis des Johannes das endzeitliche Volk Gottes. Als endzeitliches Volk Gottes lebt sie in Bedrängnis. Der Seher will die Christen nicht auf ein baldiges Ende der Welt vorbereiten, sondern sie stärken, damit sie den Alltag bestehen und – wenn notwendig – ihr Lebenszeugnis für Christus im Martyrium bewähren können. Durch ihren Ruf »Komm, Herr Jesus!« zeigt die Gemeinde, daß sie weiß, daß sie den Kampf allein nicht bestehen und den Sieg nicht erringen

> kann. Gerade in schwerer Zeit tut die Erfahrung der Gegenwart des Herrn not.
> Der Ruf nach der Gegenwart des Herrn schließt sicher auch den sehnsüchtigen Wunsch ein, einmal in der immerwährenden Gemeinschaft mit Christus im neuen Jerusalem zu leben. Daran erinnert auch die Einladung an die Dürstenden, doch zu kommen, und an die Bereitwilligen, umsonst das Wasser des Lebens zu empfangen (22,17; vgl. 7,16f.; 21,6; 22,1). In diesem Sinn schließt die Sehnsucht der bedrängten Gemeinde das endgültige Kommen des Herrn in ihr Gebet ein.

Die schmerzliche Erfahrung, daß der Herr nicht spürbar nahe ist (vgl. auch 1 Petr 1,8), läßt den Ruf nach seinem Kommen erschallen. Die Erfahrung seiner Gegenwart weckt die Sehnsucht, einmal ganz und für immer in seiner Gegenwart zu sein. Jetzt gilt es, sich darauf vorzubereiten, wie das Bild vom Dürstenden anzeigt.

In den Versen 18f. spricht der Seher wieder in eigener Person. Mit einer Kanonisierungsformel beteuert er die Wichtigkeit des Buchinhaltes, dem nichts hinzugefügt werden darf und von dem keine Abstriche gemacht werden dürfen. Ähnliche Formeln kennt auch das Alte Testament. So spricht Mose zu Israel: »Ihr sollt dem Wortlaut dessen, worauf ich euch verpflichte, nichts hinzufügen und nichts davon wegnehmen, ihr sollt auf die Gebote des Herrn, eures Gottes, achten, auf die ich euch verpflichte« (Dtn 4,2; vgl. 13,1).

In der Formel unterstreicht Johannes nochmals den Sinn seiner Heilsankündigungen und der angedrohten Plagen, aber auch seiner Gerichtsbotschaft allgemein: Die Christen sollen davor bewahrt werden, ihrem Herrn untreu zu werden. Nur wenn der Christ seinen Glauben aufgibt, d.h. nicht der Botschaft der Apokalypse folgt, dann treffen ihn die Plagen und das endgültige Vernichtungsgericht. Wer seinen Glauben nicht im Alltag lebt, wird vom Heil ausgeschlossen.

Christus unterstreicht noch einmal die Wahrhaftigkeit des Zeugnisses, das in der Offb festgehalten wird, und verspricht sein baldiges Kommen (vgl. 22,7.12). In der antwortenden Bitte »Amen. Komm, Herr Jesus!« spiegelt sich die Situation des Gottesdienstes wider (vgl. den Exkurs: Die Gegenwart des Herrn).

2. Der Briefschluß (22,21)

Der Gnadenwunsch, der das Buch abschließt, ist mit den Schlußwünschen der paulinischen Briefe verwandt (vgl. bes. Phil 4,23; 1 Thess 5,28). Wie die briefliche Einleitung (Offb 1,4–8) drückt der Briefschluß den Wunsch des Verfassers aus, daß das Buch in der Gemeindeversammlung verlesen werde.

Im Gottesdienst bittet die Gemeinde um die Gegenwart des Herrn. In ihm erfährt sie auch seine Nähe. Sie weiß aber darum, daß sie nicht über ihn verfügen kann. Deshalb muß sie ihn immer wieder darum bitten. Darum ist es auch notwendig, ihr die Gnade des Herrn Jesus immer wieder zu wünschen. Sie hat die Zusage Jesu, daß er ihr nahe sein wird. Das gibt dem einzelnen Christen die Kraft, die Schwierigkeiten in einer feindseligen Welt zu meistern. In der Kraft Jesu vermag er, sich dem Kaiserkult zu entziehen, selbst wenn es ihn das Leben kostet.

DRITTER TEIL

Anhang

1. Abkürzungen

äthHen: Äthiopisches Henochbuch. Vgl. dazu unsere Einleitung S. 12 f.

ApkAbr: Die Apokalypse Abrahams entstand wenige Jahre nach der Zerstörung Jerusalems im Jahr 70 n. Chr.

AssMos: Die Assumptio Mosis – auch Himmelfahrt des Moses genannt – wurde vermutlich um 10 n. Chr. in Judäa verfaßt.

Did: Die Didache, die auch Zwölfapostellehre heißt, ist eine christliche Schrift, die möglicherweise noch aus dem 1. Jh. n. Chr. stammt. Sie ist eine Kirchenordnung, die wohl in Syrien galt.

4 Esr: Zum 4. Buch Esra vgl. unsere Einleitung S. 13.

grHen: Das griechische Henochbuch ist nur in Fragmenten erhalten. Sie sind unterschiedlicher Qualität und stammen aus der Zeit zwischen dem 4. und 11. Jh. n. Chr.

LXX: Die Septuaginta ist eine griechische Übersetzung des hebräischen Alten Testament, die durch ursprünglich griechisch geschriebene Bücher ergänzt wurde. Nach einer Legende wurde sie in siebzig Tagen von siebzig Gelehrten geschaffen. Deshalb erhielt sie auch den Namen Septuaginta (= Siebzig). In ihrem Grundbestand geht sie auf das 3 Jh. v. Chr. zurück.

3 Makk:	Das dritte Makkabäerbuch wurde von einem griechisch sprechenden Juden – wahrscheinlich in Alexandrien – geschrieben. Es bietet eine Festlegende für ein Freudenfest über die Unbesiegbarkeit der glaubenstreuen Juden: Ihre Feinde konnten ihnen nichts anhaben. Ja, diese gaben ihnen sogar die Möglichkeit, die Abtrünnigen aus den eigenen Reihen umzubringen. Als Entstehungszeit kommt das letzte Drittel des 1. Jh. n. Chr. in Frage.
OdSal:	Die Oden Salomos sind eine christlich-gnostische Schrift aus dem frühen 2. Jh. n. Chr. In manchen Bildern ist ein Einfluß aus dem Johannesevangelium festzustellen. Die Oden Salomos entstanden wahrscheinlich in Syrien.
OrSib:	Die Sibyllinischen Orakel sind nach den bei Griechen und Römern hoch angesehenen Sibyllinen benannt. Sibyllinen sind gottbegeisterte Frauen, die in einem ekstatischen Zustand meistens schreckliche Ereignisse voraussagen. Die Orakel bilden keine literarische Einheit. Sie sind in verschiedenen Zeiten geschrieben worden. Ihre ältesten Teile stammen aus dem 2. Jh. v. Chr. Schon früh nahmen Christen die Orakel für ihre Zielsetzungen in Anspruch.
Pistis Sophia:	Die Pistis Sophia aus dem 3. Jh. n. Chr. enthält vier Bücher. Die ersten drei Bücher enthalten Unterredungen des im 12. Jahr nach seiner Auferstehung zurückgekehrten Christus mit seinen Jüngern. In ihnen geht es um den Fall und die Erlösung der Pistis Sophia, einer gnostischen Gestalt. Das vierte ursprünglich selbständig existierende Buch spricht von der Offenbarung Jesu unmittelbar nach seiner Auferstehung. Ihr Inhalt ist vornehmlich die Bestrafung der Sünder.
PsSal:	Die Psalmen Salomos aus dem 1. Jh. v. Chr. sind Psalmen, die dem König Salomo zuge-

	schrieben wurden. Sie sind deutlich pharisäischem Denken verpflichtet.
4 QPatr:	Der Patriarchensegen aus der Höhle 4 in Qumran ist nur fragmentarisch erhalten. Er enthält eine Erklärung von Gen 49,10. Der Segen des Patriarchen Jakob wird in ihm messianisch verstanden.
1 QM:	Die Kriegsrolle aus der Höhle 1 in Qumran gibt genaue Anweisungen, die im endzeitlichen Krieg der Söhne des Lichts gegen die Söhne der Finsternis zu befolgen sind. Michael und seine Engel ergreifen Partei für die Söhne des Lichts, während Belial – so wird hier der Teufel genannt – mit seinen Engeln für die Söhne der Finsternis eintritt.
1 QS:	Die Gemeinderegel der Qumranleute aus der Höhle 1 hat große Ähnlichkeiten mit Ordensregeln.
4 Qtest:	Die Testimoniensammlung aus der Höhle 4 in Qumran bietet eine Zusammenstellung von alttestamentlichen Texten (Dtn 5,28f.; 18,18f.; Num 24,15–17; Dtn 33,8–11), die auf das Auftreten des endzeitlichen Propheten und der beiden endzeitlichen Gesalbten Aaron und Israel, also des priesterlichen und königlichen Messias, gedeutet werden. Am Ende eines jeden Zitats steht jeweils eine Drohung gegen die Feinde und Gottlosen. Die Sammlung schließt mit Jos 6,26, das zeitgeschichtlich interpretiert wird.
slavHen:	Das slawische Henochbuch geht auf eine griechische Vorlage zurück, die im 1. Jh. n. Chr. in Ägypten entstand. Das Buch ist stark christlich überarbeitet.
syrBar:	Die syrische Baruchapokalypse wurde Anfang des 2. Jh. n. Chr. in Palästina geschrieben.
TargJerusch:	Der Targum Jeruschalmi, auch Targum Pseudo-Jonatan genannt, ist eine im galiläischen

Aramäisch verfaßte Schrift. Die Bibelübersetzung ist sehr frei. In diesem Targum finden sich viele religiöse Anschauungen und Legenden seiner Zeit. Die frühere Annahme, der Targum sei erst im 7. oder 8. Jh. n. Chr. entstanden, läßt sich nicht mehr halten. Er geht vielmehr auf eine sehr viel frühere Zeit zurück.

TestAdam: Das ursprünglich in syrischer Sprache verfaßte jüdische Testament Adams geht in seinen ältesten Teilen auf das 2. Jh. n. Chr. zurück. Es wurde christlich überarbeitet und zwischen dem 2. und 5. Jh. n. Chr. ergänzt.

TestLev: Das Testament des Levi gehört zu den Testamenten der Zwölf Patriarchen. Alttestamentliche Vorgabe ist das Testament des Patriarchen Jakob (Gen 49). Die Lebensgeschichte der zwölf Patriarchen ist jeweils Ausgangspunkt für breite Ermahnungen an die Nachkommen. Der Grundstock der Testamente der Zwölf Patriarchen stammt aus den ersten Jahrzehnten des 2. Jh. v. Chr. Einer jüdischen Überarbeitung folgte schließlich eine Überarbeitung und Redaktion durch eine christliche Hand am Ende des 1. Jh. n. Chr.

2. Literatur

Baumert, N., MARANATHA – Gegenwart und Ankunft des Herrn, in: Geist und Leben 58 (1985) 445–454.

Böcher, O., Kirche in Zeit und Endzeit. Aufsätze zur Offenbarung des Johannes, Neukirchen 1983.

Giesen, H., »Das Buch mit den sieben Siegeln«. Bilder und Symbole in der Offenbarung des Johannes, in: Bibel und Kirche 39 (1984) 59–65.

Giesen, H., Christusbotschaft in apokalyptischer Sprache. Zugang zur Offenbarung des Johannes, in: ebd., S. 42–53.

Giesen, H., Erlösung im Horizont einer verfolgten Gemeinde. Das Verständnis von Erlösung in der Offenbarung des Johannes, in: *ders.,* Glaube und Handeln. Band 2: Beiträge zur Exegese und Theologie des Neuen Testaments (Europäische Hochschulschriften XXIII/215), Frankfurt am Main–Bern–New York 1983, S. 43–56.

Giesen, H., Heilszusage angesichts der Bedrängnis. Zu den Makarismen in der Offenbarung des Johannes, in: ebd., S. 71–97.

Giesen, H., Kirche auf dem Weg durch die Zeit. Zu Offenbarung 12,1–18, in: ebd., S. 57–69.

Gollinger, H., Das »Große Zeichen«. Offb 12 – das zentrale Kapitel der Offenbarung des Johannes, in: Bibel und Kirche 39 (1984) 66–75.

Gollinger, H., Die Kirche in der Bewährung. Eine Einführung in die Offenbarung des Johannes (Der Christ in der Welt. Eine Enzyklopädie. Band VI/13), Aschaffenburg 1973.

Müller, U. B., Die Offenbarung des Johannes (Ökumenischer Taschenbuch-Kommentar zum Neuen Testament 19 / GTB Siebenstern 510), Gütersloh–Würzburg 1984.

Roloff, J., Die Offenbarung des Johannes (Zürcher Bibelkommentare NT 18), Zürich 1984.

Vögtle, A., Das Buch mit den sieben Siegeln. Die Offenbarung des Johannes in Auswahl gedeutet, Freiburg–Basel–Wien 1981.

3. Bibelarbeit – Fragen

1. Die Johannes-Apokalypse steht in der Tradition der frühjüdischen Apokalyptik. Worin bestehen deren Merkmale? Wo liegen die Ähnlichkeiten und Unterschiede zwischen frühjüdischen Apokalypsen und dem letzten Buch der Bibel? (Vgl. S. 11–20.)

2. Die Zahlen in der Johannes-Apokalypse geben oftmals Anlaß zu Mißverständnissen. Wie können solche Mißverständnisse ausgeräumt werden? (Vgl. vor allem S. 55f.)

3. Der häufigste Titel für Christus ist in der Johannes-Apokalypse das Lamm. Warum bevorzugt Johannes diesen Titel? (Vgl. S. 60–62.)

4. Wenn jemand eine Sache nicht verstehen kann, dann verwendet er manchmal die Wendung »Das ist für mich ein Buch mit sieben Siegeln«. Wie versteht der Seher demgegenüber »das Buch mit den sieben Siegeln«? (Vgl. die Auslegung von 5,1–11!)

5. Der moderne Leser denkt, wenn er das Stichwort »apokalyptisch« hört, vor allem an schreckliche Ereignisse, die von Menschen ausgelöst werden. Welchen Sinn haben dagegen die Gerichtsschilderungen in der Johannes-Apokalypse für ihre Erstadressaten? Welche Bedeutung haben sie für uns heute? (Vgl. S. 129f.)

6. Neben der Gerichtsbotschaft nimmt die Heilsverkündigung in der Offb einen großen Raum ein. Welchen Zweck verfolgt der Seher mit ihr? (Vgl. z. B. die Seligpreisungen. Dazu S. 26–30.)

7. Der Seher sieht in der Kirche das wahre Volk Gottes. Wie sieht er ihr Verhältnis zum alten Volk Gottes? Welche Bedeutung hat die Zugehörigkeit zum wahren Volk Gottes für den einzelnen Christen in der Welt? (Vgl. Offb 12.)

8. In einer der sieben Seligpreisungen spricht Jesus den Seliggepriesenen die Teilhabe an der »ersten Auferstehung« (20,4) zu. Was versteht Johannes unter »erster Auferstehung«? Welcher Personenkreis nimmt an ihr teil? (Vgl. S. 161f.)

9. Die Rede vom »tausendjährigen Reich« hat ihren Ursprung in der Johannes-Apokalypse. Auf welche Traditionen konnte Johannes für seine theologische Aussage zurückgreifen? Welchen Sinn hat die Aussage von der tausendjährigen Herrschaft mit Christus in der Absicht des Sehers? (Vgl. S. 158.)

10. Die Gemeinde bittet ihren Herrn inständig, doch zu kommen (22,17.20). Diese Bitte wird meistens im Sinne der Naherwartung verstanden: Die Gemeinde bittet entsprechend um ein baldiges Ende der Welt. Ist dieses Verständnis zwingend oder läßt sich die Aussage auch anders verstehen? (Vgl. S. 179–182.)

Zum Verfasser

Heinz Giesen, geb. 1940, Studium der Philosophie und Theologie an der Phil.-Theol. Hochschule der Redemptoristen in Hennef (Sieg) von 1963–1968, am Pontificium Athenaeum Sancti Anselmi in Rom von 1968–1970 und biblische Spezialisierung am Päpstlichen Bibelinstitut in Rom von 1970–1973. Promotion in Theologie 1970 und Promotion zum Dr. in Re Biblica 1982. Seit 1973 Prof. für neutestamentliche Exegese und Theologie an der Phil.-Theol. Hochschule der Redemptoristen in Hennef (Sieg).